ESSAY
SUR
L'HISTOIRE
GÉNÉRALE,
ET SUR
LES MOEURS ET L'ESPRIT
DES NATIONS,
DEPUIS CHARLEMAGNE
JUSQU'A NOS JOURS.

Nouvelle Edition, revuë, corrigée, & confidérablement augmentée.

TOME CINQUIEME.

MDCCLXI.

ESSAY
SUR
L'HISTOIRE
GENERALE,

ET SUR LES MOEURS ET L'ESPRIT DES NATIONS, DEPUIS CHARLEMAGNE JUSQU'A NOS JOURS.

CHAP. CENT-SOIXANTE ET ONZIEME.

DE LA FRANCE SOUS LOUIS XIII.

JUSQU'AU MINISTERE

DU CARDINAL DE RICHELIEU.

Etats Généraux tenus en France. Administration malheureuse. Le Maréchal d'Ancre assassiné; sa femme condamnée à être brulée. Ministère du Duc de Luines. Guerres civiles. Comment le Cardinal de Richelieu entra au Conseil.

N vit après la mort de *Henri IV.* combien la puissance, la considération, les mœurs, l'esprit d'une Nation dépendent

H. G. Tom. V.   A

Ch. CLXXI.

Le Parlement de Paris forcé par le Duc d'Epernon à donner la Régence à Marie de Médicis.
1610.
14. Mai.

dent souvent d'un seul homme. Il tenait par une administration douce & forte tous les Ordres de l'Etat réunis, toutes les factions assoupies, les deux Religions dans la paix, les Peuples dans l'abondance. La balance de l'Europe était dans sa main par ses alliances, par ses trésors, & par ses armes. Tous ces avantages sont perdus dès la prémiére année de la Régence de sa veuve *Marie de Médicis*. Le Duc *d'Epernon*, cet orgueilleux Mignon de *Henri III.*, ennemi secret de *Henri IV.*, déclaré ouvertement contre ses Ministres, va au Parlement le jour même que *Henri* est assassiné. *D'Epernon* était Colonel-Général de l'Infanterie ; le Régiment des Gardes était à ses ordres : il entre en mettant la main sur la garde de son épée, & force le Parlement à se donner le droit de disposer de la Régence, droit qui jusqu'alors n'avait appartenu qu'aux Etats Généraux. Les Loix de toutes les Nations ont toûjours voulu que ceux qui nomment au Trône quand il est vacant, nomment à la Régence. Faire un Roi, est le prémier des droits ; faire un Régent est le second, & suppose le prémier. Le Parlement de Paris jugea la cause du Trône, & décida du pouvoir suprême, pour avoir été menacé par le Duc *d'Epernon*, & parce qu'on n'avait pas eu le tems d'assembler les trois Ordres de l'Etat.

Il déclara par un Arrêt *Marie de Médicis* seule Régente. La Reine vint le lendemain faire confirmer cet Arrêt en présence de son fils ;
&

& le Chancelier *de Sillery*, dans cette cérémonie qu'on appelle *Lit de Justice*, prit l'avis des Présidens avant de prendre celui des Pairs, & même des Princes du Sang, qui prétendaient partager la Régence.

Vous voyez par-là, & vous avez souvent remarqué, comment les droits & les usages s'établissent, & comment ce qui a été fait une fois solemnellement contre les régles anciennes, devient une régle pour l'avenir, jusqu'à ce qu'une nouvelle occasion l'abolisse.

Marie de Médicis Régente, & non Maîtresse du Royaume, dépense en profusions pour s'acquérir des créatures, tout ce que *Henri le Grand* avait amassé pour rendre sa Nation puissante. Les troupes à la tête desquelles il allait combattre, sont pour la plûpart licentiées; les Princes dont il était l'apui sont abandonnés. Le Duc de Savoye *Charles Emanuel*, nouvel Allié de *Henri IV.*, est obligé de demander pardon à *Philippe III.* Roi d'Espagne, d'avoir fait un Traité avec le Roi de France; il envoye son fils à Madrid implorer la clémence de la Cour Espagnole, & s'humilier comme un sujet au nom de son Pére. Les Princes d'Allemagne que *Henri* avait protégés avec une armée de quarante mille hommes, ne sont que faiblement secourus. L'Etat perd toute sa considération au dehors; il est troublé au dedans. Les Princes du Sang & les grands Seigneurs remplissent la France de factions, ainsi que du tems de *François II.*, de *Charles IX.*, de *Henri III.*, & depuis dans la minorité de *Louis XIV.*

On assemble enfin dans Paris les derniers Etats Généraux qu'on ait tenus en France. Le Parlement de Paris ne put y avoir séance. Ses Députés avaient assisté à la grande assemblée des Notables tenue à Rouen en 1594. Mais ce n'était point là une convocation d'Etats Généraux ; les Intendans de finances, les Trésoriers y avaient pris séance comme les Magistrats.

L'Université de Paris somma juridiquement la Chambre du Clergé de la recevoir comme membre des Etats ; c'était, disait-elle, son ancien privilége ; mais l'Université avait perdu ses priviléges, avec sa considération, à mesure que les esprits étaient devenus plus déliés, sans être plus éclairés. Ces Etats assemblés à la hâte n'avaient point de dépôts des Loix & des usages comme le Parlement d'Angleterre, & comme les Diettes de l'Empire : ils ne faisaient point partie de la législation suprême ; cependant ils auraient voulu être Législateurs ; c'est à quoi aspire nécessairement un Corps qui représente une Nation : il se forme de l'ambition secrette de chaque particulier une ambition générale.

Ce qu'il y eut de plus remarquable dans ces Etats, c'est que le Clergé demanda inutilement que le Concile de Trente fût reçû en France, & que le Tiers-Etat demanda non moins vainement la publication de la loi, *qu'aucune*

cune Puissance ni temporelle ni spirituelle n'a
droit de disposer du Royaume, & de dispenser
les Sujets de leur serment de fidélité; & que
l'opinion qu'il soit loisible de tuer les Rois, est
impie & détestable.

CH. CLXXI.

C'était surtout ce même Tiers-Etat de Paris
qui demandait cette Loi, après avoir voulu
déposer *Henri III*, & après avoir souffert les
extrémités de la famine, plutôt que de reconnaître *Henri IV*. Mais les factions de la Ligue
étant éteintes, le Tiers-Etat qui compose le
fonds de la Nation, & qui ne peut avoir d'intérêt particulier, aimait le Trône, & haïssait
les prétentions de la Cour de Rome. Le Cardinal *Du Perron* oublia dans cette occasion ce
qu'il devait au sang de *Henri IV*. & ne se
souvint que de l'Eglise. Il s'opposa fortement
à la Loi proposée, & s'emporta jusqu'à dire
*qu'il serait obligé d'excommunier ceux qui s'obs-
tineraient à soutenir que l'Eglise n'a pas le pouvoir de déposséder les Rois*: il ajouta que la
puissance du Pape était *pleine, plénissime, di-
recte au spirituel & indirecte au temporel*. La
Chambre du Clergé gouvernée par le Cardinal
Du Perron, persuada la Chambre de la Noblesse de s'unir avec elle. Le Corps de la Noblesse avait toûjours été jaloux du Clergé;
mais il affectait de ne pas penser comme le
Tiers Etat. Il s'agissait de savoir si les Puissances *spirituelles & temporelles* pouvaient disposer du Trône. Le Corps des Nobles assemblé
se regardait au fonds, & sans se le dire, comme

Singulié-
re dispu-
te.

me une Puissance temporelle. Le Cardinal leur disait, *Si un Roi voulait forcer ses sujets à se faire Ariens ou Mahométans, il faudrait le déposer.* Un tel discours était bien déraisonnable; car il y a eu une foule d'Empereurs & de Rois Ariens, & on n'en a déposé aucun pour cette raison. Cette supposition, toute chimérique qu'elle était, persuadait les Députés de la Noblesse, qu'il y avait des cas où les prémiers de la Nation pouvaient détrôner leur Souverain; & ce droit, quoiqu'éloigné, était si flateur pour l'amour propre, que la Noblesse voulait le partager avec le Clergé. La Chambre Ecclésiastique signifia à celle du Tiers Etat, qu'à la vérité il n'était jamais permis de tuer son Roi, mais elle tint ferme sur le reste.

Au milieu de cette étrange dispute, le Parlement rendit un Arrêt, qui déclarait *l'indépendance absolue du Trône, Loi fondamentale du Royaume.*

C'était sans doute l'intérêt de la Cour de soutenir la demande du Tiers Etat, & l'Arrêt du Parlement, après tant de troubles qui avaient mis le Trône en danger sous les Régnes précédens. La Cour cependant céda au Cardinal *Du Perron*, au Clergé, & surtout à Rome qu'on ménageait: elle étouffa elle-même une opinion, sur laquelle sa sûreté était établie; c'est qu'au fonds elle pensait alors que cette vérité ne serait jamais réellement combattue par les événemens, & qu'elle voulait finir

finir des difputes trop délicates & trop odieufes: elle fuprima même l'Arrêt du Parlement, fous prétexte qu'il n'avait aucun droit de rien ftatuer fur les délibérations des Etats, qu'il leur manquait de refpect, & que ce n'était pas à lui à faire des Loix fondamentales ; ainfi elle rejetta les armes de ceux qui combattaient pour elle, comptant n'en avoir pas befoin : enfin tout le réfultat de cette affemblée, fut de parler de tous les abus du Royaume, & de n'en pouvoir réformer un feul.

Ch. CLXXI.

La France refta dans la confufion, gouvernée par le Florentin *Concini*, devenu Maréchal de France fans avoir jamais tiré l'épée, & prémier Miniftre fans connaitre les Loix du Royaume. C'était affez qu'il fût étranger, pour que les Princes euffent fujet de fe plaindre.

Concini.

Marie de Médicis était bien malheureufe ; car elle ne pouvait partager fon autorité avec le Prince de *Condé*, Chef des mécontens, fans la perdre, ni la confier à *Concini* fans indifpofer tout le Royaume. Le Prince de *Condé Henri* père du grand *Condé*, & fils de celui qui avait gagné la bataille de Coutras avec *Henri IV.* fe met à la tête d'un parti, & prend les armes. La Cour conclut avec lui une paix fimulée, & le fait mettre à la Baftille.

Henri Prince de Condé

1616.

Ce fut le fort de fon père, de fon grandpère, & de fon fils. Sa prifon augmenta le nombre des mécontens. Les *Guifes*, autrefois ennemis fi implacables des *Condes*, fe joignent

Ch.
CLXXI.

Troubles civils.

à présent avec eux. Le Duc de *Vendôme* fils de *Henri IV.*, le Duc de *Nevers* de la Maison de *Gonzague*, le Maréchal de *Bouillon*, tous les Seigneurs mécontens se cantonnent dans les Provinces; ils protestent qu'ils servent leur Roi, & qu'ils ne font la guerre qu'au prémier Ministre.

Concini, Maréchal d'*Ancre*, assuré de la faveur de la Reine, les bravait tous. Il leva sept mille hommes à ses dépens, pour maintenir l'autorité Royale, ou plutôt la sienne; & ce fut ce qui le perdit. Il est vrai qu'il levait ces troupes avec une commission du Roi; mais c'était un des grands malheurs de l'Etat, qu'un étranger qui était venu en France sans aucun bien, eût de quoi assembler une armée aussi forte que celles avec lesquelles *Henri IV.* avait reconquis son Royaume. Presque toute la France soulevée contre lui ne put le faire tomber; & un jeune homme dont il ne se défiait pas, & qui était étranger comme lui, causa sa ruine, & tous les malheurs de *Marie de Médicis*.

Charles Albert de Luines, né dans le Comtat d'Avignon, admis avec ses deux frères parmi les Gentilshommes ordinaires du Roi attachés à son éducation, s'était introduit dans la familiarité du jeune Monarque, en dressant des pigrièches à prendre des moineaux. On ne s'attendait pas que ces amusemens d'enfance dussent finir par une révolution sanglante. Le Maréchal d'*Ancre* lui avait fait donner le Gouverne-

CONCINI.

vernement d'Amboife, & croyait l'avoir mis dans fa dépendance : ce jeune homme conçut le deffein de faire tuer fon bienfaiteur, d'exiler la Reine, & de gouverner ; & il en vint à bout fans aucun obftacle. Il perfuade bientôt au Roi qu'il eft capable de régner par lui-même, quoiqu'il n'ait que feize ans & demi : il lui dit que la Reine fa Mére & *Concini* le tiennent en tutelle. Le jeune Roi, à qui on avait donné dans fon enfance le furnom de *Jufte*, confent à l'affaffinat de fon prémier Miniftre. Le Marquis de *Vitri* Capitaine des Gardes, *Du Hallier* fon frére, *Perfan*, & d'autres le tuent à coups de piftolet dans la Cour même du Louvre. On crie, *Vive le Roi*, comme fi on avait gagné une bataille. *Louïs XIII.* fe met à la fenêtre, & dit, *Je fuis maintenant Roi*. On ôte à la Reine Mére fes Gardes : on les défarme ; on la tient en prifon dans fon appartement : elle eft enfin exilée à Blois. La place de Maréchal de France qu'avait *Concini* eft donnée à *Vitri* qui l'avait tué. La Reine avait récompenfé du même honneur *Thémines*, pour avoir arrêté le Prince de *Condé* : auffi le Maréchal Duc de *Bouillon* difait, qu'il rougiffait d'être Maréchal, depuis que cette Dignité était la récompenfe du métier de fergent & de celui d'affaffin.

La populace toûjours extrème, toûjours barbare quand on lui lâche la bride, va déterrer le corps de *Concini*, inhumé à St. Germain l'Auxerrois, le traine dans les ruës, lui arrache

Cн. CLXXI.

Concini Maréchal d'Ancre, affaffiné au Louvre. 1617.

Ch. CLXXI.

Le cœur de Concini, grillé & mangé.

che le cœur ; & il se trouva des hommes assez brutaux pour le griller publiquement sur des charbons & pour le manger. Son corps fut enfin pendu par le peuple à une potence. Il y avait encor dans la Nation un esprit de férocité, que les belles années de *Henri IV.* & le goût des Arts aporté par *Marie de Medicis*, avaient adouci quelque tems, mais qui à la moindre occasion reparaissait dans toute sa force. Le peuple ne traitait ainsi les restes sanglans du Maréchal *d'Ancre*, que parce qu'il était étranger, & qu'il avait été puissant.

L'Histoire du célèbre *Nani*, les Mémoires du Maréchal *d'Estrées*, du Comte de *Brienne*, rendent justice au mérite de *Concini*, & à son innocence ; témoignages qui servent au moins à éclairer les vivans, s'ils ne peuvent rien pour ceux qui sont morts injustement d'une maniére si cruelle.

Sa femme condamnée : cinq Conseillers refusent d'assister au jugement.

Cet emportement de haine n'était pas seulement dans le peuple ; une commission est envoyée au Parlement pour condamner le Maréchal après sa mort, pour juger sa femme *Eleonor Galigaï*, & pour couvrir par une cruauté juridique l'opprobre de l'assassinat. Cinq Conseillers du Parlement refusèrent d'assister à ce jugement ; mais il n'y eut que cinq hommes sages & justes.

Jamais procédure ne fut plus éloignée de l'équité, ni plus deshonorante pour la raison. Il n'y avait rien à reprocher à la Maréchale ; elle avait été favorite de la Reine, c'était là tout

tout son crime : on l'accusa d'être sorciére ; on prit des *Agnus Dei* qu'elle portait pour des Talismans. Le Conseiller *Courtin* lui demanda de quel charme elle s'était servie pour ensorceler la Reine ? *Galigaï* indignée contre le Conseiller, & un peu mécontente de *Marie de Médicis*, répondit : *Mon sortilège a été le pouvoir que les ames fortes doivent avoir sur les esprits faibles.* Cette réponse ne la sauva pas ; quelques Juges eurent assez de lumière & d'équité pour ne pas opiner à la mort : mais le reste entrainé par le préjugé public, par l'ignorance, & plus encor par ceux qui voulaient recueillir les dépouilles de ces infortunés, condamnèrent à la fois le mari déja mort, & la femme, comme convaincus de sortilège, de Judaïsme, & de malversations. La Maréchale fut brulée, & le Favori *Luines* eut la confiscation.

Ch. CLXXI.

Brulée comme sorciére.

1617.

C'est cette infortunée *Galigaï* qui avait été le prémier mobile de la fortune du Cardinal de *Richelieu*, lorsqu'il était jeune encor, & qu'il s'appellait *l'Abbé du Chillon* : elle lui avait procuré l'Evêché de Luçon, & l'avait enfin fait Secretaire d'Etat en 1616. Il fut envelopé dans la disgrace de ses protecteurs ; & celui qui depuis en exila tant d'autres du haut du Trône, où il s'assit près de son Maitre, fut alors exilé dans un petit Prieuré au fond de l'Anjou.

Concini sans être guerrier avait été Maréchal de France ; *Luines* fut quatre ans après Connétable,

Ch. CLXXI.

nétable, étant à peine Officier. Une telle adminiſtration inſpira peu de reſpect ; il n'y eut plus que des factions dans les Grands & dans le Peuple, & on oſa tout entreprendre.

La Reine Mére tirée de priſon par le Duc d'Epernon. 1619.

Le Duc *d'Epernon*, qui avait fait donner la Régence à la Reine, alla la tirer du Château de Blois où elle était reléguée, & la mena dans ſes terres à Angoulême, comme un Souverain qui ſecourrait ſon alliée.

C'était-là manifeſtement un crime de Léze-Majeſté, mais un crime aprouvé de tout le Royaume, & qui ne donnait au Duc *d'Epernon* que de la gloire. On avait haï *Marie de Médicis* toute-puiſſante, on l'aimait malheureuſe. Perſonne n'avait murmuré dans le Royaume quand *Louïs XIII*. avait empriſonné ſa mére au Louvre, quand il l'avait reléguée ſans aucune raiſon ; & alors on regardait comme un attentat l'effort qu'il voulait faire pour ôter ſa mére à un rebelle. On craignait tellement la violence des conſeils de *Luines*, & les cruautés de la faibleſſe du Roi, que ſon propre Con-

Sermon remarquable.

feſſeur, le Jéſuite *Arnoux*, en prêchant devant lui avant l'accommodement, prononça ces paroles remarquables ; *On ne doit pas croire qu'un Prince religieux tire l'épée pour verſer le ſang dont il eſt formé : vous ne permettrez pas, Sire, que j'aye avancé un menſonge dans la chaire de vérité. Je vous conjure, par les entrailles de* JESUS-CHRIST, *de ne point écouter les conſeils violens, & de ne pas donner ce ſcandale à toute la Chrétienté.*

C'était

CONNETABLE DE LUINES.

C'était une nouvelle preuve de la faiblesse du Gouvernement, qu'on osât parler ainsi en chaire. Le Père *Arnoux* ne se serait pas exprimé autrement, si le Roi avait condamné sa mére à la mort. A peine *Louïs XIII.* avait il alors une armée contre le Duc *d'Epernon*. C'était prêcher publiquement contre le secret de l'Etat, c'était parler de la part de DIEU contre le Duc de *Luines*. Ou ce Confesseur avait une liberté héroïque & indiscrete, ou il était gagné par *Marie de Médicis*. Quel que fût son motif, ce discours public montre qu'il y avait alors de la hardiesse, même dans les esprits qui ne semblent faits que pour la souplesse. Le Connétable fit quelques années après renvoyer le Confesseur.

Ch. CLXXI.

Cependant le Roi, loin de s'emporter aux violences qu'on semblait craindre, rechercha sa mére, & traita avec le Duc *d'Epernon* de Couronne à Couronne. Il n'osa pas même dans sa déclaration dire que *d'Epernon* l'avait offensé.

Intrigues. 1619.

A peine le traité de réconciliation fut-il signé, qu'il fut rompu ; c'était là l'esprit du tems. De nouveaux partisans de *Marie* armèrent, & c'était toûjours contre le Duc de *Luines*, comme auparavant contre le Maréchal d'Ancre, & jamais contre le Roi. Tout Favori trainait alors après lui la guerre civile. *Louïs XIII.* & sa mére se firent en effet la guerre. *Marie de Médicis* était en Anjou à la tête d'une petite armée contre son fils ; on se battit au pont

Guerre civile.

Cн.
CLXXI.

1620.

pont de Cé ; & l'Etat était au point de sa ruine.

Cette confusion fit la fortune du célèbre *Richelieu*. Il était Surintendant de la Maison de la Reine Mére, & avait supplanté tous les confidens de cette Princesse, comme il l'emporta depuis sur tous les Ministres du Roi. La souplesse & la hardiesse de son génie devaient partout lui donner la prémiére place ou le perdre. Il ménagea l'accommodement de la Mére & du Fils. La nomination au Cardinalat, que la Reine demanda pour lui, & qu'elle obtint difficilement, fut la récompense de ce service. Le Duc *d'Epernon* fut le prémier à poser les armes, & ne demanda rien : tous les autres se faisaient payer par le Roi, pour lui avoir fait la guerre.

La Reine & le Roi son fils se virent à Brissac, & s'embrassèrent en versant des larmes, pour se brouiller ensuite plus que jamais. Tant de faiblesse, tant d'intrigues & de divisions à la Cour, portaient l'anarchie dans le Royaume. Tous les vices intérieurs de l'Etat qui l'attaquaient depuis longtems, augmentèrent, & tous ceux que *Henri IV.* avait extirpés, renâquirent.

Eglise.

L'Eglise souffrait beaucoup, & était encor plus déréglée.

L'intérêt de *Henri IV.* n'avait pas été de la réformer ; la pieté de *Louïs XIII.* peu éclairée laissa subsister le désordre ; la régle & la décence n'ont été introduites que par *Louïs XIV.* Presque tous les Bénéfices étaient possédés

dés par des laïcs, qui les faifaient defservir par de pauvres Prêtres à qui on donnait des gages. Tous les Princes du Sang poffédaient les riches Abbayes. Plus d'un bien de l'Eglife était regardé comme un bien de famille. On ftipulait une Abbaye pour la dot d'une fille; & un Colonel remontait fon Régiment avec le revenu d'un Prieuré. Les Eccléfiaftiques de Cour portaient fouvent l'épée; & parmi les duels & les combats particuliers qui défolaient la France, on en comptait beaucoup où des gens d'Eglife avaient eu part, depuis le Cardinal de *Guife*, qui tira l'épée contre le Duc de *Nevers Gonzague* en 1617. jufqu'à l'Abbé depuis Cardinal de *Retz*, qui fe battait fouvent en follicitant l'Archevêché de Paris.

Ch. CLXXI.

Les efprits demeuraient en général groffiers & fans culture. Les génies des *Malherbes* & des *Racans* n'étaient qu'une lumière naiffante qui ne fe répandait pas dans la Nation. Une pédanterie fauvage, compagne de cette ignorance qui paffait pour fcience, aigriffait les mœurs de tous les Corps deftinés à enfeigner la jeuneffe, & même de la Magiftrature. On a de la peine à croire que le Parlement de Paris en 1621. défendit fous peine de mort de rien enfeigner de contraire à *Ariftote* & aux anciens Auteurs, & qu'on bannit de Paris un nommé *de Clave* & fes affociés, pour avoir voulu foutenir des théfes contre les principes d'*Ariftote* fur le nombre des élémens & fur la matière & la forme.

Mœurs.

Malgré ces mœurs févères, & malgré ces rigueurs,

Ch.
CLXXI.

Défordre de l'Etat.

rigueurs, la juſtice était vénale dans preſque tous les Tribunaux des Provinces. *Henri IV.* l'avait avoué au Parlement de Paris, qui ſe diſtingua toûjours autant par une probité incorruptible que par un eſprit de réſiſtance aux volontés des Miniſtres & aux Edits pécuniaires. *Je ſai*, leur diſait-il, *que vous ne vendez point la juſtice ; mais dans d'autres Parlemens il faut ſouvent ſoutenir ſon droit par beaucoup d'argent : je m'en ſouviens, & j'ai bourſillé moi-même.*

La Nobleſſe cantonnée dans ſes Châteaux, ou montant à cheval pour aller ſervir un Gouverneur de Province, ou ſe rangeant auprès des Princes qui troublaient l'Etat, opprimait les cultivateurs. Les Villes étaient ſans police, les chemins impraticables, & infeſtés de brigands. Les Régiſtres du Parlement font foi que le Guet, qui veille à la ſureté de Paris, conſiſtait alors en quarante-cinq hommes, qui ne faiſaient aucun ſervice. Ces déréglemens que *Henri IV.* ne put réformer, n'étaient pas de ces maladies du Corps politique qui peuvent le détruire : les maladies véritablement dangereuſes étaient le dérangement des finances, la diſſipation des tréſors amaſſés par *Henri IV.*, la néceſſité de mettre pendant la paix des impôts que *Henri* avait épargnés à ſon Peuple, lorſqu'il ſe préparait à la guerre la plus importante ; les levées tyranniques de ces impôts, qui n'enrichiſſaient que des Traitans ; les fortunes odieuſes de ces Traitans, que le Duc de

Sully

Sully avait éloignés, & qui fous les Miniſtères ſuivans s'engraiſſèrent du ſang du Peuple.

A ces vices qui faiſaient languir le Corps politique, ſe joignaient ceux qui lui donnaient ſouvent de violentes ſecouſſes. Les Gouverneurs des Provinces, qui n'étaient que les Lieutenans de *Henri IV.* voulaient être indépendans de *Louïs XIII.* Leurs droits, ou leurs uſurpations, étaient immenſes : ils donnaient toutes les Places ; les Gentilshommes pauvres s'attachaient à eux, très peu au Roi, & encor moins à l'Etat. Chaque Gouverneur de Province tirait de ſon Gouvernement de quoi pouvoir entretenir des troupes, au lieu de la garde que *Henri IV.* leur avait ôtée. La Guienne valait un million de livres au Duc d'*Epernon*.

Nous venons de voir ce ſujet protéger la Reine Mère, faire la guerre au Roi, en recevoir la paix avec hauteur. Le Maréchal *de Leſdiguières* avait trois ans auparavant en 1616. ſignalé ſa grandeur & la faibleſſe du Trône d'une manière plus glorieuſe. On l'avait vû lever une véritable armée à ſes dépens, ou plutôt à ceux du Dauphiné, Province dont il n'était pas même Gouverneur, mais ſimplement Lieutenant-Général ; mener cette armée dans les Alpes malgré les défenſes poſitives & réiterées de la Cour, ſecourir contre les Eſpagnols le Duc de Savoye que cette Cour abandonnait, & revenir triomphant. La France alors était remplie de Seigneurs puiſſans comme

C H.
CLXXI.

beaucoup de Seigneurs devenus puiſſans & dangereux.

H. G. Tom. V.   B

comme du tems de *Henri III.* & n'en était que plus faible.

Il n'est pas étonnant que la France manquât alors la plus heureuse occasion qui se fût présentée depuis le tems de *Charles-Quint*, de mettre des bornes à la puissance de la Maison *d'Autriche*, en secourant l'Electeur Palatin élu Roi de Bohême, en tenant la balance de l'Allemagne suivant le plan de *Henri IV.*, auquel se conformèrent depuis les Cardinaux de *Richelieu* & *Mazarin*. La Cour avait conçu trop d'ombrage des Réformés de France, pour protéger les Protestans d'Allemagne. Elle craignait que les Huguenots fissent en France ce que les Protestans faisaient dans l'Empire. Mais si le Gouvernement avait été ferme & puissant comme sous *Henri IV.*, dans les dernières années de *Richelieu*, & sous *Louis XIV.*, il eût aidé les Protestans d'Allemagne, & contenu ceux de France. Le Ministère de *Luines* n'avait pas ces grandes vûes ; & quand même il eût pû les concevoir, il n'aurait pû les remplir ; il eût falu une autorité respectée, des finances en bon ordre, de grandes armées ; & tout cela manquait.

Les divisions de la Cour sous un Roi qui voulait être Maître, & qui se donnait toûjours un Maître, répandaient l'esprit de sédition dans toutes les Villes. Il était impossible que ce feu ne se communiquât pas tôt ou tard aux Réformés de France. C'était ce que la Cour craignait ; & sa faiblesse avait produit cette crainte; elle sentait qu'on désobéirait quand elle commanmanderait, & cependant elle voulut commander.

Louïs XIII. réunissait alors le Béarn à la Couronne par un Edit solemnel; cet Edit restituait aux Catholiques les Eglises dont les Huguenots s'étaient emparés avant le régne de *Henri IV.* & que ce Monarque leur avait conservées. Le parti s'assemble à la Rochelle, au mépris de la défense du Roi. L'amour de la liberté si naturel aux hommes flatait alors les Réformés d'idées républicaines; ils avaient devant les yeux l'exemple des Protestans d'Allemagne qui les échauffait. Les Provinces où ils étaient répandus en France étaient divisées par eux en huit Cercles: chaque Cercle avait un Général comme en Allemagne: & ces Généraux étaient un Maréchal de *Bouillon*, un Duc de *Soubise*, un Duc de *la Trimouille*, un *Châtillon* petit-fils de l'Amiral *Coligni*, enfin le Maréchal de *Lesdiguiéres*. Le Commandant Général qu'ils devaient choisir en cas de guerre devait avoir un sceau où étaient gravés ces mots, *Pour* CHRIST *& pour le Roi*, c'est-à-dire, contre le Roi. La Rochelle était regardée comme la Capitale de cette République, qui pouvait former un Etat dans l'Etat.

Les Réformés dès-lors se préparèrent à la guerre. On voit qu'ils étaient assez puissans, puisqu'ils offrirent la place de Général au Maréchal de *Lesdiguiéres*, avec cent-mille écus par mois. *Lesdiguiéres*, qui voulait être Connétable de France, aima mieux les combattre

Cʜ. CLXXI.

1620. Calvinistes en France forment des Cercles comme dans l'Empire.

Le Roi leur fait la guerre.

Ch. CLXXI.

1621.

que les commander, & quitta même bientôt après leur Religion : mais il fut trompé d'abord dans ses espérances à la Cour. Le Duc de *Luines*, qui ne s'était jamais servi d'aucune épée, prit pour lui celle de Connétable ; & *Lesdiguières* trop engagé fut obligé de servir sous *Luines* contre les Réformés, dont il avait été l'apui jusqu'alors.

Il fallut que la Cour négociât avec tous les Chefs du parti pour les contenir, & avec tous les Gouverneurs de Province pour fournir des troupes. *Louïs XIII.* marche vers la Loire en Poitou, en Béarn, dans les Provinces méridionales ; le Prince de *Condé* est à la tête d'un corps de troupes ; le Connétable de *Luines* commande l'armée Royale.

Ancienne formalité des Hérauts d'armes.

On renouvella une ancienne formalité aujourd'hui entiérement abolie. Lorsqu'on avançait vers une ville où commandait un homme suspect, un Héraut d'armes se présentait aux portes ; le Commandant l'écoutait chapeau bas : & le Héraut criait, *A toi, Isaac, ou Jacob tel ; le Roi ton Souverain Seigneur & le mien, te commande de lui ouvrir & de le recevoir comme tu le dois, lui & son armée ; à faute de quoi je te déclare criminel de Leze Majesté au prémier chef, & roturier, toi & ta postérité : tes biens seront confisqués, tes maisons rasées, & celles de tes assistans.*

Presque toutes les villes ouvrirent leurs portes au Roi, excepté St. Jean d'Angeli dont il démolit les remparts, & la petite ville de
Clérac

Clérac qui se rendit à discrétion. La Cour en- Ch.
flée de ce succès fit pendre le Consul de Clérac CLXXI.
& quatre Pasteurs.

Cette exécution irrita les Protestans au lieu 1621.
de les intimider. Pressés de tous côtés, aban- Benja-
donnés par le Maréchal de *Lesdiguières* & par min de
le Maréchal de *Bouillon*, ils élurent pour leur Rohan
Général le célèbre Duc *Benjamin de Rohan*, grand
qu'on regardait comme un des plus grands homme.
Capitaines de son siécle, comparable aux Princes d'Orange, capable comme eux de fonder
une République, plus zélé qu'eux encor pour
sa Religion, ou du moins paraissant l'être;
homme vigilant, infatigable, ne se permettant
aucun des plaisirs qui détournent des affaires,
& fait pour être Chef de parti; poste toûjours
glissant, où l'on a également à craindre ses
ennemis & ses amis. Ce titre, ce rang, ces
qualités de Chef de parti, étaient depuis longtems dans presque toute l'Europe l'objet &
l'étude des ambitieux. Les *Guelphes* & les *Gi-
belins* avaient commencé en Italie. Les *Guises*
& les *Coligni* établirent depuis en France une
espèce d'école de cette politique, qui se per-
pétua jusqu'à la majorité de *Louïs XIV*.

Louïs XIII. était réduit à assiéger ses
propres villes. On crut réussir devant Montauban comme devant Clérac; mais le Connétable de *Luines* y perdit presque toute l'armée du Roi sous les yeux de son Maître.

Montauban était une de ces villes qui ne
soutiendraient pas aujourd'hui un siége de qua-
B 3 tre

Ch. CLXXI.

Siége de Montauban.

tre jours, ville si mal investie, que le Duc de *Rohan* jetta deux fois du secours dans la place à travers des lignes des assiégeans. Le Marquis *de la Force*, qui commandait dans la place, se défendit mieux qu'il ne fut attaqué. C'était ce même *Jacques Nonpar de la Force*, si singuliérement sauvé de la mort dans son enfance aux massacres de la *St. Barthelemi*, & que *Louïs XIII.* fit depuis Maréchal de France. Les citoyens de Montauban, à qui l'exemple de Clérac inspirait un courage désespéré, voulaient s'ensevelir sous les ruines de la ville plutôt que de se rendre.

Carme qui prophétise.

Le Connétable ne pouvant réussir par les armes temporelles, employa les spirituelles. Il fit venir un Carme Espagnol, qui avait, dit-on, aidé par ses miracles l'armée Catholique des Impériaux à gagner la bataille de Prague contre les Protestans. Le Carme nommé *Dominique* vint au camp; il bénit l'armée, distribua des *Agnus*, & dit au Roi, *Vous ferez tirer quatre cent coups de canon, & au quatre-centiéme Montauban capitulera.* Il se pouvait faire que quatre cent coups de canon bien dirigés produisissent cet effet: *Louïs* les fit tirer: Montauban ne capitula point, & il fut obligé de lever le siége.

Cet affront rendit le Roi moins respectable aux Catholiques, & moins terrible aux Huguenots. Le Connétable fut odieux à tout le monde. Il mena le Roi se venger de la disgrace de Montauban sur une petite ville de Guienne nommée Monheur: une fiévre y termina la vie.

Décemb. 1621.

vie. Toute espèce de brigandage était alors si ordinaire, qu'il vit en mourant piller tous les meubles, son équipage, son argent par ses domestiques & par ses soldats, & qu'il resta à peine un drap pour ensevelir l'homme le plus puissant du Royaume, qui d'une main avait tenu l'épée de Connétable, & de l'autre les sceaux de France : il mourut haï du peuple & de son Maître.

Louis XIII. était malheureusement engagé dans la guerre contre une partie de ses sujets. Le Duc de *Luines* avait voulu cette guerre pour tenir son Maître dans quelque embarras, & pour être Connétable. *Louis XIII.* s'était accoûtumé à croire cette guerre indispensable. On doit transmettre à la postérité les remontrances que *Duplessis-Mornay* lui fit à l'âge de près de quatre-vingt ans. Il lui écrivait ainsi, après avoir épuisé les raisons les plus spécieuses: *Faire la guerre à ses sujets, c'est témoigner de la faiblesse. L'autorité consiste dans l'obéissance paisible du peuple; elle s'établit par la prudence & par la justice de celui qui gouverne. La force des armes ne se doit employer que contre un ennemi étranger. Le feu Roi aurait bien renvoyé à l'école des prémiers élémens de la Politique, ces nouveaux Ministres d'État, qui semblables aux Chirurgiens ignorans, n'auraient point eu d'autres remèdes à proposer que le fer & le feu, & qui seraient venus lui conseiller de se couper un bras malade, avec celui qui est en bon état.*

Mort du Connétable Duc de Luines.

Сн. CLXXI.

Suite de la guerre contre les Calvinistes.

Ces raisons ne persuadèrent point la Cour. Le bras malade donnait trop de convulsions au corps : & *Louïs XIII.* n'ayant pas cette force d'esprit de son pére, qui retenait les Protestans dans le devoir, crut pouvoir ne les réduire que par la force des armes. Il marcha donc encor contre eux dans les Provinces au-delà de la Loire, à la tête d'une petite armée d'environ treize à quatorze mille hommes. Quelques autres corps de troupes étaient répandus dans ces Provinces. Le dérangement des finances ne permettait pas des armées plus confidérables, & les Huguenots ne pouvaient en opposer de plus fortes.

Soubife frére du Duc de *Rohan* se retranche avec huit mille hommes dans l'Isle de Riés, séparée du bas Poitou par un petit bras de mer. Le Roi y passe à la tête de son armée à la faveur du reflux, défait entiérement les ennemis, & force *Soubife* a se retirer en Angleterre. On ne pouvait montrer plus d'intrépidité, ni remporter une victoire plus complette. Ce Prince n'avait guère d'autre faiblesse que celle d'etre gouverné, dans sa maison, dans son Etat, dans ses affaires, dans ses moindres occupations. Cette faiblesse le rendit malheureux toute sa vie. A l'égard de sa victoire, elle ne servit qu'à faire trouver aux Chefs Calvinistes de nouvelles ressources.

1622.

On négociait encor plus qu'on ne se battait, ainsi que du tems de la Ligue, & dans toutes les guerres civiles. Plus d'un Seigneur rebelle

con-

condamné par un Parlement au dernier supplice obtenait des récompenses & des honneurs, tandis qu'on l'exécutait en effigie. C'est ce qui arriva au Marquis *de la Force*, qui avait chassé l'armée Royale devant Montauban, & qui tenait encor la campagne contre le Roi. Il eut deux cent mille écus, & le bâton de Maréchal de France. Les plus grands services n'eussent pas été mieux payés que sa soumission ne fut achetée. *Châtillon*, ce petit-fils de l'Amiral *Coligni*, vendit au Roi la ville d'Aiguemortes, & fut aussi Maréchal. Plusieurs firent acheter ainsi leur obéissance: le seul *Lesdiguières* vendit sa Religion. Fortifié alors dans le Dauphiné, & y faisant encor profession du Calvinisme, il se laissait ouvertement solliciter par les Huguenots de revenir à leur parti, & laissait craindre au Roi qu'il ne rentrât dans la faction.

On proposa dans le Conseil de le tuer, ou de le faire Connétable: le Roi prit ce dernier parti, & alors *Lesdiguières* devint en un instant Catholique: il fallait l'être pour être Connétable, & non pas pour être Maréchal de France: tel était l'usage. L'Epée de Connétable aurait pû être dans les mains d'un Huguenot, comme la Surintendance des Finances y avait été si longtems: mais il ne fallait pas que le Chef des armées & des Conseils professât la Religion des Calvinistes en les combattant. Ce changement de Religion dans *Lesdiguières* aurait deshonoré tout particulier qui n'eût eu

qu'un

Cʜ. CLXXI.

Rebelles recompensés par le Roi

1622.

Сн.
CLXXI.

Intrigues.
Paix avec les Huguenots.

1622.

qu'un petit intérêt ; mais les grands objets de l'ambition ne connaissent point la honte.

Louis XIII. était donc obligé d'acheter sans cesse des serviteurs, & de négocier avec des rebelles. Il met le siége devant Montpellier, & craignant la même disgrace que devant Montauban, il consent à n'être reçu dans la ville qu'à condition qu'il confirmera l'Edit de Nantes & tous les priviléges. Il semble qu'en laissant d'abord aux autres villes Calvinistes leurs priviléges, & en suivant les conseils de *Du Plessis-Mornay*, il se serait épargné la guerre ; & on voit que malgré sa victoire de Ries il gagnait peu de chose à la continuer.

Le Duc de *Rohan*, voyant que tout le monde négociait, traita aussi. Ce fut lui-même qui obtint des habitans de Montpellier qu'ils recevraient le Roi dans leur ville. Il entama & il conclut à Privas la paix générale avec le Connétable de *Lesdiguiéres*. Le Roi le paya comme les autres, & lui donna le Duché de Valois en engagement.

Tout resta dans les mêmes termes où l'on était avant la prise d'armes. Ainsi il en coûta beaucoup au Roi & au Royaume pour ne rien gagner. Il y eut dans le cours de la guerre quelques malheureux citoyens de pendus, & les Chefs rebelles eurent des récompenses.

Le Conseil de *Louis XIII.* pendant cette guerre civile avait été aussi agité que la France. Le Prince de *Condé* accompagnait le Roi, & voulait conduire l'armée & l'État. Les Ministres

tres étaient partagés; ils n'avaient preffé le
Roi de donner l'épée de Connétable à *Lefdi-
guiéres* que pour diminuer l'autorité du Prince
de *Condé*. Ce Prince laffé de combattre dans
le cabinet, alla à Rome dès que la paix fut
faite, pour obtenir que les Bénefices qu'il pof-
fédait, fuffent héréditaires dans fa Maifon. Il
pouvait les faire paffer à fes enfans, fans le
Bref qu'il demanda & qu'il n'eut point. A
peine put-il obtenir qu'on lui donnât à Rome
le titre d'Alteffe; & tous les Cardinaux Prêtres prirent fans difficulté la main fur lui.
Ce fut là tout le fruit de fon voyage à Rome.

 La Cour délivrée du fardeau d'une guerre
civile, ruïneufe & infructueufe, fut en proye
à de nouvelles intrigues. Les Miniftres étaient
tous ennemis déclarés les uns des autres, &
le Roi fe défiait d'eux tous.

 Il parut bien, après la mort du Connétable
de *Luines*, que c'était lui plutôt que le Roi
qui avait perfécuté la Reine Mére. Elle fut à
la tête du Confeil dès que le Favori eut expiré. Cette Princeffe, pour mieux affermir fon
autorité renaiffante, voulait faire entrer dans le
Confeil le Cardinal de *Richelieu*, fon Favori,
fon Surintendant, & qui lui devait la Pourpre.
Elle comptait gouverner par lui, & ne ceffait
de preffer le Roi de l'admettre dans le Miniftère. Prefque tous les Mémoires de ce tems-
là font connaître la répugnance du Roi. Il
traitait de fourbe celui en qui il mit depuis
toute fa confiance. Il lui reprochait jufqu'à fes
mœurs. Ce

Ch. CLXXI.

Le Prince de Condé à Rome.

Le Cardinal de Richelieu au Confeil.

Cʜ. CLXXI.

Introduit par la Reine Mere.

Ce Prince dévot, scrupuleux, & soupçonneux, avait plus que de l'aversion pour les galanteries du Cardinal ; elles étaient éclatantes, & même accompagnées de ridicule. Il s'habillait en Cavalier, & après avoir écrit sur la Théologie, il faisait l'amour en plumet. Les Mémoires de *Retz* confirment qu'il mêlait encor de la pédanterie à ce ridicule. Vous n'avez pas besoin de ce témoignage du Cardinal de *Retz*, puisque vous avez vu les thèses d'amour que *Richelieu* fit soutenir chez sa nièce dans la forme des thèses de Théologie qu'on soutient sur les bancs de Sorbonne. Les Mémoires du tems disent encor qu'il porta l'audace de ses désirs, ou vrais ou affectés, jusqu'à la Reine régnante *Anne d'Autriche*, & qu'il en essuya des railleries qu'il ne pardonna jamais. Je vous remets sous les yeux ces anecdotes qui ont influé sur les grands événemens. Premièrement elles font voir que dans ce Cardinal si célèbre, le ridicule de l'homme galant n'ôta rien à la grandeur de l'homme d'État, & que les petitesses de la vie privée peuvent s'allier avec l'héroïsme de la vie publique. En second lieu elles sont une espèce de démonstration parmi bien d'autres, que le Testament politique qu'on a publié sous son nom ne peut avoir été fabriqué par lui. Il n'était pas possible que le Cardinal de *Richelieu*, trop connu de *Louis XIII*. par ses intrigues galantes, & que l'amant public de *Marion Delorme* eût eu le front de recommander la chasteté au chaste

Louis

Louïs XIII. âgé de quarante ans & accablé de maladies.

Ch.
CLXXI.

La répugnance du Roi était si forte, qu'il falut encor que la Reine gagnât le Surintendant *la Vieuville*, qui était alors le Ministre le plus accrédité, & à qui ce nouveau Compétiteur donnait plus d'ombrage encor qu'il n'inspirait d'aversion a *Louïs XIII.*

L'Archevêque de Toulouse *Monchal* raporte que le Cardinal jura sur l'Hostie une amitié & une fidélité inviolable au Surintendant *la Vieuville*. Il eut donc enfin part au Ministere malgré le Roi & malgré les Ministres : mais il n'eut ni la prémiére place que le Cardinal de *la Rochefoucault* occupait, ni le prémier crédit que *la Vieuville* conserva quelque tems encore ; point de département, point de supériorité sur les autres : *il se bornait*, dit la Reine *Marie de Médicis* dans une lettre au Roi son fils, *à entrer quelquefois au Conseil*. C'est ainsi que se passerent les prémiers mois de son introduction dans le Ministère.

29. Avril 1624.

Je sai encor une fois combien toutes ces petites particularités sont indignes par elles-mêmes d'arrêter vos regards ; elles doivent être anéanties sous les grands événemens : mais ici elles sont nécessaires pour détruire ce préjugé qui a subsisté si longtems dans le public, que le Cardinal de *Richelieu* fut Prémier Ministre & Maitre absolu dès qu'il fut dans le Conseil. C'est ce préjugé qu'il fait dire à l'imposteur Auteur du Testament politique : *Lorsque Votre Majesté*

Ch. CLXXI.

Le Cardinal de Richelieu n'eſt, & ne peut être l'auteur du Teſtament Politique.

Majeſté réſolut de me donner en même tems l'entrée de ſes Conſeils & grande part dans ſa confiance, je lui promis d'employer mes ſoins pour rabaiſſer l'orgueil des Grands, ruiner les Huguenots, & relever ſon nom dans les Nations étrangères.

Il eſt manifeſte que le Cardinal de *Richelieu* n'a pu parler ainſi, puiſqu'il n'eut point d'abord la confiance du Roi. Je n'inſiſte pas ſur l'imprudence d'un Miniſtre qui aurait débuté par dire à ſon Maître, *Je reléverai votre nom*, & par lui faire ſentir que ce nom était avili. Je n'entre point ici dans la multitude des raiſons invincibles qui prouvent que le *Teſtament politique* attribué au Cardinal de *Richelieu* n'eſt & ne peut être de lui ; & je reviens à ſon Miniſtère.

Ce qu'on a dit depuis à l'occaſion de ſon Mauſolée élevé dans la Sorbonne, *magnum diſputandi argumentum*, eſt le vrai caractere de ſon génie & de ſes actions. Il eſt très-difficile de connaître un homme dont ſes flatteurs ont dit tant de bien & ſes ennemis tant de mal. Il eut à combattre la Maiſon d'*Autriche*, les Calviniſtes, les Grands du Royaume, la Reine Mére ſa bienfaitrice, le frére du Roi, la Reine régnante à laquelle il oſa tenter de plaire, enfin le Roi lui-même, auquel il fut toûjours néceſſaire & ſouvent odieux. Il était impoſſible qu'on ne cherchât pas à le décrier par des libelles; il y faiſait répondre par des panégiriques. Il ne faut croire ni les uns ni les autres, mais ſe repréſenter les faits. Pour

Pour être sûr des faits autant qu'on le peut, on doit discerner les livres. Que penser, par exemple, de l'Ecrivain de la vie du Pére Joseph, qui rapporte une lettre du Cardinal à ce fameux Capucin, écrite, dit-il, immédiatement après son entrée dans le Conseil ? „ Comme vous êtes le principal Agent dont „ Dieu s'est servi pour me conduire dans tous „ les honneurs où je me vois élevé, je me „ sens obligé de vous aprendre qu'il a plû au „ Roi de me donner la Charge de son Prémier „ Ministre, à la priére de la Reine.

Le Cardinal n'eut les Patentes de Prémier Ministre qu'en 1629. Cette place ne s'appelle point une Charge, & le Capucin *Joseph* ne l'avait conduit ni aux honneurs ni *dans les honneurs*.

Les livres ne font que trop pleins de suppositions pareilles ; & ce n'est pas un petit travail de démêler le vrai d'avec le faux. Faisons nous ici un précis du Ministère orageux du Cardinal de *Richelieu*, ou plutôt de son régne.

CHAP. CENT-SOIXANTE ET DOUZIEME.

DU MINISTERE
DU
CARDINAL DE RICHELIEU.

La Vieuville en prison.

LE Surintendant *La Vieuville*, qui avait prêté la main au Cardinal de *Richelieu* pour monter au Ministère, en fut écrafé le premier au bout de fix mois, & le ferment fur l'Hoftie ne le fauva pas. On l'accufa fecrettement des malverfations dont on peut toûjours charger un Surintendant.

La Vieuville devait fa grandeur au Chancelier *de Silleri*, & l'avait fait difgracier. Il eft ruïné à fon tour par celui qui lui devait fa place. Ces viciffitudes fi communes dans toutes les Cours, l'étaient encor plus dans celle de *Louïs XIII.* que dans aucune autre. Ce Miniftre eft mis en prifon au Chateau d'Amboife. Il avait commencé la négociation du mariage entre la fœur de *Louïs XIII. Henriette*, & *Charles* Prince de Galles, qui fut bientôt après Roi de la Grande Bretagne : Le Cardinal finit le Traité malgré les Cours de Rome & de Madrid.

Il favorife fous main les Proteftans d'Allemagne, & il n'en eft pas moins dans le deffein d'accabler ceux de France.

Avant

Avant son Ministère, on négociait vainement avec tous les Princes d'Italie, pour empêcher la Maison d'*Autriche*, si puissante alors, de demeurer Maîtresse de la Valteline.

CH. CLXXII.

La Valteline.

Cette petite Province alors Catholique apartenait aux Ligues-Grises qui sont Reformées. Les Espagnols voulaient joindre ces Vallées au Milanais. Le Duc de Savoye & Venise de concert avec la France s'opposaient à tout agrandissement de la Maison d'*Autriche* en Italie. Le Pape *Urbain VIII.* avait enfin obtenu qu'on séquestrat cette Province entre ses mains, & ne désespérait pas de la garder.

Marquemont Ambassadeur de France à Rome écrit à *Richelieu* une longue dépêche, dans laquelle il étale toutes les difficultés de cette affaire. Celui-ci répond par cette fameuse lettre: *Le Roi a changé de Conseil, & le Ministère de maxime: on enverra une armée dans la Valteline, qui rendra le Pape moins incertain & les Espagnols plus traitables.* Aussi-tôt le Marquis de Cœuvres entre dans la Valteline avec une armée. On ne respecte point les drapeaux du Pape, & on affranchit ce pays de l'invasion Autrichienne. C'est-là le prémier événement qui rend à la France sa considération chez les étrangers.

Belle & courte lettre du Cardinal de Richelieu.

L'argent manquait sous les précédens Ministères, & on en trouve assez pour prêter aux Hollandais trois millions deux cent mille livres, afin qu'ils soient en état de soutenir la guerre contre la branche d'Autriche Espagnole

1625.

leur

Cн. CLXXII.

Les Huguenots Français animés par les Espagnols, comme les Protestans Allemans l'ont été par la France.

leur ancienne Souveraine. On fournit de l'argent à ce fameux Chef *Mansfelt*, qui soutenait presque seul alors la cause de la Maison Palatine & des Protestans contre la Maison Impériale.

Il fallait bien s'attendre, en armant ainsi les Protestans étrangers, que le Ministère Espagnol exciterait ceux de France, & qu'il leur rendrait (comme disait *Mirabel* Ambassadeur d'Espagne) l'argent donné aux Hollandais. Les Huguenots, en effet, animés & payés par l'Espagne, recommencent la guerre civile en France. C'est depuis *Charles-Quint* & *François I.* que dure cette politique entre les Princes Catholiques, d'armer les Protestans chez autrui, & de les poursuivre chez soi. Pendant cette nouvelle guerre contre le Duc de *Rohan* & son parti, le Cardinal négocie encor avec les Puissances qu'il a outragées ; & ni l'Empereur *Ferdinand II.* ni *Philippe IV.* Roi d'Espagne, n'attaquent la France.

La Rochelle Capitale du Calvinisme.

La Rochelle commençait à devenir une Puissance. Elle avait alors presqu'autant de vaisseaux que le Roi. Elle voulait imiter la Hollande, & aurait pû y parvenir, si elle avait trouvé parmi les Peuples de sa Religion, des Alliés qui la secourussent. Mais le Cardinal de *Richelieu* sut d'abord armer contre elle ces mêmes Hollandais, qui par les intérêts de leur secte devaient prendre parti pour elle, & jusqu'aux Anglais, qui par l'intérêt d'Etat semblaient encor plus la devoir défendre. Ce qu'on avait

avait donné d'argent aux Provinces - Unies, & ce qu'on devait leur donner encor, les engagea à fournir une flotte contre ceux qu'elles appelaient leurs frères ; de sorte que le Roi Catholique secourait les Calvinistes de son argent ; & les Hollandais Calvinistes combattaient pour la Religion Catholique ; tandis que le Cardinal de *Richelieu* chassait les troupes du Pape de la Valteline en faveur des Grisons Huguenots.

C'est un sujet de surprise que *Soubise* à la tête de la flotte Rochelloise osât attaquer la flotte Hollandaise auprès de l'Isle de Ré, & qu'il remportât l'avantage sur ceux qui passaient alors pour les meilleurs marins du Monde. Ce succès en d'autre tems aurait fait de la Rochelle une République affermie & puissante.

Louis XIII. alors avait un Amiral & point de flotte. Le Cardinal en commençant son Ministère avait trouvé dans le Royaume tout à réparer ou à faire ; & il n'avait pu dans l'espace d'une année établir une Marine. A peine dix ou douze petits vaisseaux de guerre pouvaient être armés. Le Duc de *Montmorenci* alors Amiral, celui-là même qui finit depuis sa vie si tragiquement, fut obligé de monter sur le vaisseau Amiral des Provinces-Unies ; & ce ne fut qu'avec des vaisseaux Hollandais & Anglais qu'il battit la flotte de la Rochelle.

Cette victoire même montrait qu'il fallait se rendre puissant sur mer & sur terre, quand on avait le parti Calviniste à soumettre en Fran-

Ch.
CLXXII.

1626.

Le Card.
de Richelieu
brave
tous les
grands,
& en fait
enfermer
plusieurs.
1626.

France, & la puissance Autrichienne à miner dans l'Europe. Le Ministre accorda donc la paix aux Huguenots, pour avoir le tems de s'affermir.

Le Cardinal de *Richelieu* avait dans la Cour de plus grands ennemis à combattre. Aucun Prince du Sang ne l'aimait. *Gaston* frére de *Louis XIII.* le détestait. *Marie de Médicis* commençait à voir son ouvrage d'un œil jaloux. Presque tous les Grands cabalaient.

Il ôte la place d'Amiral au Duc de *Montmorenci*, pour se la donner bientôt à lui-même sous un autre nom, & par-là il se fait un ennemi irréconciliable. Deux fils de *Henri IV. César de Vendôme*, & le Grand Prieur, veulent se soutenir contre lui, & il les fait enfermer à Vincennes. Le Maréchal *Ornano*, & *Talerand Chalais* animent contre lui *Gaston*. Il les fait accuser de vouloir attenter contre le Roi même. Il envelope dans l'accusation le Comte *de Soissons* Prince du Sang, *Gaston* frére du Roi, & la Reine régnante.

On dépose, tantôt que le dessein des Conjurés a été de tuer le Roi, tantôt qu'on a formé le dessein de le déclarer impuissant, de l'enfermer dans un Cloître, & de donner sa femme à *Gaston* son frére. Ces deux accusations se contredisaient, & ni l'une ni l'autre n'étaient vraisemblables. Le véritable crime était de s'être unis contre le Ministre, & d'avoir parlé même d'attenter à sa vie. Des

1626. Commissaires jugent *Chalais* à mort ; il est exécuté

cuté à Nantes. Le Maréchal *Ornano* meurt à Vincennes; le Comte *de Soissons* fuit en Italie; la Duchesse *de Chevreuse* courtisée auparavant par le Cardinal, & maintenant accusée d'avoir cabalé contre lui, prete d'ètre arrêtée, poursuivie par ses Gardes, échapé à peine, & passe en Angleterre. Le frére du Roi est maltraité & observé. *Anne d'Autriche* est mandée au Conseil; on lui défend de parler à aucun homme chez elle qu'en présence du Roi son mari; & on la force de signer qu'elle est coupable.

Les soupçons, la crainte, la désolation étaient dans la famille Royale, & dans toute la Cour. *Louïs XIII.* n'était pas l'homme de son Royaume le moins malheureux; réduit à craindre sa femme & son frére, embarrassé devant sa mére qu'il avait autrefois si maltraitée, & qui en laissait toûjours échaper quelque souvenir; plus embarrassé encor devant le Cardinal, dont il commençait à sentir le joug; la crise des affaires étrangéres était encor pour lui un nouveau sujet de peine; le Cardinal de *Richelieu* le liait à lui par la crainte & par les intrigues domestiques, par la nécessité de réprimer les complots de la Cour, & de ne pas perdre son crédit chez les Nations.

Trois Ministres également puissans faisaient alors presque tout le destin de l'Europe, *Olivarès* en Espagne, *Buckingham* en Angleterre, *Richelieu* en France. Tous trois se haïssaient réciproquement, & tous trois négociaient toûjours

Cʜ. CLXXII!

La Reine femme du Roi persécutée.

Richelieu, Buckingam, Olivarès?

Сн.
CLXXII.

jours à la fois les uns contre les autres. Le Cardinal de *Richelieu* se brouillait avec le Duc de *Buckingham*, dans le tems même que l'Angleterre lui fournissait des vaisseaux contre la Rochelle, & il se liguait avec le Comte Duc *Olivarès*, lorsqu'il venait d'enlever la Valteline au Roi d'Espagne.

Caractère de Buckingham.

De ces trois Ministres le Duc de *Buckingham* passait pour être le moins Ministre; il brillait comme un Favori & un grand Seigneur, libre, franc, audacieux, non comme un homme d'Etat; ne gouvernant pas le Roi *Charles I.* par l'intrigue, mais par l'ascendant qu'il avait eu sur le pére & qu'il avait conservé sur le fils. C'était l'homme le plus beau de son tems, le plus fier, & le plus généreux. Il pensait que ni les femmes ne devaient résister aux charmes de sa figure, ni les hommes à la supériorité de son caractère. Enyvré de ce double amour-propre, il avait conduit le Roi *Charles* encor Prince de Galles en Espagne, pour lui faire épouser une Infante, & pour briller dans cette Cour. C'est-là que joignant la galanterie Espagnole à l'audace de ses entreprises, il attaqua la femme du prémier Ministre *Olivarès*, & fit manquer par cette indiscrétion le mariage du Prince. Etant depuis venu en France en 1625. pour conduire la Princesse *Henriette* qu'il avait obtenue pour *Charles I.* il fut encor sur le point de faire échouer l'affaire par une indiscrétion plus hardie. Cet Anglais fit à la Reine *Anne d'Autriche* une déclaration,

ration, & ne se cacha pas de l'aimer, ne pouvant espérer dans cette avanture que le vain honneur d'avoir osé s'expliquer. La Reine élevée dans les idées d'une galanterie permise alors en Espagne, ne regarda les témérités du Duc de *Buckingham* que comme un hommage à sa beauté qui ne pouvait offenser sa vertu.

<small>Ch. CLXXII. Il ose se déclarer amoureux de la Reine.</small>

L'éclat du Duc de *Buckingham* déplut à la Cour de France, sans lui donner de ridicule, parce que l'audace & la grandeur n'en sont pas susceptibles. Il mena *Henriette* à Londres, & y rapporta dans son cœur sa passion pour la Reine, augmentée par la vanité de l'avoir déclarée. Cette même vanité le porta à tenter un second voyage à la Cour de France : le prétexte était de faire un Traité contre le Duc *Olivarès*, comme le Cardinal en avait fait un avec *Olivarès* contre lui. La véritable raison qu'il laissait assez voir, était de se raprocher de la Reine : non seulement on lui en refusa la permission, mais le Roi chassa d'auprès de sa femme plusieurs domestiques accusés d'avoir favorisé la témérité du Duc de *Buckingham*. Cet Anglais fit déclarer la guerre à la France, uniquement parce qu'on lui refusa la permission d'y venir parler de son amour. Une telle avanture semblait être du tems des *Amadis*. Les affaires du Monde sont tellement mêlées, tellement enchaînées, que les amours romanesques du Duc de *Buckingham* produisirent une guerre de Religion, & la prise de la Rochelle.

<small>1627.</small>

CH. CLXXII.

Nouvelle guerre civile des Huguenots contre la Cour.

Un Chef de parti profite de toutes les circonstances. Le Duc de *Rohan*, aussi profond dans ses desseins que *Buckingham* était vain dans les siens, obtient du dépit de l'Anglais l'armement d'une flotte de cent vaisseaux de transport. La Rochelle & tout le parti étaient tranquilles ; il les anime, & engage les Rochellois à recevoir la flotte Anglaise, non pas dans la Ville même, mais dans l'Isle de Rhé. Le Duc de *Buckingham* descend dans l'Isle avec environ sept mille hommes. Il n'y avait qu'un petit Fort à prendre pour se rendre maître de l'Isle, & pour séparer à jamais la Rochelle de la France. Le parti Calviniste devenait alors indomtable. Le Royaume était divisé, & tous les projets du Cardinal *de Richelieu* auraient été évanouis, si le Duc de *Buckingham* avait été aussi grand homme de guerre, ou du moins aussi heureux, qu'il était audacieux.

Juillet 1627.

Le Marquis, depuis Maréchal de *Thoiras*, sauva la gloire de la France en conservant l'Isle de Rhé avec peu de troupes, contre les Anglais très supérieurs. *Louis XIII.* a le tems d'envoyer une armée devant la Rochelle. Son frère *Gaston* la commande d'abord. Le Roi y vient bientôt avec le Cardinal. *Buckingham* est forcé de ramener en Angleterre ses troupes diminuées de moitié, sans même avoir jetté du secours dans la Rochelle, & n'ayant paru que pour en hâter la ruine. Le Duc de *Rohan* était absent de cette Ville, qu'il avait armée & exposée. Il soutenait la guerre dans le Languedoc

guedoc contre le Prince de *Condé* & le Duc de *Montmorenci*.

Tous trois combattaient pour eux-mêmes; le Duc de *Rohan* pour être toûjours Chef de parti; le Prince de *Condé*, à la tête des troupes Royales, pour regagner à la Cour son crédit perdu; le Duc de *Montmorenci* à la tête des troupes levées par lui-même & de sa seule autorité, pour devenir le Maître dans le Languedoc dont il était Gouverneur, & pour rendre sa fortune indépendante, à l'exemple de *Lesdiguières*. La Rochelle n'a donc qu'elle seule pour se soutenir. Les citoyens animés par la Religion & par la liberté, ces deux puissans motifs des Peuples, élurent un Maire nommé *Guiton*, encor plus déterminé qu'eux. Celui-ci avant d'accepter une place qui lui donnait la Magistrature & le commandement des armes, prend un poignard, & le tenant à la main: *Je n'accepte*, dit-il, *l'emploi de votre Maire qu'à condition d'enfoncer ce poignard dans le cœur du prémier qui parlera de se rendre; & qu'on s'en serve contre moi, si jamais je songe à capituler.*

Pendant que la Rochelle se prépare ainsi à une résistance invincible, le Cardinal de *Richelieu* employa toutes les ressources pour la soumettre; vaisseaux bâtis à la hâte, troupes de renfort, artillerie, enfin jusqu'au secours de l'Espagne; profitant avec célérité de la haine du Duc *Olivarès* contre le Duc de *Buckingham*, faisant valoir les intérêts de la Religion,

pro-

Ch. CLXXII.

promettant tout, & obtenant des vaisseaux du Roi d'Espagne alors l'ennemi naturel de la France, pour ôter aux Rochellois l'espérance d'un nouveau secours d'Angleterre. Le Comte Duc envoye *Fréderic* de Tolède avec quarante vaisseaux devant le port de la Rochelle.

1628.
1629.

L'Amiral Espagnol arrive. Croirait-on que le cérémonial rendit ce secours inutile, & que *Louis XIII.* pour n'avoir pas voulu accorder à l'Amiral de se couvrir en sa présence, vit la flote Espagnole retourner dans ses ports. Soit que cette petitesse décidât d'une affaire si importante, comme il n'arrive que trop souvent, soit qu'alors de nouveaux différens au sujet de la succession de Mantoue aigrissent la Cour Espagnole, sa flotte parut & s'en retourna; & peut-être le Ministre Espagnol ne l'avait envoyée que pour montrer ses forces au Ministre de France.

Le Duc de *Buckingham* prépare un nouvel armement pour sauver la ville. Il pouvait en très-peu de tems rendre tous les efforts du Roi de France inutiles. La Cour a toûjours été persuadée que le Cardinal de *Richelieu* pour parer ce coup se servit de l'amour même de *Buckingham* pour *Anne d'Autriche*, & qu'on exigea de la Reine qu'elle écrivit au Duc. Elle le pria, dit-on, de différer au moins l'embarquement, & on assûre que la foiblesse de *Buckingham* l'emporta sur son honneur & sur sa gloire.

Cette anecdote peut être fausse; mais elle a
acquis

acquis tant de crédit, qu'on ne peut s'empêcher de la rapporter : elle ne dément ni le caractère de *Buckingham*, ni l'esprit de la Cour ; & en effet on ne peut comprendre comment le Duc de *Buckingham* se borne à faire partir seulement quelques vaisseaux, qui se montrent inutilement, & qui reviennent dans les ports d'Angleterre.

Il n'est pas moins singulier que le Cardinal ait seul commandé au siége, tandis que le Roi était retourné à Paris. Il avait des Patentes de Général. Ce fut son coup d'essai. Il montra que la résolution & le génie suppléent à tout ; aussi exact à mettre la discipline dans les troupes, qu'appliqué dans Paris à établir l'ordre, & l'un & l'autre étant également difficile. On ne pouvait réduire la Rochelle, tant que son port serait ouvert aux flottes Anglaises ; il falait le fermer & domter la mer. *Pompe Targon*, Ingénieur Italien, avait dans la guerre civile précédente imaginé de construire une estacade dans le tems que *Louis XIII.* voulait assiéger cette Ville, & que la paix fut conclue. Le Cardinal de *Richelieu* suit cette vue : la mer renverse l'ouvrage : il n'en est pas moins ferme à le faire recommencer. Il commanda une digue dans la mer d'environ quatre mille sept cent pieds de long ; les vents la détruisent. Il ne se rebuta pas, & ayant à la main son *Quinte-Curce*, & la description de la digue d'*Alexandre* devant Tyr, il recommence encor la digue. Deux Français, *Metesau* & *Tirian*,

Ch. CLXXIII.

Le Cardinal de Richelieu Général d'armée.

met-

Ch.
CLXXII.

Mars
1628.

Septemb.
1628.

mettent la digue en état de réfifter aux vents & aux vagues.

Louis XIII. vient au fiége, & y refte depuis le mois de Mars 1628. jufqu'à fa reddition. Souvent préfent aux attaques, & donnant l'exemple aux Officiers, il preffe le grand ouvrage de la digue ; mais il eft toûjours à craindre que bientôt une nouvelle flotte Angloife ne vienne la renverfer. La fortune feconde en tout cette entreprife. Le Duc de Buckingham était prêt enfin de partir & de conduire une flotte redoutable devant la Rochelle, lorfqu'un Irlandais fanatique l'affaffina d'un coup de couteau, fans que jamais on ait pu découvrir fes inftigateurs.

Cependant la Rochelle fans fecours, fans vivres, tenait par fon feul courage. La mère & la fœur du Duc de Rohan fouffrant comme les autres la plus dure difette, encourageaient les citoyens. Des malheureux prêts à expirer de faim déploraient leur état devant le Maire Guiton, qui répondait ; *Quand il ne reftera plus qu'un feul homme, il faudra qu'il ferme les portes.*

L'efpérance renaît dans la ville à la vue de la flotte préparée par *Buckingham*, qui paraît enfin fous le commandement de l'Amiral *Lindfey*. Elle ne peut percer la digue. Quarante piéces de canon établies fur un fort de bois dans la mer, écartaient les vaiffeaux. *Louis* fe montrait fur ce fort expofé à toute l'artillerie de la flotte ennemie, dont tous les efforts furent inutiles.

La

La famine vainquit enfin le courage des Rochelois, & après une année entière d'un siége où ils se soutinrent par eux-mêmes, ils furent obligés de se rendre, malgré le poignard du Maire, qui restait toûjours sur la table de l'Hôtel-de-Ville pour percer quiconque parlerait de capituler. On peut remarquer que ni *Louis XIII.* comme Roi, ni le Cardinal de *Richelieu* comme Ministre, ni les Maréchaux de France en qualité d'Officiers de la Couronne, ne signèrent la capitulation. Deux Maréchaux de Camp signèrent. La Rochelle ne perdit que ses privilèges; il n'en coûta la vie à personne. La Religion Catholique fut rétablie dans la ville & dans le pays, & on laissa aux habitans leur Calvinisme, la seule chose qui leur resta.

Le Cardinal de *Richelieu* ne voulait pas laisser son ouvrage imparfait. On marchait vers les autres Provinces où les Réformés avaient tant de Places de sureté, & où leur nombre les rendait encor puissans. Il fallait abattre & désarmer tout le parti, avant de pouvoir déployer en sureté toutes ses forces contre la Maison d'*Autriche* en Allemagne, en Italie, en Flandre, & vers l'Espagne. Il importait que l'Etat fût uni & tranquille, pour troubler & diviser les autres Etats.

Déja l'intérêt de donner à Mantoue un Duc dépendant de la France & non de l'Espagne, après la mort du dernier Souverain, appellait les armes de la France en Italie. *Gustave Adolphe*

Cʜ. CLXXII.

La Rochelle prise.

28. Octobre 1628.

Ch. CLXXII.

Les Calvinistes traitent avec les Espagnols si Catholiques.

phe voulait descendre déja en Allemagne, & il fallait l'apuyer.

Dans ces circonstances épineuses le Duc de *Rohan* ferme sur les ruines de son parti, traite avec le Roi d'Espagne, qui lui promet des secours, après en avoir donné contre lui un an auparavant. *Philippe IV.* ayant consulté son Conseil de Conscience, promet trois cent mille ducats par an au Chef des Calvinistes de France: mais cet argent vient à peine. Les troupes du Roi désolent le Languedoc. Privas est abandonnée au pillage, & tout y est tué. Le Duc de *Rohan* ne pouvant soutenir la guerre, trouve encor le secret de faire une paix générale pour tout le parti, aussi bonne qu'on le pouvait. Le même homme qui venait de traiter avec le Roi d'Espagne, en qualité de Chef de parti, traite de même avec le Roi de France son Maître, dans le tems qu'il est condamné par le Parlement comme rebelle; & après avoir reçu de l'argent de l'Espagne pour entretenir ses troupes, il exige & reçoit cent mille écus

1628. de *Louïs XIII.* pour achever de les payer & pour les congédier.

Les villes Calvinistes sont traitées comme la Rochelle; on leur ôte leurs fortifications & tous les droits qui pouvaient être dangereux: on leur laisse la liberté de conscience, leurs Temples, leurs Loix municipales, les Chambres de l'Edit qui ne pouvaient pas nuire. Tout est appaisé. Le grand parti Calviniste, au lieu d'établir une domination, est désarmé

&

& abbattu sans ressource. La Suisse, la Hollande n'étaient pas si puissantes que ce parti quand elles s'érigèrent en Souverainetés indépendantes. Genève qui était peu de chose, se donna la liberté, & la conserva. Les Calvinistes de France succombèrent : la raison en est que leur parti même était dispersé dans leurs Provinces, que la moitié des Peuples & les Parlemens étaient Catholiques, que la puissance Royale tombait sur leurs pays tout ouverts, qu'on les attaquait avec des troupes supérieures & disciplinées, & qu'ils eurent à faire au Cardinal de *Richelieu*.

Ch. CLXXII.

Les Calvinistes terrassés.

Jamais *Louïs XIII*. qu'on ne connait point assez, ne mérita tant de gloire par lui-même; car tandis qu'après la prise de la Rochelle les armées forçaient les Huguenots à l'obéissance, il soutenait ses Alliés en Italie; il marchait au secours du Duc de Mantoue au travers des Alpes au milieu d'un hyver rigoureux, forçait trois barricades au pas de Suze, s'emparait de Suze, obligeait le Duc de Savoye à s'unir à lui, & chassait les Espagnols de Casal.

Mars 1629.

Cependant le Cardinal de *Richelieu* négociait avec tous les Souverains, & contre la plus grande partie des Souverains. Il envoyait un Capucin à la Diette de Ratisbonne, pour tromper les Allemans, & pour lier les mains à l'Empereur dans les affaires d'Italie. En même tems *Charnacé* était chargé d'encourager le Roi de Suéde *Gustave Adolphe* à descendre en Allemagne : entreprise à laquelle *Gustave* était

Grands desseins du Card. de Richelieu.

Ch.
CLXXII.

Il brave la Reine Mére sa bienfaitrice.

1629.

était déja très-disposé. *Richelieu* songeait à ébranler l'Europe, tandis que la cabale de *Gaston* & des deux Reines tentait en vain de le perdre à la Cour. Sa faveur causait encor plus de trouble dans le Cabinet, que ses intrigues n'en excitaient dans les autres Etats. Il ne faut pas croire que ces troubles de la Cour fussent le fruit d'une profonde politique, & de desseins bien concertés, qui unissent contre lui un parti habilement formé pour le faire tomber, & pour lui donner un Successeur capable de le remplacer. L'humeur qui domine souvent les hommes, même dans les plus grandes affaires, produisit en grande partie ces divisions si funestes. La Reine Mére, quoiqu'elle eût toûjours sa place au Conseil, quoiqu'elle eût été Régente des Provinces en deça de la Loire pendant l'expédition de son fils à la Rochelle, était toûjours aigrie contre le Cardinal de *Richelieu*, qui affectait de ne plus dépendre d'elle. Les mémoires composés pour la défense de cette Princesse rapportent, que le Cardinal étant venu la voir, & Sa Majesté lui demandant des nouvelles de sa santé, il lui répondit enflammé de colère & les lévres tremblantes; *Je me porte mieux que ceux qui sont ici ne voudraient.* La Reine fut indignée; le Cardinal s'emporta: il demanda pardon; la Reine s'adoucit; & deux jours après ils s'aigrirent encore; la Politique qui surmonte les passions dans le Cabinet, n'en étant pas toûjours maîtresse dans la conversation.

Marie

Marie de Médicis ôte alors au Cardinal la place de Surintendant de sa maison. Le prémier fruit de cette querelle fut la Patente de Prémier Ministre que le Roi écrivit de sa main en faveur du Cardinal, lui adressant la parole, exaltant sa valeur & sa magnanimité, & laissant en blanc les appointemens de la place pour les faire remplir par le Cardinal même. Il était déja grand Amiral de France sous le nom de Surintendant de la Navigation; & ayant ôté aux Calvinistes leurs Places de sûreté, il s'assurait pour lui même de Saumur, d'Angers, de Honfleur, du Havre de Grace, d'Oleron, de l'Isle de Rhé, qui devenaient ses Places de sûreté contre ses ennemis : il avait des Gardes; son faste effaçait la dignité du Trône : tout l'extérieur royal l'accompagnait, & toute l'autorité résidait en lui.

Ch. CLXXII.

21. Nov. 1629. Le Card. Prémi r Ministre.

Les affaires de l'Europe le rendaient plus que jamais nécessaire à son Maitre & à l'État. L'Empereur *Ferdinand II.* depuis la bataille de Prague s'était rendu despotique en Allemagne, & devenait alors puissant en Italie. Ses troupes assiégeaient Mantoue. La Savoye hésitait entre la France & la Maison d'Autriche. Le Marquis de *Spinola* occupait le Montferrat avec une armée Espagnole. Le Cardinal veut lui-même combattre *Spinola*; il se fait nommer Généralissime de l'armée qui marche en Italie, & le Roi ordonne dans ses provisions, qu'on lui obéisse comme à sa *propre personne.* Ce Prémier Ministre faisant les fonctions de Connétable,

Le Card. Généralissime.

Ch.
CLXXII.

1630.

1630.

Combat de Végliane.
Juillet 1630.

nétable, ayant fous lui deux Maréchaux de France, marche en Savoye. Il négocie dans la route, mais en Roi, & veut que le Duc de Savoye vienne le trouver à Lyon; il ne peut l'obtenir. L'armée Française s'empare de Pignerol, & de Chambery, en deux jours. Le Roi prend enfin lui-même le chemin de la Savoye; il amène avec lui les deux Reines, fon frère & toute une Cour ennemie du Cardinal, mais qui n'eft que témoin de fes triomphes. Le Cardinal revient trouver le Roi à Grenoble; ils marchent enfemble en Savoye. Une maladie contagieufe attaqua dans ce tems Louïs XIII. & l'obligea de retourner à Lyon. C'eft pendant ce tems-là que le Duc de *Montmorenci* remporte avec peu de troupes une victoire fignalée au combat de Végliane fur les Impériaux, les Efpagnols, & les Savoifiens: il bleffe & prend lui-même le Général *Doria*. Cette action le combla de gloire. Le Roi lui écrivit; *Je me fens obligé envers vous autant qu'un Roi le puiffe être.* Cette obligation n'empêcha pas que ce grand homme ne mourût deux ans après fur un échafaut.

Il ne fallait pas moins qu'une telle victoire pour foutenir la gloire & les intérêts de la France, tandis que les Impériaux prenaient & faccageaient Mantoue, pourfuivaient le Duc protégé par *Louïs XIII.* & battaient les Vénitiens fes Alliés. Le Cardinal dont les plus grands ennemis étaient à la Cour, laiffait le Duc de *Montmorenci* combattre les ennemis

de

de la France, & observait les siens auprès du Roi. Ce Monarque était alors mourant à Lyon. Les confidens de la Reine régnante trop empressés, proposaient déja à *Gaston* d'épouser la femme de son frére, qui devait être bientôt veuve. Le Cardinal se préparait à se retirer dans Avignon. Le Roi guérit; & tous ceux qui avaient fondé des espérances sur sa mort, furent confondus. Le Cardinal le suivit à Paris; il y trouva beaucoup plus d'intrigues qu'il n'y en avait en Italie entre l'Empire, l'Espagne, Venise, la Savoye, Rome & la France.

Mirabel l'Ambassadeur Espagnol était ligué contre lui avec les deux Reines. Les deux fréres *Marillac*, l'un Maréchal de France, l'autre Garde des Sceaux, qui lui devaient leur fortune, se flattaient de le perdre & de succéder à son crédit. Le Maréchal de *Bassompierre*, sans prétendre à rien, était dans leur confidence; le prémier valet de chambre *Beringhen* instruisait la cabale de ce qui se passait chez le Roi. La Reine Mére ôte une seconde fois au Cardinal la Charge de Surintendant de sa maison, qu'elle avait été forcée de lui rendre, emploi qui dans l'esprit du Cardinal était au-dessous de sa fortune & de sa fierté, mais que par une autre fierté il ne voulait pas perdre. Sa niéce depuis Duchesse *d'Aiguillon* est renvoyée, & *Marie de Médicis* à force de plaintes & de priéres redoublées, obtient de son fils qu'il le dépouillera du Ministère.

Ch.
CLXXII.

Le Card. disgracié.

10. Nov. 1630.

Il n'y a dans ces intrigues que ce qu'on voit tous les jours dans les maisons des particuliers qui ont un grand nombre de domestiques ; ce sont des petitesses communes ; mais ici elles entrainaient le destin de la France & de l'Europe. Les négociations avec les Princes d'Italie, avec le Roi de Suède *Gustave Adolphe*, avec les Provinces-Unies & les Princes d'Orange contre l'Empereur & l'Espagne, étaient dans les mains de *Richelieu*, & n'en pouvaient guères sortir sans danger pour l'Etat. Cependant la faiblesse du Roi, apuyée en secret dans son cœur par ce dépit que lui inspirait la supériorité du Cardinal, abandonne ce Ministre nécessaire ; il promet sa disgrace aux empressemens opiniâtres & aux larmes de sa mère. Le Cardinal entra par une fausse porte dans la chambre où l'on concluait sa ruine. Le Roi sort, sans lui parler ; il se croit perdu, & prépare sa retraite au Havre de Grace, comme il l'avait déja préparée pour Avignon quelques mois auparavant. Sa ruine paraissait d'autant plus sûre, que le Roi le jour même donne pouvoir au Maréchal de *Marillac*, ennemi déclaré du Cardinal, de faire la guerre & la paix dans le Piémont. Alors le Cardinal presse son départ ; ses mulets avaient deja porté ses trésors à trente-cinq lieues sans passer par aucune ville, précaution prise contre la haine publique. Ses amis lui conseillent de tenter enfin auprès du Roi un nouvel effort.

Le Cardinal va trouver le Roi à Versailles,
alors

alors petite maison de chasse achetée par *Louis XIII.* vingt mille écus, devenue depuis sous *Louis XIV.* un des plus grands Palais de l'Europe, & un abime de dépenses. Le Roi qui avait sacrifié son Ministre par faiblesse, se remet par faiblesse entre ses mains, & il lui abandonne ceux qui l'avaient perdu. Ce jour qui est encor à présent appellé *la journée des dupes*, fut celui du pouvoir absolu du Cardinal. Dès le lendemain le Garde des Sceaux est arrêté, & conduit prisonner à Chateaudun, où il mourut de douleur. Le jour même le Cardinal dépêche un Huissier du Cabinet de la part du Roi aux Maréchaux *de la Force* & *Schomberg*, pour faire arrêter le Maréchal de *Marillac* au milieu de l'armée qu'il allait commander seul. L'Huissier arrive une heure après que le Maréchal de *Marillac* avait reçu la nouvelle de la disgrace de *Richelieu*. Le Maréchal est prisonnier, dans le tems qu'il se croyait Maître de l'Etat avec son frére. *Richelieu* résolut de faire mourir ce Général ignominieusement par la main du bourreau; & ne pouvant l'accuser de trahison, il s'avisa de lui imputer d'être concussionnaire. Le procès dura près de deux années: il faut en raporter ici les suites, pour ne point rompre le fil de cette affaire, & pour faire voir ce que peut la vengeance armée du pouvoir suprême, & colorée des apparences de la justice.

Le Cardinal ne se contenta pas de priver le Maréchal du droit d'être jugé par les deux Cham-

Cu.
CLXXIII

Journée des dupes.

11. Nov. 1630.

CH. CLXXII.

Le Maréchal de Marillac jugé à mort dans la maison de campagne du Cardinal.

Chambres du Parlement assemblé, droit qu'on avait déja violé tant de fois : ce ne fut pas assez de lui donner dans Verdun des Commissaires dont il espérait de la sévérité. Ces prémiers Juges ayant malgré les promesses & les menaces conclu que l'accusé serait reçu à se justifier, le Ministre fit casser l'arrêt : il lui donna d'autres Juges, parmi lesquels on comptait les plus violens ennemis de *Marillac*, & surtout ce *Paul Hey du Chastelet*, connu par une satyre atroce contre les deux frères. Jamais on n'avait méprisé davantage les formes de la Justice, & les bienséances. Le Cardinal leur insulta au point de transférer l'accusé, & de continuer le procès à Ruel dans sa propre maison de campagne.

Il est expressément défendu par les Loix du Royaume, de détenir un prisonnier dans une maison particuliére ; mais il n'y avait point de Loix pour la vengeance & pour l'autorité. Celles de l'Eglise ne furent pas moins violées dans ce procès que celles de l'Etat & celles de la bienséance. Le nouveau Garde des Sceaux *Chateauneuf*, qui venait de succéder au frère de l'accusé, présida au Tribunal, où la décence devait l'empècher de paraître ; & quoiqu'il fût Sous-Diacre, & revêtu de Bénéfices, il instruisit un procès criminel ; le Cardinal lui fit venir une dispense de Rome, qui lui permettait de juger à mort. Ainsi un Prêtre verse le sang avec le glaive de la Justice, & il tient ce glaive en France de la main d'un autre

tre Prêtre qui demeure au fond de l'Italie.

Ce procès fait bien voir que la vie des infortunés dépend du défir de plaire aux hommes puiffans. Il falut rechercher toutes les actions du Maréchal. On déterra quelques abus dans l'exercice de fon Commandement, quelques anciens profits illicites & ordinaires faits autrefois par lui, ou par fes domestiques, dans la conftruction de la citadelle de Verdun : *chofe étrange* difait-il à fes Juges, *qu'un homme de mon rang foit perfécuté avec tant de rigueur & d'injuftice ; il ne s'agit dans tout mon procès que de foin, de paille, de pierre & de chaux.*

Cependant ce Général chargé de bleflures, & de quarante années de fervices, fut condamné à la mort, fous le même Roi qui avait donné des récompenfes à trente fujets rebelles.

Pendant les prémiéres inftructions de ce procès étrange, le Cardinal fait donner ordre à *Beringhen* de fortir du Royaume. Il met en prifon tous ceux qui ont voulu lui nuire ou qu'il foupçonne. Toutes ces cruautés, & en même tems toutes ces petiteffes de la vengeance, ne femblaient pas faites pour une grande ame occupée de la deftinée de l'Europe.

Il concluait alors avec *Guftave Adolphe* le Traité qui devait ébranler le Trône de l'Empereur *Ferdinand II*. Il n'en coûtait à la France que trois cent mille livres de ce tems-là une fois payées, & douze cent mille par an, pour divifer l'Allemagne, & pour accabler deux Empereurs de fuite jufqu'à la paix de Weftphalie ;

Cʜ. CLXXII.

Marillac exécuté en 1632.

Traité avec Guftave Adolphe: leger fubfide.

Ch.
CLXXII.

Troubles
à la Cour

1632.

phalie ; & déja *Guſtaphe Adolphe* commençait le cours de ſes victoires, qui donnaient à la France tout le tems d'établir en liberté ſa propre grandeur. La Cour de France devait être alors paiſible par les embarras des autres Nations. Mais le Miniſtre en manquant de modération, excita la haine publique, & rendit ſes ennemis implacab'es. Le Duc d'Orléans *Gaſton* frére du Roi fuit de la Cour, ſe retire dans ſon apanage d'Orléans, & de là en Lorraine, & proteſte qu'il ne rentrera point dans le Royaume tant que le Cardinal ſon perſécuteur & celui de ſa Mére, y régnera. *Richelieu* fait déclarer, par un Arrêt du Conſeil, tous les amis de *Gaſton* criminels de Lèze-Majeſté. Cet Arrêt eſt envoyé au Parlement. Les voix y furent partagées. Le Roi indigné de ce partage manda au Louvre le Parlement, qui vint à pied & qui parla à genoux. Sa procédure fut déchirée en ſa préſence, & trois principaux Membres de ce Corps furent exilés.

Le Cardinal de *Richelieu* ne ſe bornait pas à ſoutenir ainſi ſon autorité liée déformais à celle du Roi ; ayant forcé l'héritier préſomptif de la Couronne à ſortir de la Cour, il ne balança plus à faire arrêter la Reine *Marie de Médicis*. C'était une entrepriſe délicate, depuis que le Roi ſe repentait d'avoir attenté ſur ſa mére, & de l'avoir ſacrifiée à un Favori. Le Cardinal fit valoir l'intérêt de l'Etat pour étouffer la voix du ſang, & fit jouer les reſſorts de la Religion pour calmer les ſcrupules. C'eſt

dans

dans cette occasion surtout qu'il employa le Capucin *Joseph du Tremblay*, homme en son genre aussi singulier que *Richelieu* même, en toufiaste & artificieux, tantôt fanatique, tantôt fourbe, voulant à la fois établir une Croisade contre le Turc, fonder les Religieuses du Calvaire, faire des vers, négocier dans toutes les Cours, & s'élever à la Pourpre & au Ministère. Cet homme admis dans un de ces Conseils secrets de conscience inventés pour faire le mal en conscience, remontra au Roi qu'il pouvait, & qu'il devait sans scrupule mettre sa mère hors d'état de s'opposer à son Ministre. La Cour était alors à Compiègne. Le Roi en part & y laisse sa mère entourée de Gardes qui la retiennent. Ses amis, ses créatures, ses domestiques, son Médecin même, sont conduits à la Bastille & dans d'autres prisons. La Bastille fut toujours remplie sous ce Ministère. Le Maréchal de *Bassompierre*, soupçonné seulement de n'être pas dans les intérêts du Cardinal, y fut renfermé pendant le reste de la vie du Ministre.

Depuis ce moment *Marie* ne revit plus ni son fils, ni Paris, qu'elle avait embelli. Cette ville lui devait le Palais du *Luxembourg*, ces aqueducs dignes de Rome, & la promenade publique qui porte encor le nom de la *Reine*. Toujours immolée à des Favoris, elle passa le reste de ses jours dans un exil volontaire, mais douloureux. La veuve de *Henri le Grand*, la mère d'un Roi de France, la belle-mère de trois

Ch. CLXXII.

Capucin Joseph.

La Reine Mère arrêtée. Février 1631.

Juillet 1631.

Ch.
CLXXII.

La Reine
Mére fugitive
pour le
reste de
sa vie.

1631.
Succès
du Cardinal.

trois Souverains, manqua quelquefois du nécessaire. Le fonds de toutes ces querelles était qu'il fallait que *Louis XIII.* fût gouverné, & qu'il aimait mieux l'être par son Ministre que par sa mére.

Cette Reine qui avait si longtems dominé en France, alla d'abord à Bruxelles, & de cet azile elle crie à son fils; elle demande justice aux Tribunaux du Royaume contre son ennemi. Elle est suppliante auprès du Parlement de Paris, dont elle avait tant de fois rejetté les remontrances, & qu'elle avait renvoyé au soin de juger des procès tandis qu'elle fut Régente; tant la maniére de penser change avec la fortune. On voit encor aujourd'hui sa requête : *Supplie Marie Reine de France & de Navarre, disant, que depuis le 23. Février elle avait été arrêtée prisonniere au Château de Compiegne, sans être ni accusée ni soupçonnée &c.* Toutes ses plaintes réitérées contre le Cardinal furent affaiblies par cela même qu'elles étaient trop fortes, & que ceux qui les dictaient mêlant leurs ressentimens à sa douleur, joignaient trop d'accusations fausses aux véritables; enfin en déplorant ses malheurs, elle ne fit que les augmenter.

Pour réponse aux requêtes de la Reine envoyées contre le Ministre, il se fait créer Duc & Pair, & nommer Gouverneur de Bretagne. Tout lui réussissait dans le Royaume, en Italie, en Allemagne, dans les Pays-Bas. *Jules Mazarin* Ministre du Pape dans l'affaire de Man-

Mantoue, était devenu le Ministre de la France, par la dextérité heureuse de ses négociations; & en servant le Cardinal de *Richelieu*, il jettait sans le prévoir les fondemens de la fortune qui le destinait à devenir le successeur de ce Ministre. Un Traité avantageux venait d'être conclu avec la Savoye; elle cédait pour jamais Pignerol à la France.

Vers les Pays-Bas le Prince d'Orange, secouru de l'argent de la France, faisait des conquêtes sur les Espagnols, & le Cardinal avait des intelligences jusques dans Bruxelles.

En Allemagne le bonheur extraordinaire des armes de *Gustave Adolphe*, rehaussait encor les services du Cardinal en France. Enfin toutes les prospérités de son Ministère tenaient tous ses ennemis dans l'impuissance de lui nuire, & laissaient un libre cours à ses vengeances, que le bien de l'Etat semblait autoriser. Il établit une Chambre de Justice, où tous les partisans de la mère & du frère du Roi sont condamnés. La liste des proscrits est prodigieuse; on voit chaque jour des poteaux chargés de l'effigie des hommes ou des femmes qui avaient ou suivi ou conseillé *Gaston* & la Reine; on rechercha jusqu'à des Médecins, & des tireurs d'horoscopes, qui avaient dit que le Roi n'avait pas longtems à vivre; & deux furent envoyés aux galères. Enfin les biens, le douaire de la Reine Mère furent confisqués. *Je ne veux point vous attribuer*, écrivit-elle à son fils, *la saisie de mon bien, ni l'inventaire qui en a été*

Ch. CLXXII.

Proscriptions.

1631.

Ch.
CLXXII.
été fait comme si j'étais morte ; il n'est pas croyable que vous ôtiez les alimens à celle qui vous a donné la vie.

Tout le Royaume murmurait, mais presque personne n'osait élever la voix. La crainte retenait ceux qui pouvaient prendre le parti de la Reine Mére, & du Duc d'Orléans. Il n'y eut guère alors que le Maréchal Duc de *Montmorenci*, Gouverneur du Languedoc, qui crût pouvoir braver la fortune du Cardinal : il se flatta d'être Chef de parti. Mais son grand courage ne suffisait pas pour ce dangereux rôle : il n'était point Maître de sa Province, comme *Lesdiguières* avait sçû être Maître du Dauphiné : ses profusions l'avaient mis hors d'état d'acheter un assez grand nombre de serviteurs ; son goût pour les plaisirs ne pouvait le laisser tout entier aux affaires : enfin pour être Chef d'un parti, il fallait un parti ; & il n'en avait pas.

Gaston le flattait du titre de vengeur de la Famille Royale. On comptait sur un secours considérable du Duc de Lorraine *Charles IV*. dont *Gaston* avait épousé la sœur ; mais ce Duc ne pouvait se défendre lui-même contre *Louis XIII*. qui s'emparait alors d'une partie de ses Etats. La Cour d'Espagne faisait espérer à *Gaston* dans les Pays-Bas & vers Trêves une armée qu'il conduirait en France ; & il put à peine rassembler deux ou trois mille cavaliers Allemands, qu'il ne put payer, & qui ne vécurent que de rapines. Dès qu'il paraîtrait en
France

France avec ce secours, tous les Peuples devaient se joindre à lui, & il n'y eut pas une ville qui remuat en sa faveur dans toute sa route, des frontiéres de la Franche-Comté aux Provinces de la Loire, & jusqu'en Languedoc. Il espérait que le Duc d'*Epernon*, qui avait autrefois traversé tout le Royaume pour délivrer la Reine sa mére, & qui avait soutenu la guerre & fait la paix en sa faveur, se déclarerait aujourd'hui pour la même Reine, & pour un de ses fils, héritier présomptif du Royaume, contre un Ministre dont l'orgueil avait souvent mortifié l'orgueil du Duc d'*Epernon*. Cette ressource qui était grande, manqua encore. Le Duc d'*Epernon* s'était presque ruiné pour secourir la Reine Mére, & se plaignait d'avoir été négligé par elle, après l'avoir si bien servie. Il haïssait le Cardinal plus que personne, mais il commençait à le craindre.

Le Prince de *Condé*, qui avait fait la guerre au Maréchal d'*Ancre*, était bien loin de se déclarer contre *Richelieu* ; il cédait au génie de ce Ministre, & uniquement occupé du soin de sa fortune, il briguait le commandement des troupes au-delà de la Loire, contre *Montmorenci* son beau-frére. Le Comte de *Soissons* n'avait encor qu'une haine impuissante contre le Cardinal, & n'osait éclater.

Gaston abandonné, parce qu'il n'était pas assez fort, traversa le Royaume, plutôt comme un fugitif suivi de bandits étrangers, que comme un Prince qui venait combattre un Roi.

Ch.
CLXXII.

Roi. Il arrive enfin dans le Languedoc. Le Duc de *Montmorenci* y a rassemblé à ses dépens, & à force de promesses, six à sept mille hommes que l'on compte pour une armée. La division qui se met toujours dans les partis affaiblit les forces de *Gaston*, dès qu'elles purent agir. Le Duc d'*Elbeuf* favori de Monsieur, voulait partager le Commandement avec le Duc de *Montmorenci*, qui avait tout fait, & qui se trouvait dans son Gouvernement.

Castelnaudari.
1. Sept.
1632.

La journée de Castelnaudari commença par des reproches entre *Gaston* & *Montmorenci*. Cette journée fut à peine un combat; ce fut une rencontre, une escarmouche, où le Duc se porta avec quelques Seigneurs du parti, contre un petit détachement de l'armée royale, commandée par le Maréchal de *Schomberg*: soit impétuosité naturelle, soit dépit & désespoir, soit encor débauche de vin, qui n'était alors que trop commune, il franchit un large fossé, suivi seulement de cinq ou six personnes: c'était la manière de combattre de l'ancienne Chevalerie, & non pas celle d'un Général. Ayant pénétré dans les rangs ennemis, il y tomba percé de coups, & fut pris à la vue de *Gaston* & de sa petite armée, qui ne fit aucun mouvement pour le secourir.

Gaston n'était pas le seul fils de *Henri IV*. présent à cette journée; le Comte *de Moret* bâtard de ce Monarque & de Mademoiselle *de Beuil*, se hazarda plus que le fils légitime; il ne voulut point abandonner le Duc de *Montmorenci*,

morenci, & fut tué à ses côtés. C'est ce même Comte *de Moret* qu'on a fait revivre depuis, & qu'on a prétendu avoir été longtems Hermite; vaine fable mêlée à ces tristes événemens.

Ch. CLXXII.

Le moment de la prise de *Montmorenci* fut celui du découragement de *Gaston*, & de la dispersion d'une armée que *Montmorenci* seul lui avait donnée.

Le Duc de Montmorenci pris & exécuté.

Alors ce Prince ne put que se soumettre. La Cour lui envoye le Conseiller d'Etat *Bullion*, Controlleur général des Finances, qui lui promet la grace du Duc de *Montmorenci*. Cependant le Roi ne stipula point cette grace dans le Traité qu'il fit avec son frére, ou plutôt dans l'amnistie qu'il lui accorda; ce n'est pas agir avec grandeur que de tromper les malheureux & les faibles; mais le Cardinal voulait par tous les moyens l'avilissement de Monsieur, & la mort de *Montmorenci*. *Gaston* même promit par un article du Traité, *d'aimer le Cardinal de Richelieu*.

On n'ignore point la triste fin du Maréchal Duc de *Montmorenci*. Son supplice fut juste, si celui du Maréchal de *Marillac* ne l'avait pas été: mais la mort d'un homme de si grande espérance, qui avait gagné des batailles, & que son extrême valeur, sa générosité, ses graces, avaient rendu cher à toute la France, rendit le Cardinal plus odieux que n'avait fait la mort de *Marillac*. On a écrit que lorsqu'il fut conduit en prison on lui trouva un bracelet au bras, avec le portrait de la Reine *Anne d'Autriche*.

triche : cette particularité a toujours paſſé pour conſtante à la Cour ; elle eſt conforme a l'eſprit du tems. Madame de *Motteville* confidente de cette Reine, avoue dans ſes Mémoires, que le Duc de *Montmorenci* avait, comme *Buckingham*, fait vanité d'etre touché de ſes charmes ; c'était le *galantear* des Eſpagnols, quelque choſe d'aprochant des *Sigisbez* d'Italie, un reſte de Chevalerie, mais qui ne devait pas adoucir la févérité de *Louis XIII*. *Montmorenci* avant d'aller à la mort, légua un fameux tableau du *Curache* au Cardinal. Ce n'était pas là l'eſprit du tems, mais un ſentiment étranger, inſpiré aux aproches de la mort, regardé par les uns comme un Chriſtianiſme héroïque, & par les autres comme une faibleſſe.

Monſieur n'étant revenu en France que pour faire périr ſur l'échafaut ſon ami & ſon défenſeur, réduit à n'etre qu'exilé de la Cour par grace, & craignant pour ſa liberté, ſort encor du Royaume, & va chez les Eſpagnols rejoindre ſa mére à Bruxelles.

Sous un autre Miniſtère, une Reine, un héritier préſomptif de la France, retiré chez les ennemis de l'Etat, tous les Ordres du Royaume mécontens, cent familles qui avaient du ſang à venger, euſſent pu déchirer le Royaume dans les nouvelles circonſtances où ſe trouvait l'Europe. *Guſtave Adolphe*, le fléau de la Maiſon d'Autriche, fut tué alors, au milieu de ſa victoire de Lutzen auprès de Leipzick, & l'Empereur délivré de cet ennemi pouvait

avec

avec l'Espagne accabler la France. Mais ce qui
n'était presque jamais arrivé, les Suédois se
soutinrent dans un pays étranger après la
mort de leur Chef. L'Allemagne fut aussi troublée, aussi sanglante qu'auparavant, & l'Espagne devint tous les jours plus faible. Toute
cabale devait donc être écrasée sous le pouvoir
du Cardinal. Cependant il n'y eut pas un jour
sans intrigues & sans factions. Lui-même y donnait lieu par des faiblesses secrettes qui se mêlent toûjours sourdement aux grandes affaires,
& qui malgré tous les déguisemens qui les ca-
chent décèlent les petitesses de la grandeur.

On prétend que la Duchesse de *Chevreuse* toûjours intrigante & belle encor, engageait le Cardinal Ministre par ses artifices dans la pas-sion qu'elle voulait lui inspirer, & qu'elle le sacrifiait au Garde des Sceaux *Chateauneuf*. Le Commandeur *de Jars* & d'autres entraient dans la confidence. La Reine *Anne* femme de *Louis XIII.* n'avait d'autre consolation dans la perte de son crédit, que d'aider la Duchesse de *Chevreuse* à rabaisser par le ridicule celui qu'elle ne pouvait perdre. La Duchesse feignait du gout pour le Cardinal, & formait des in-trigues dans l'attente de sa mort, que de fré-quentes maladies faisaient voir aussi prochaine qu'on la souhaitait. Un terme injurieux dont on se servait toûjours dans cette cabale pour dési-gner le Cardinal, fut ce qui l'offensa davantage*.

Le Garde des Sceaux fut mis en prison sans for-

*La Reine *Anne* & la Duchesse l'apellaient *Cu pourri*.

Ch.
CLXXII.

1633.

forme de procès, parce qu'il n'y avait point de procès à lui faire. Le Commandeur *de Jars* & d'autres, qu'on accuſa de conſerver quelques intelligences avec le frère & la mère du Roi, furent condamnés par des Commiſſaires à perdre la tête. Le Commandeur eut ſa grace ſur l'échafaut, mais les autres furent exécutés.

Le frère de Louis XIII. marié ſans le conſentement de ſon frère, était-il bien marié?

1633.

On ne pourſuivait pas ſeulement les ſujets qu'on pouvait accuſer d'être dans les intérêts de *Gaſton*; le Duc de Lorraine *Charles IV.* en fut la victime. *Louïs XIII.* s'empara de Nanci, & promit de lui rendre ſa Capitale, quand ce Prince lui mettrait entre les mains ſa ſœur *Marguerite de Lorraine*, qui avait ſecrettement épouſé Monſieur. Ce mariage était une nouvelle ſource de diſputes & de querelles dans l'Etat & dans l'Egliſe. Ces diſputes mêmes pouvaient un jour entrainer une grande révolution. Il s'agiſſait de la ſucceſſion à la Couronne; & depuis la queſtion de la Loi Salique, on n'en avait point débattu de plus importante.

Le Roi voulait que le mariage de ſon frère avec *Marguerite de Lorraine* fût déclaré nul. *Gaſton* n'avait qu'une fille de ſon prémier mariage avec l'héritière *de Montpenſier*. Si l'héritier préſomptif du Royaume perſiſtait dans ſon nouveau mariage, s'il en naiſſait un Prince, le Roi prétendait que ce Prince fût déclaré bâtard & incapable d'hériter.

C'était évidemment inſulter les uſages de la Religion; mais la Religion n'ayant pû être inſtituée que pour le bien des Etats, il eſt certain

que

que quand fes ufages font nuifibles ou dange-   Ch.
reux, il faut les abolir.   CLXXII.

 Le mariage de Monfieur avait été célébré en préfence de témoins, autorifé par le pére, & par toute la famille de fon époufe, confommé, reconnu juridiquement par les parties, confirmé folemnellement par l'Archevèque de Malines. Toute la Cour de Rome, toutes les Univerfités étrangères regardaient ce mariage comme valide & indiffoluble; la Faculté même de Louvain déclara depuis qu'il n'était pas au pouvoir du Pape de le caffer, & que c'était un Sacrement ineffaçable.

 Le bien de l'Etat exigeait qu'il ne fût point permis aux Princes du Sang de difpofer d'eux fans la volonté du Roi; ce même bien de l'Etat pouvait dans la fuite exiger d'eux qu'on reconnût pour Roi légitime de France le fruit de ce mariage déclaré illégitime; mais ce danger était éloigné, l'intérêt préfent parlait; & il importait qu'il fût décidé malgré l'Eglife qu'un Sacrement tel que le Mariage doit être annullé quand il n'a pas été précédé de l'aveu de celui qui tient lieu du Père de famille.

 Un Edit du Confeil fit ce que Rome & les Conciles n'euffent pas fait, & le Roi vint avec le Cardinal faire vérifier cet Edit au Parlement de Paris. Le Cardinal parla dans ce Lit de Juftice en qualité de Prémier Miniftre & de Pair de France. Vous faurez quelle était l'éloquence de ces tems-là, par deux ou trois traits de la harangue du Cardinal; il dit, que *convertir une ame, c'était plus que créer le Monde*;   Le mariage caffé. Septemb. 1634.

Harangue ridicule.

E 2   que

Ch.
CLXXII.
que *le Roi n'osait toucher à la Reine sa Mère, non plus qu'à l'Arche ; & qu'il n'arrive jamais plus de deux ou trois rechûtes aux grandes maladies, si les parties nobles ne sont gâtées* : presque toute la harangue est dans ce stile, & encor était-elle une des moins mauvaises qu'on prononçât alors. Ce faux goût qui régna si longtems n'ôtait rien au génie du Ministre ; & l'esprit du Gouvernement a toûjours été compatible avec la fausse éloquence, & le faux bel esprit. Le mariage de Monsieur fut solemnellement cassé ; & même l'Assemblée générale du Clergé en 1635. se conformant à l'Edit, déclara nuls les mariages des Princes du Sang, contractés sans la volonté du Roi. Rome ne vérifia pas cette Loi de l'Etat & de l'Eglise de France.

L'état de la Maison Royale devenait problématique en Europe. Si l'héritier présomptif du Royaume persistait dans un mariage reprouvé en France, les enfans nés de ce mariage étaient bâtards en France, & auraient besoin d'une guerre civile pour hériter : s'il prenait une autre femme, les enfans nés de ce nouveau mariage étaient bâtards à Rome, & ils faisaient une guerre civile contre les enfans du premier lit. Ces extrémités furent prévenues par la fermeté de Monsieur ; il n'en eut qu'en cette occasion ; & le Roi consentit enfin au bout de quelques années à reconnaître la femme de son frére ; mais l'Edit qui casse tous les mariages des Princes du Sang contractés sans l'aveu du Roi, est demeuré dans toute sa force.

Cet-

CONSPIRATION.

Cette opiniâtreté du Cardinal à pourfuivre le frére du Roi jufques dans l'intérieur de fa maifon, à lui ôter fa femme, à dépouiller le Duc de Lorraine fon beau-frére, à tenir la Reine Mére dans l'exil & dans l'indigence, foulève enfin les partifans de ces Princes, & il y eut un complot de l'affaffiner ; on accufa juridiquement le Pére *Chanteloube* de l'Oratoire, Aumônier de *Marie de Médicis*, d'avoir fuborné des meurtriers, dont l'un fut roué à Metz. Ces attentats furent très-rares : on avait confpiré bien plus fouvent contre la vie de *Henri IV.* mais les plus grandes inimitiés produifent moins de crimes que le fanatifme.

Le Cardinal mieux gardé que *Henri IV.* n'avait rien à craindre ; il triomphait de tous fes ennemis. La Cour de la Reine *Marie* & de Monfieur, errante & défolée, était encor plongée dans les diffenfions qui fuivent la faction & le malheur.

Le Cardinal de *Richelieu* avait de plus puiffans ennemis à combattre. Il réfolut, malgré tous les troubles fecrets qui agitaient l'intérieur du Royaume, d'établir la force & la gloire de la France au dehors, & de remplir le grand projet de *Henri IV.* en faifant une guerre ouverte à toute la Maifon d'Autriche en Allemagne, en Italie, en Efpagne. Cette guerre le rendait néceffaire à un Maître qui ne l'aimait pas, & auprès duquel on était fouvent prêt de le perdre. Sa gloire était intéreffée dans cette entreprife ; le tems paraiffait venu d'accabler

CH. CLXXII.

Complot contre la vie du Cardinal.

Il déclare la guerre à toute la Maifon d'Autriche.

Cн
CLXXII.

6. Décembre 1634.

cabler la puissance d'Autriche dans son déclin. La Picardie & la Champagne étaient les bornes de la France : on pouvait les reculer, tandis que les Suédois étaient encor dans l'Empire. Les Provinces Unies étaient prêtes d'attaquer le Roi d'Espagne dans la Flandre, pour peu que la France les secondât. Ce sont-là les seuls motifs de la guerre contre l'Empereur, qui ne finit que par les Traités de Westphalie, & de celle contre le Roi d'Espagne, qui dura longtems après jusqu'au Traité des Pyrenées. Toutes les autres raisons ne furent que des prétextes.

La Cour de France jusqu'alors sous le nom d'Alliée des Suédois, & de Médiatrice dans l'Empire, avait cherché à profiter des troubles de l'Allemagne. Les Suédois avaient perdu une grande bataille à Nortlingue ; leur défaite même servit à la France, car elle les mit dans sa dépendance. Le Chancelier *Oxenstiern* vint rendre hommage dans Compiégne à la fortune du Cardinal, qui dès-lors fut le maître des affaires en Allemagne, au lieu qu'*Oxenstiern* l'était auparavant. Il fait en même tems un Traité avec les Etats Généraux, pour partager d'avance avec eux les Pays-Bas Espagnols, qu'il comptait subjuguer aisément.

Héraut d'armes envoyé à Bruxelles.

Louïs XIII. envoya déclarer la guerre à Bruxelles par un Héraut d'armes. Ce Héraut devait présenter un cartel au Cardinal Infant fils de *Philippe III.* Gouverneur des Pays-Bas. On peut observer que ce Prince Cardinal suivant

GUERRE.

vant l'ufage du tems commandait des armées. Il avait été l'un des Chefs qui gagnèrent la bataille de Nortlingue contre les Suédois. On vit dans ce fiécle les Cardinaux de *Richelieu*, de *la Valette* & de *Sourdis* endoffer la cuiraffe & marcher à la tête des troupes : tous ces ufages ont changé. La déclaration de guerre par un Héraut d'armes ne fe renouvella plus depuis ce tems-là : on fe contenta de publier la guerre chez foi, fans l'aller fignifier à fes ennemis.

<small>Cн. CLXXII.

Prêtres Généraux d'armée.</small>

Le Cardinal de *Richelieu* attira encor le Duc de Savoye, & le Duc de Parme dans cette Ligue : il s'affura furtout du Duc *Bernard de Weimar*, en lui donnant quatre millions de livres par an, & lui promettant le Langdraviat d'Alface. Aucun des événemens ne répondit aux arrangemens qu'avait pris la Politique. Cette Alface que *Weimar* devait poffeder, tomba longtems après dans les mains de la France, & *Louïs XIII.* qui devait partager en une campagne les Pays-Bas Efpagnols avec les Hollandais, perdit fon armée, & fut près de voir toute la Picardie en proye aux Efpagnols. Ils avaient pris Corbie. Le Comte de *Galas* Général de l'Empereur, & le Duc de Lorraine, étaient déja auprès de Dijon. Les armes de la France furent d'abord malheureufes de tous les côtés. Il falut faire de grands efforts pour réfifter à ceux qu'on croyait fi facilement abattre.

<small>Guerre d'abord très-malheureufe.

1636.</small>

Enfin le Cardinal fut en peu de tems fur le point

Cн. CLXXII.

Danger du Cardinal.

1636.

On veut l'affassiner.

point d'être perdu par cette guerre même qu'il avait fuscitée pour fa grandeur & pour celle de la France. Le mauvais fuccès des affaires publiques diminua quelque tems fa puiffance à la Cour. *Gafton* dont la vie était un reflux perpétuel de querelles & de raccommodemens avec le Roi fon frére, était revenu en France; & le Cardinal fut obligé de laiffer à ce Prince & au Comte de *Soiffons* le commandement de l'armée, qui reprit Corbie. Il fe vit alors expofé au reffentiment des deux Princes. C'était, comme on l'a déja dit, le tems des confpirations, ainfi que des duels. Les mêmes perfonnes, qui depuis excitèrent avec le Cardinal de *Retz* les prémiers troubles de la Fronde, & qui firent les Barricades, embraffaient dès lors toutes les occafions d'exercer cet efprit de faction qui les dévorait. *Gafton* & le Comte de *Soiffons* confentirent à tout ce qu'ils pourraient attenter contre le Cardinal. Il fut réfolu de l'affaffiner chez le Roi même; mais le Duc d'Orléans, qui ne faifait jamais rien qu'à demi, effrayé de l'attentat, ne donna point le fignal dont les conjurés étaient convenus.

Les Impériaux furent chaffés de Bourgogne, les Efpagnols de la Picardie: le Duc de *Weimar* réuffit en Alface, & s'empara de prefque tout ce Landgraviat que la France lui avait garanti. Enfin après plus d'avantages que de malheurs, la fortune qui fauva la vie du Cardinal de tant de confpirations, fauva auffi fa gloire qui dépendait des fuccès.

Cet

Cet amour de la gloire lui faisait rechercher l'empire des Lettres & du bel esprit jusques dans la crise des affaires publiques & des siennes, & parmi les attentats contre sa personne. Il érigeait dans ce tems là même l'Académie Françaife, & donnait dans son Palais des pièces de Théâtre auxquelles il travaillait quelquefois. Il reprenait sa hauteur & sa fierté sévère, dès que le péril était passé. Car ce fut encor dans ce tems qu'il fomenta les prémiers troubles d'Angleterre, & qu'il écrivit ce billet avant-coureur des malheurs de Charles I. *Le Roi d'Angleterre, avant qu'il soit un an, verra qu'il ne faut pas me méprifer.*

Ch. CLXXIII.

Académie. 1637.

Lorfque le siége de Fontarabie fut levé par le Prince de *Condé*, fon armée battue, & le Duc de *la Valette* accufé de n'avoir pas fecouru le Prince de *Condé*, il fit condamner *la Valette* fugitif par des Commiffaires auxquels le Roi préfida lui-même. C'était l'ancien ufage du gouvernement de la Pairie, quand les Rois n'étaient encor regardés que comme les Chefs des Pairs; mais fous un Gouvernement purement Monarchique, la préfence & la voix du Souverain dirigeait trop l'opinion des Juges.

1638.

Cette guerre excitée par le Cardinal ne réuffit que quand le Duc de *Weimar* eut enfin gagné une bataille complette, dans laquelle il fit quatre Généraux de l'Empereur prifonniers, qu'il s'établit dans Fribourg & dans Brifac, & qu'enfin la branche d'Autriche Espagnole eut perdu le Portugal par la feule confpiration heureufe de

1638.

ces

Ch.
CLXXII.

ces tems-là, & qu'elle perdit encor la Catalogne par une révolte ouverte sur la fin de 1640. Mais avant que la fortune eut disposé de tous ces événemens extraordinaires en faveur de la France, le pays était exposé à la ruine ; les troupes commençaient à être mal payées. *Grotius* Ambassadeur de Suéde à Paris dit que les finances étaient mal administrées.

1636.

Il avait bien raison, car le Cardinal fut obligé, quelque tems après la perte de Corbie, de créer vingt-quatre nouveaux Conseillers du Parlement & un Président. Certainement on n'avait pas besoin de nouveaux Juges, & il était honteux de n'en faire que pour tirer quelque argent de la vente des Charges. Le Parlement se plaignit. Le Cardinal pour toute réponse fit mettre en prison cinq Magistrats qui s'étaient plaints en hommes libres. Tout ce qui lui résistait dans la Cour, dans le Parlement, dans les Armées, était disgracié, exilé ou emprisonné.

Remarquez cela.

C'est une chose peu digne d'attention, qu'il ne se trouva que vingt personnes qui achetassent ces places de Juges ; mais ce qui fait connaître l'esprit des hommes, & surtout des Français, c'est que ces nouveaux membres furent longtems l'objet de l'aversion & du mépris de tout le Corps. C'est que dans la guerre de la Fronde, ils furent obligés de payer chacun quinze mille livres, pour obtenir les bonnes graces de leurs Confréres, par cette contribution à la guerre contre le Gouvernevernement. C'est comme vous le verrez qu'ils en eurent le sobriquet de *Quinze-vingt*. C'est qu'enfin de nos jours, quand on a voulu supprimer des Conseillers inutiles, le Parlement qui avait éclaté contre l'introduction des membres surnuméraires, a éclaté contre la suppression. C'est ainsi que les mêmes choses sont bien ou mal reçuës selon les tems, & qu'on se plaint souvent autant de la guérison que de la blessure.

Louis XIII. avait toûjours besoin d'un Confident qu'on appelle un *Favori*, qui pût amuser son humeur triste, & recevoir les confidences de ses amertumes. Le Duc de *St. Simon* occupait ce poste ; mais n'ayant pas assez ménagé le Cardinal, il fut éloigné de la Cour & relegué à Blayes.

Le Roi s'attachait quelquefois à des femmes : il aimait Mademoiselle *de la Fayette*, fille d'honneur de la Reine régnante, comme un homme faible, scrupuleux, & peu voluptueux peut aimer. Le Jésuite *Caussin* Confesseur du Roi favorisait cette liaison, qui pouvait servir à faire rappeller la Reine Mére. Mademoiselle *de la Fayette* en se laissant aimer du Roi était dans les intérêts des deux Reines contre le Cardinal : mais le Ministre l'emporta sur la maîtresse, & sur le Confesseur, comme il l'avait emporté sur les deux Reines. Mademoiselle *de la Fayette* intimidée fut obligée de se jetter dans un Couvent, & bientôt après le Confesseur *Caussin* fut arrêté & relegué en basse-Bretagne.

Ce

Ch. CLXXII.

Favori, Maîtresse &Confesseur, lisez & profitez.

1637.

Ch.
CLXXII.
─────
1637.

Ce même Jésuite *Cauſſin* avait conseillé à *Louis XIII.* de mettre le Royaume sous la protection de la Vierge, pour sanctifier l'amour du Roi & de Mademoiselle de *la Fayette*, qui n'était regardé que comme une liaison du cœur, à laquelle les sens avaient très peu de part. Le Conseil fut suivi, & le Cardinal de *Richelieu* remplit cette idée l'année suivante, tandis que *Cauſſin* célébrait en mauvais vers à Quimpercorentin l'attachement particulier de la Vierge pour le Royaume de France. Il est vrai que la Maison d'*Autriche* avait aussi *Marie* pour protectrice, de sorte que sans les armes des Suédois & du Duc de *Weimar* Protestans, la Sainte Vierge eût été apparemment fort indécise.

La Duchesse de Savoye *Christine* fille de *Henri IV.*, veuve de *Loüis Amédée*, & Régente de la Savoye, avait aussi un Confesseur Jésuite qui cabalait dans cette Cour, & qui irritait sa pénitente contre le Cardinal de *Richelieu*. Le Ministre préféra la vengeance & l'intérêt de l'Etat au Droit des Gens; il ne balança pas à faire saisir ce Jésuite dans les Etats de la Duchesse.

Remarquez ici que vous ne verrez jamais dans l'Histoire aucun trouble, aucune intrigue de Cour dans lesquels les Confesseurs des Rois ne soient entrés, & que souvent ils ont été disgraciés. Un Prince est assez faible pour consulter son Confesseur sur les affaires d'Etat, (& c'est là le plus grand inconvénient de la

Con-

Confeffion auriculaire.) Le Confeffeur qui eft prefque toûjours d'une faction, tâche de faire regarder à fon pénitent cette faction comme la volonté de Dieu. Le Miniftre en eft bientôt inftruit, le Confeffeur eft puni, & on en prend un autre qui employe le même artifice.

CH. CLXXII.

Les intrigues de Cour, les cabales continuent toûjours. La Reine *Anne d'Efpagne*, que nous nommons *Anne d'Autriche*, pour avoir écrit à la Ducheffe de *Chevreufe*, ennemie du Cardinal & fugitive, eft traitée comme une fujette criminelle. Ses papiers font faifis, & elle fubit un interrogatoire devant le Chancelier *Seguier*. Il n'y avait point d'exemple en France d'un pareil procès criminel.

La Reine prête interrogatoire. 1637.

Tous ces traits raprochés forment le tableau qui peint ce Miniftère. Le même homme femblait deftiné à dominer fur toute la famille de *Henri IV.* à perfécuter fa veuve dans les pays étrangers, à maltraiter *Gafton* fon fils, à foulever des partis contre la Reine d'Angleterre fa fille, à fe rendre maître de la Ducheffe de Savoye fon autre fille, enfin à humilier *Louïs XIII.* en le rendant puiffant, & à faire trembler fon époufe.

Tout le tems de fon Miniftère fe paffa ainfi à exciter la haine & à fe venger; & l'on vit prefque chaque année des rébellions & des châtimens. La révolte du Comte de *Soiffons* fut la plus dangereufe; elle était apuyée par le Duc de *Bouillon*, fils du Maréchal, qui le reçut dans Sédan; par le Duc de *Guife* petit-fils tit-fils du *Balafré*, qui avec le courage de fes ancêtres voulait en faire revivre la fortune ; enfin par l'argent du Roi d'Efpagne, & par fes troupes des Pays-Bas. Ce n'était pas une tentative hazardée comme celles de *Gafton*.

Le Comte de *Soiffons* & le Duc de *Bouillon* avaient une bonne armée, & ils favaient la conduire; & pour plus grande fureté, tandis que cette armée devait s'avancer, on devait affaffiner le Cardinal, & faire foulever Paris. Le Cardinal de *Retz* encor très-jeune faifait dans ce complot fon aprentiffage de confpirations. La bataille de la Marfée, que le Comte de *Soiffons* gagna près de Sédan contre les troupes du Roi, devait encourager les conjurés: mais la mort de ce Prince tué dans la bataille tira encor le Cardinal de ce nouveau danger. Il fut cette fois feule dans l'impuiffance de punir. Il ne favait pas la confpiration contre fa vie, & l'armée révoltée était victorieufe. Il falut négocier avec le Duc de *Bouillon* poffeffeur de Sédan. Le feul Duc de *Guife*, le même qui depuis fe rendit Maitre de Naples, fut condamné par contumace au Parlement de Paris.

Le Duc de *Bouillon* reçu en grace à la Cour, & raccommodé en apparence avec le Cardinal, jura d'être fidéle, & dans le même tems il tramait une nouvelle confpiration. Comme tout ce qui approchait du Roi haïffait le Miniftre, & qu'il fallait toûjours au Roi un Favori, *Richelieu* lui avait donné lui-même le jeune d'*Effiat*

fiat *Cinq-Mars*, afin d'avoir fa propre créature auprès du Monarque. Ce jeune homme devenu bientôt Grand Ecuyer, prétendit entrer dans le Conseil; & le Cardinal qui ne le voulut pas fouffrir, eut auffi-tôt en lui un ennemi irréconciliable. Ce qui enhardit le plus *Cinq-Mars* à confpirer, ce fut le Roi lui même. Souvent mécontent de fon Miniftre, offenfé de fon fafte, de fa hauteur, de fon mérite même, il confiait fes chagrins à fon Favori, qu'il appellait *Cher ami*, & parlait de *Richelieu* avec tant d'aigreur, qu'il enhardit *Cinq-Mars* à lui propofer plus d'une fois de l'affaffiner; & c'eft ce qui eft prouvé par une lettre de *Louïs XIII*. lui même au Chancelier *Seguier*. Mais ce même Roi fut enfuite fi mécontent de fon Favori, qu'il le bannit fouvent de fa préfence; de forte que bientôt *Cinq-Mars* haït également *Louïs XIII*. & *Richelieu*. Il avait eu déja des intelligences avec le Comte de *Soiffons* : il les continuait avec le Duc de *Bouillon*; & enfin Monfieur, qui après fes entreprifes malheureufes fe tenait tranquille dans fon appanage de Blois, ennuyé de cette oifiveté, & preffé par fes confidens, entra dans le complot. Il ne s'en faifait point qui n'eût pour bafe la mort du Cardinal, & ce projet tant de fois tenté, ne fut exécuté jamais.

Louïs XIII. & *Richelieu*, tous deux attaqués déja d'une maladie plus dangereufe que les confpirations, & qui les conduifit bientôt au tombeau, marchaient en Rouffillon, pour achever

C^H. CLXXII.

1642.

CH.
CLXXII.
ver d'ôter cette Province à la Maison d'*Autriche*. Le Duc de *Bouillon*, à qui on n'aurait pas dû donner une armée à commander, lorsqu'il sortait d'une bataille contre les troupes du Roi, en commandait pourtant une en Piémont contre les Espagnols ; & c'était dans ce tems-là même qu'il conspirait avec Monsieur, & avec *Cinq-Mars*. Les Conjurés faisaient un Traité avec le Comte-Duc *Olivarès* pour introduire une armée Espagnole en France, & pour y mettre tout en confusion, dans une Régence qu'on croyait prochaine, & dont chacun espérait profiter. *Cinq-Mars* alors ayant suivi le Roi à Narbonne, était mieux que jamais dans ses bonnes graces, & *Richelieu* malade à Tarascon avait perdu toute sa faveur, & ne conservait que l'avantage d'être nécessaire.

Conspiration découverte.
1642.

Duc de Bouillon

Le bonheur du Cardinal voulut encor que le complot fût découvert, & qu'une copie du Traité lui tombât entre les mains. Il en coûta la vie à *Cinq-Mars*. C'était une anecdote transmise par les Courtisans de ce tems-là, que le Roi qui avait si souvent appellé le Grand Ecuyer *cher ami*, tira sa montre de sa poche à l'heure destinée pour l'exécution, & dit ; *Je crois que cher ami fait à présent une vilaine mine*. Le Duc de *Bouillon* fut arrêté au milieu de son armée à Casal. Il sauva sa vie parce qu'on avait plus besoin de sa Principauté de Sédan que de son sang. Celui qui avait deux fois trahi l'Etat conserva sa Dignité de Prince, &
eut

eut en échange de Sédan des terres d'un plus grand revenu. *De Thou* à qui on ne reprochait que d'avoir ſçu la conſpiration, & qui l'avait deſapprouvée, fut condamné à mort pour ne l'avoir pas revélée. En vain il repréſenta qu'il n'aurait pû prouver ſa dépoſition, & que s'il avait accuſé le frére du Roi d'un crime d'Etat dont il n'avait point de preuves, il aurait bien plus mérité la mort. Une juſtification ſi évidente ne fut point reçue du Cardinal ſon ennemi perſonnel. Les Juges le condamnèrent ſuivant une Loi de *Louïs XI.* dont le ſeul nom ſuffit pour faire voir que la Loi était cruelle. La Reine elle-mème était dans le ſecret de la conſpiration; mais n'étant point accuſée, elle échapa aux mortifications qu'elle aurait eſſuyées. Pour *Gaſton* Duc d'Orléans, il accuſa ſes complices à ſon ordinaire, s'humilia, conſentit à reſter à Blois ſans gardes & ſans honneurs, & ſa deſtinée fut toûjours de trainer ſes amis à la priſon ou à l'échaffaut.

Le Cardinal déploya dans ſa vengeance autoriſée de la Juſtice, toute ſa rigueur hautaine. On le vit trainer le grand Ecuyer à ſa ſuite de Taraſcon à Lyon ſur le Rhône dans un bateau attaché au ſien, frappé lui-même à mort, & triomphant de celui qui allait mourir par le dernier ſupplice. De-là le Cardinal ſe fit porter à Paris ſur les épaules de ſes gardes, dans une chambre ornée, où il pouvait tenir deux hommes à côté de ſon lit: les gardes ſe relayaient; on abbattait des pans de muraille pour

Cʜ. CLXXII.

De Thou tué juridiquement.

Ch. CLXXII.

4. Dec. 1642.

Le Cardinal avait toûjours de l'argent comptant, fans quoi....

le faire entrer plus commodément dans les villes ; c'eſt ainſi qu'il alla mourir à Paris à cinquante-huit ans, & qu'il laiſſa le Roi ſatisfait de l'avoir perdu & embarraſſé d'être le Maître.

On dit que ce Miniſtre régna encor après ſa mort, parce qu'on remplit quelques places vacantes de ceux qu'il avait nommés : mais les brevets étaient expédiés avant ſa mort ; & ce qui prouve ſans replique qu'il avait trop régné, & qu'il ne régnait plus, c'eſt que tous ceux qu'il avait fait enfermer à la Baſtille en ſortirent comme des victimes déliées qu'il ne fallut plus immoler à ſa vengeance. Il légua au Roi trois millions de notre monnoye d'aujourd'hui à cinquante livres le marc, ſomme qu'il tenait toûjours en réſerve. La dépenſe de ſa maiſon, depuis qu'il était Prémier Miniſtre, montait à mille écus par jour. Tout chez lui était ſplendeur & faſte, tandis que chez le Roi tout était ſimplicité & négligence ; ſes gardes entraient juſques à la porte de la chambre quand il allait chez ſon Maître : il précédait partout les Princes du Sang. Il ne lui manquait que la Couronne ; & même lorſqu'il était mourant, & qu'il ſe flattait encor de ſurvivre au Roi, il prenait des meſures pour être Régent du Royaume. La veuve de *Henri IV.* l'avait précédé de cinq mois, & *Louïs XIII.* le ſuivit cinq mois après.

3. Juill. 1642.

13. Mai 1643.

Il était difficile de dire lequel des trois fut le plus malheureux. La Reine Mére longtems
errante

errante mourut à Cologne dans la pauvreté. Le fils Maître d'un beau Royaume, ne goûta jamais ni les plaifirs de la grandeur s'il en eft, ni ceux de l'humanité ; toûjours fous le joug, & toûjours voulant le fecouer ; malade, trifte, fombre, infuportable à lui-même, n'ayant pas un ferviteur dont il fût aimé, fe défiant de fa Femme, haï de fon frére, quitté par fes maîtreffes fans avoir connu l'amour, trahi par fes Favoris, abandonné fur le Trône, prefque feul au milieu d'une Cour qui n'attendait que fa mort, qui la prédifait fans ceffe, qui le regardait comme incapable d'avoir des enfans : le fort du moindre citoyen paifible dans fa famille était bien préférable au fien.

CH. CLXXII.

Qui était le plus malheureux du Roi, de la Reine, ou du Cardinal ?

Le Cardinal de *Richelieu* fut peut-être le plus malheureux des trois, parce qu'il était le plus haï, & qu'avec une mauvaife fanté il avait à foutenir de fes mains teintes de fang un fardeau immenfe, dont il fut fouvent prêt d'être écrafé.

Dans ce tems de confpirations & de fupplices le Royaume fleurit pourtant, & malgré tant d'afflictions le fiécle de la politeffe & des Arts s'annonçait. *Louïs XIII.* n'y contribua en rien; mais le Cardinal de *Richelieu* fervit beaucoup à ce changement. La Philofophie ne put, il eft vrai, effacer la rouille fcholaftique ; mais *Corneille* commença en 1636. par la Tragédie du *Cid*, le fiécle qu'on appelle celui de *Louïs XIV.* Le *Pouffin* égala *Raphael* d'Urbin dans quelques parties de la Peinture. La Sculpture

Arts, mœurs & ufages.

Ch.
CLXXII.

fut bientôt perfectionnée par *Girardon*, & le Maufolée même du Cardinal de *Richelieu* en eft une preuve. Les Français commencèrent à fe rendre recommandables, furtout par les graces & les politeffes de l'efprit : c'était l'aurore du bon goût.

La Nation n'était pas encor ce qu'elle devint depuis ; ni le Commerce n'était bien cultivé, ni la police générale établie. L'intérieur du Royaume était encor à régler ; nulle belle Ville, excepté Paris, qui manquait encor de bien des chofes néceffaires, comme on le peut voir ci-après dans le *Siècle de Louïs XIV*. Tout était auffi différent dans la maniére de vivre que dans les habillemens de tout ce qu'on voit aujourd'hui. Si les hommes de nos jours voyaient les hommes de ce tems-là, ils ne croiraient pas voir leurs péres. Les petites bottines, le pourpoint, le manteau, le grand collet de point, les mouftaches, & une petite barbe en pointe, les rendraient auffi méconnaiffables pour nous que leurs paffions pour les complots, leur fureur des duels, leurs feftins au cabaret, leur ignorance générale malgré leur efprit naturel.

La Nation n'était pas auffi riche qu'elle l'eft devenue en efpèces monnoyées, & en argent travaillé : auffi le Miniftère, qui tirait ce qu'il pouvait du Peuple, n'avait guères par année que la moitié du revenu de *Louïs XIV*. On était encor moins riche en induftrie. Les manufactures groffiéres de draps de Rouen, & d'Elbeuf, étaient les plus belles qu'on connût en France :

point

point de tapisseries, point de cristaux, point de glaces. L'art de l'Horlogerie était faible, & consistait à mettre une corde à la fusée d'une montre; les pendules n'étaient point inventées: le Commerce maritime dans les Echelles du Levant était dix fois moins considérable qu'aujourd'hui; celui de l'Amérique se bornait à quelques pelleteries du Canada: nul vaisseau n'allait aux Indes Orientales, tandis que la Hollande y avait des Royaumes, & l'Angleterre de grands établissemens.

Ainsi la France possédait bien moins d'argent que sous *Louïs XIV.*; le Gouvernement empruntait à un plus haut prix; les moindres intérêts qu'il donnait pour la constitution des rentes étaient de sept & demi pour cent à la mort du Cardinal de *Richelieu*. On peut tirer de là une preuve invincible parmi tant d'autres, que le Testament qu'on lui attribue ne peut être de lui. Le faussaire ignorant & absurde qui a pris son nom, dit au chapitre I. de la seconde partie, que la jouissance fait le remboursement entier de ces rentes en sept années & demie: il a pris le denier septiéme, sept & demi pour la septiéme partie & demie de cent; & il n'a pas vû que le remboursement d'un capital en sept années & demie, ne donne pas sept & demi par année, mais près de quatorze. Tout ce qu'il dit dans ce chapitre est d'un homme qui n'entend pas mieux les prémiers élémens de l'Arithmétique que ceux des affaires. J'entre ici dans ce petit détail,

Ch. CLXXII.

Preuves que le Testament Politique n'est point du Cardinal

Ch.
CLXXII. détail, seulement pour faire voir combien les noms en imposent aux hommes : tant que cette œuvre de ténèbres a passé pour être du Cardinal de *Richelieu*, on l'a loué comme un chef-d'œuvre ; mais quand on a reconnu la foule des anacronismes, des erreurs sur les pays voisins, des fausses évaluations, & l'ignorance absurde avec laquelle il est dit que la France avait plus de ports sur la Méditerranée que la Monarchie Espagnole ; quand on a vû enfin que dans un prétendu Testament politique du Cardinal de *Richelieu*, il n'était pas dit un seul mot de la maniére dont il fallait se conduire dans la guerre qu'on avait à soutenir ; alors on a méprisé ce chef-d'œuvre qu'on avait admiré sans examen.

CH. CENT-SOIXANTE ET TREIZIEME.
DU GOUVERNEMENT
ET DES
MOEURS DE L'ESPAGNE,
DEPUIS PHILIPPE II. JUSQU'A CHARLES II.

ON voit depuis la mort de *Philippe II.* les Monarques Espagnols affermir leur pouvoir absolu dans leurs Etats, & perdre insensiblement leur autorité dans l'Europe. Le commencement de la décadence se fit sentir dès les

les prémiéres années du régne de *Philippe III*. : la faiblesse de son caractère se répandit sur toutes les parties de son Gouvernement. Il était difficile d'étendre toûjours des soins vigilans sur l'Amérique, sur les vastes possessions en Asie, sur celles d'Afrique, sur l'Italie & les Pays-Bas; mais son pére avait vaincu ces difficultés, & les trésors du Méxique, du Pérou, du Bresil, des Indes Orientales devaient surmonter tous les obstacles. La négligence fut si grande, l'administration des deniers publics si infidèle, que dans la guerre qui continuait toûjours contre les Provinces-Unies, on n'eut pas de quoi payer les troupes Espagnoles; elles se mutinèrent, elles passèrent au nombre de trois mille hommes sous les drapeaux du Prince *Maurice*. Un simple Stadthouder avec un esprit d'ordre payait mieux ses troupes que le Souverain de tant de Royaumes. *Philippe III.* aurait pû couvrir les Mers de vaisseaux, & les petites Provinces de Hollande & de Zélande en avaient plus que lui : leur flotte lui enlevait les principales Isles Moluques, & surtout Amboine, qui produit les plus précieuses épiceries, dont les Hollandais sont restés en possession. Enfin ces sept petites Provinces rendaient sur terre les forces de cette vaste Monarchie inutiles, & sur mer elles étaient plus puissantes.

Philippe III. en paix avec la France, avec l'Angleterre, n'ayant la guerre qu'avec cette République naissante, est obligé de conclure avec elle une trêve de douze années, de lui laisser

Cᴴ. CLXXIII.

1604.

1606.

Philippe III conclut une trêve de douze ans avec la Hollande.

1609.

laisser tout ce qui était en sa possession, de lui assurer la liberté du Commerce dans les grandes Indes, & de rendre enfin à la Maison de *Nassau* ses biens situés dans les Terres de la Monarchie. *Henri IV.* eut la gloire de conclure cette trêve par ses Ambassadeurs. C'est d'ordinaire le parti le plus faible qui désire une trêve, & cependant le Prince *Maurice* ne la voulait pas. Il fut plus difficile de l'y faire consentir, que d'y résoudre le Roi d'Espagne.

Expulsion des Maures. 1609.

L'expulsion des Maures fit bien plus de tort à la Monarchie. *Philippe III.* ne pouvait venir à bout d'un petit nombre de Hollandais, & il put malheureusement chasser six à sept cent mille Maures de ses Etats. Ces restes des anciens vainqueurs de l'Espagne étaient la plupart désarmés, occupés du Commerce & de la culture des terres, bien moins formidables en Espagne que les Protestans ne l'étaient en France, & beaucoup plus utiles, parce qu'ils étaient laborieux dans le pays de la paresse. On les forçait à paraître Chrétiens ; l'Inquisition les poursuivait sans relâche. Cette persécution produisit quelques révoltes, mais faibles & bientôt appaisées. *Henri IV.* voulut prendre ces Peuples sous sa protection ; mais

1609.

ses intelligences avec eux furent découvertes par la trahison d'un Commis du bureau des affaires étrangères ; cet incident hâta leur dispersion. On avait déja pris la résolution de les chasser : ils proposèrent en vain d'acheter de deux millions de ducats d'or la permission

de

de respirer l'air de l'Espagne ; le Conseil fut inflexible : vingt mille de ces proscrits se réfugièrent dans des montagnes ; mais n'ayant pour armes que des frondes & des pierres, ils y furent bientôt forcés. On fut occupé deux années entiéres à transporter des citoyens hors du Royaume & à dépeupler l'Etat. *Philippe* se priva ainsi des plus laborieux de ses sujets, au lieu d'imiter les Turcs, qui savent contenir les Grecs, & qui sont bien éloignés de les forcer à s'établir ailleurs.

{Ch. CLXXIII.}

La plus grande partie de ces Maures Espagnols se réfugièrent en Afrique leur ancienne patrie ; quelques-uns passèrent en France, sous la Régence de *Marie de Médicis* ; ceux qui ne voulurent pas renoncer à leur Religion s'embarquèrent en France pour Tunis ; quelques familles qui firent profession du Christianisme s'établirent en Provence, en Languedoc ; il en vint à Paris même, & leur race n'y a pas été inconnue. Mais enfin ces fugitifs se sont incorporés à la Nation, qui a profité de la faute de l'Espagne, & qui ensuite l'a imitée dans l'émigration des Réformés. C'est ainsi que tous les Peuples se mêlent, & que toutes les Nations sont absorbées les unes dans les autres, tantôt par les persécutions, tantôt par les conquêtes.

Cette grande émigration, jointe à celle qui arriva sous *Isabelle* & aux Colonies que l'avarice transplantait dans le Nouveau Monde, épuisait insensiblement l'Espagne d'habitans, & bientôt la Monarchie ne fut plus qu'un vaste corps

{Elle affaiblit la Monarchie.}

Cʜ. corps fans fubftance. La fuperftition, ce vice
ᴄʟxxɪɪɪ. des ames faibles, avilit encor le régne de *Philippe III*; fa Cour ne fut qu'un cahos d'intrigues, comme celle de *Louis XIII*. Ces deux Rois ne pouvaient vivre fans Favoris, ni régner fans Prémiers Miniftres. Le Duc de *Lerme*, depuis Cardinal, gouverna longtems le Roi & le Royaume : la confufion où tout était, le chaffa de fa place. Son fils lui fuccéda, & l'Efpagne ne s'en trouva pas mieux.

1621.   Le défordre augmenta fous *Philippe IV*. fils de *Philippe III*. Son Favori le Comte-Duc *Olivarès* lui fit prendre le nom de *Grand* à fon avénement : s'il l'avait été, il n'eût point eu de Prémier Miniftre. L'Europe & fes fujets lui refufèrent ce titre ; & quand il eut perdu depuis le Rouffillon par la faibleffe de fes armes, le Portugal par fa négligence, la Catalogne par l'abus de fon pouvoir, la voix publique lui donna pour devife un foffé avec ces mots : *Plus on lui ôte, plus il eft grand.*

Philippe IV. prend le nom de Grand.

Ce beau Royaume était alors peu puiffant au dehors, & miférable au dedans. On n'y connaiffait nulle police. Le Commerce intérieur était ruiné, par les droits qu'on continuait de lever d'une Province à une autre. Chacune de ces Provinces ayant été autrefois un petit Royaume, les anciennes Douanes fubfiftaient : ce qui avait été autrefois une Loi néceffaire, devenait un abus onéreux. On ne fut point faire de toutes ces parties du Royaume un tout régulier. Le même abus a été introduit

duit en France ; mais il était porté en Espagne à un tel excès, qu'il n'était pas permis de transporter de l'argent de Province à Province. Nulle industrie ne secondait, dans ces climats heureux, les présens de la Nature : ni les soies de Valence, ni les belles laines de l'Andalousie & de la Castille, n'étaient préparées par les mains Espagnoles : les toiles fines étaient un luxe très-peu connu : les manufactures Flamandes, reste des monumens de la Maison de Bourgogne, fournissaient à Madrid ce que l'on connaissait alors de magnificence: les étoffes d'or & d'argent étaient défendues dans cette Monarchie, comme elles le seraient dans une République indigente qui craindrait de s'apauvrir. En effet malgré les mines du Nouveau Monde, l'Espagne était si pauvre, que le Ministère de *Philippe IV.* se trouva réduit à la nécessité de faire de la monnoie de cuivre, à laquelle on donna un prix presque aussi fort qu'à l'argent : il fallut que le Maître du Mexique & du Pérou fît de la fausse monnoye pour payer les charges de l'Etat. On n'osait, si on en croit le sage *Gourville*, imposer des taxes personnelles, parce que ni les bourgeois, ni les gens de la campagne, n'ayant presque point de meubles, n'auraient jamais pû être contraints à payer. Jamais ce que dit *Charles-Quint* ne se trouva si vrai : *En France tout abonde, tout manque en Espagne.*

Le régne de *Philippe IV.* ne fut qu'un enchainement de pertes & de disgraces : & le Comte-Duc *Olivarès* fut aussi malheureux dans son admini-

Ch. CLXXIII.

L'Espagne pauvre, malgré tout l'or du Nouveau Monde.

92 DE L'ESPAGNE

Ch. CLXXIII. administration, que le Cardinal de *Richelieu* fut heureux dans la sienne.

1625. Les Hollandais enlèvent le Brésil à l'Espagne.

Les Hollandais qui recommencèrent la guerre à l'expiration de la trêve de douze années, enlèvent le Brésil à l'Espagne : il leur en est resté Surinam : ils prennent Maftricht, qui leur est enfin demeuré. Les armées de *Philippe* font chassées de la Valteline & du Piémont par les Français fans déclaration de guerre ; & enfin lorsque la guerre est déclarée en 1635.

1639.
1640. il est malheureux de tous côtés. L'Artois est envahi. La Catalogne entière, jalouse de ses privilèges auxquels il attentait, se révolte &

1641. se donne à la France. Le Portugal secoue le joug : une conspiration aussi-bien exécutée que bien conduite mit sur le Trône la Maison de *Bragance*. Le Prémier Ministre *Olivarès* eut la confusion d'avoir contribué lui-même à cette grande révolution, en envoyant de l'argent au Duc de *Bragance*, pour ne point laisser de prétexte au refus de ce Prince de venir à Madrid. Cet argent même servit à payer des conjurés.

La révolution n'était pas difficile. *Olivarès* avait eu l'imprudence de retirer une garnison Espagnole de la forteresse de Lisbonne. Peu de troupes gardaient le Royaume. Les Peuples étaient irrités d'un nouvel impôt ; & enfin le Prémier Ministre, qui croyait tromper le Duc

11. Dec. 1640. de *Bragance*, lui avait donné le commandement des armes. La Duchesse de Mantoue Vice-Reine fut chassée, sans que personne prît sa défense. Un Sécretaire d'État Espagnol, &

un

un de ſes Commis, furent les ſeules victimes immolées à la vengeance publique. Toutes les villes du Portugal imitèrent l'exemple de Lisbonne preſque dans le même jour. *Jean de Bragance* fut partout proclamé Roi ſans le moindre tumulte : un fils ne ſuccède pas plus paiſiblement à ſon pére. Des vaiſſeaux partirent de Lisbonne pour toutes les villes de l'Aſie & de l'Afrique, pour toutes les Iſles qui appartenaient à la Couronne de Portugal ; il n'y en eut aucune qui héſitât à chaſſer les Gouverneurs Eſpagnols. Tout ce qui reſtait du Breſil, ce qui n'avait point été pris par les Hollandais ſur les Eſpagnols, retourna aux Portugais ; & enfin les Hollandais, unis avec le nouveau Roi *Don Jean de Bragance*, lui rendirent ce qu'ils avaient pris à l'Eſpagne dans le Breſil.

Les Iſles Açores, Mozambique, Goa, Macao, furent animées du même eſprit que Lisbonne. Il ſemblait que la conſpiration eût été tramée dans toutes ces Villes. On vit partout combien une domination étrangère eſt odieuſe, & en même tems combien peu le Miniſtère Eſpagnol avait pris de meſures pour conſerver tant d'Etats.

On vit auſſi comme on flatte les Rois dans leurs malheurs, comme on leur déguiſe des vérités triſtes. La manière dont *Olivarés* annonça à Philippe IV. la perte du Portugal eſt célébre. *Je viens vous annoncer*, dit-il, *une heureuſe nouvelle : Votre Majeſté a gagné tous les biens du Duc de Bragance ; il s'eſt aviſé de*

Сн. CLXXIII.

Le Portugal ſecoue le joug de l'Eſpagne.

ſe

CH.
CLXXIII.

se faire proclamer Roi, & la confiscation de ses terres vous est acquise par son crime. La confiscation n'eut pas lieu. Le Portugal devint un Royaume considérable, surtout lors-que les richesses du Bresil commencèrent à lui procurer un commerce qui eût été très-avantageux, si l'amour du travail avait pû animer l'industrie de la Nation Portugaise.

Paralléle d'Olivarès & de Richelieu.

Le Comte-Duc *Olivarès*, longtems le Maître de la Monarchie Espagnole, & l'émule du Cardinal de *Richelieu*, fut enfin disgracié pour avoir été malheureux. Ces deux Ministres avaient été longtems également Rois, l'un en France, l'autre en Espagne; tous deux ayant pour ennemis la Maison Royale, les Grands & le Peuple; tous deux très-différens dans leurs caractères, dans leurs vertus, & dans leurs vices; le Comte-Duc aussi réservé, aussi tranquille, & aussi doux que le Cardinal était vif, hautain, & sanguinaire. Ce qui conserva *Richelieu* dans le Ministère, & ce qui lui donna presque toûjours l'ascendant sur *Olivarès*, ce fut son activité. Le Ministre Espagnol perdit tout par sa négligence; il mourut de la mort des Ministres déplacés; on dit que le chagrin les tue; ce n'est pas seulement le chagrin de la solitude après le tumulte, mais celui de sentir qu'ils sont haïs & qu'ils ne peuvent se venger. Le Cardinal de *Richelieu* avait abrégé ses jours d'une autre manière, par les inquiétudes qui le dévorèrent dans la plénitude de sa puissance.

Avec

Avec toutes les pertes que fit la branche d'Autriche Espagnole, il lui resta encor plus d'Etats que le Royaume d'Espagne n'en possède aujourd'hui. Le Milanais, la Flandre, Naples & Sicile appartenaient à cette Monarchie; & quelque mauvais que fût son Gouvernement, elle fit encor beaucoup de peine à la France, jusqu'à la paix des Pyrénées.

Ch. CLXXIII.

La dépopulation de l'Espagne a été si grande, que le célèbre *Ustaris*, Homme d'Etat qui écrivait en 1723. pour le bien de son pays, n'y compte qu'environ sept millions d'habitans, le tiers de ceux de la France; & en se plaignant de la diminution des citoyens, il se plaint aussi que le nombre des Moines soit toûjours resté le même. Il avoue que les revenus du Maître des mines d'or & d'argent ne se montaient pas à quatre-vingt millions de nos livres d'aujourd'hui.

Les Espagnols depuis le tems de *Philippe II.* jusqu'à *Philippe IV.*, se signalèrent dans les Arts de génie. Leur Théâtre, tout imparfait qu'il était, l'emportait sur celui des autres Nations; il servit de modèle à celui d'Angleterre; & lorsqu'ensuite la Tragédie commença à paraître en France avec quelque éclat, elle emprunta beaucoup de la scène Espagnole. L'Histoire, les Romans agréables, les fictions ingénieuses, la Morale, furent traités en Espagne avec un succès qui passa beaucoup celui du Théâtre; mais la saine Philosophie y fut toûjours ignorée. L'Inquisition & la superstition y perpétuèrent les erreurs scholastiques: les

Sciences, Mœurs, Arts.

Mathé-

Ch.
CLXXIII.

Mathématiques furent peu cultivées, & les Espagnols dans leurs guerres employèrent presque toûjours des Ingénieurs Italiens. Ils eurent quelques Peintres du second rang, & jamais d'école de Peinture. L'Architecture n'y fit point de grands progrès. L'Escurial fut bâti sur les desseins d'un Français. Les Arts mécaniques y étaient tous très-grossiers. La magnificence des grands Seigneurs consistait dans de grands amas de vaisselle d'argent, & dans un nombreux domestique. Il régnait chez les Grands une générosité d'ostentation qui en imposait aux étrangers, & qui n'était en usage que dans l'Espagne; c'était de partager l'argent qu'on gagnait au jeu avec tous les assistans de quelque condition qu'ils fussent. *Montrésor* raporte que quand le Duc de *Lerme* reçut *Gaston* frère de *Louïs XIII.* & sa suite dans les Pays-Bas, il étala une magnificence bien plus singulière. Ce Prémier Ministre, chez qui *Gaston* resta plusieurs jours, faisait mettre après chaque repas deux mille Louis d'or sur une grande table de jeu. Les suivans de Monsieur, & ce Prince lui-même, jouaient avec cet argent.

Les fêtes des combats de taureaux étaient très fréquentes, comme elles le sont encor aujourd'hui; & c'était le spectacle le plus magnifique & le plus galant, comme le plus dangereux. Cependant, rien de ce qui rend la vie commode n'était connu. Cette disette de l'utile & de l'agréable augmenta depuis l'expulsion des Maures. De là vient qu'on voyage en Espagne,

com-

comme dans les déserts de l'Arabie, & que dans les villes on trouve peu de ressource. La société ne fut pas plus perfectionnée que les Arts de la main. Les femmes presque aussi renfermées qu'en Afrique, comparant cet esclavage avec la liberté de la France, en étaient plus malheureuses. Cette contrainte avait perfectionné un art ignoré parmi nous, celui de parler avec les doigts : un amant ne s'expliquait pas autrement sous les fenêtres de sa maîtresse, qui ouvrait en ce moment là ces petites grilles de bois nommées jalousies, tenant lieu de vitres, pour lui répondre dans la même langue. Tout le monde jouait de la guitarre, & la tristesse n'en était pas moins répandue sur la face de l'Espagne. Les pratiques de dévotion tenaient lieu d'occupation à des citoyens désœuvrés. On disait alors que la fierté, la dévotion, l'amour & l'oisiveté composaient le caractère de la Nation ; mais aussi il n'y eut aucune de ces révolutions sanglantes, de ces conspirations, de ces châtimens cruels, qu'on voyait dans les autres Cours de l'Europe. Ni le Duc de *Lerme*, ni le Comte *Olivarès*, ne répandirent le sang de leurs ennemis sur les échaffauts : les Rois n'y furent point assassinés comme en France, & ne périrent point par la main du bourreau comme en Angleterre.

Après la mort de *Philippe IV.* arrivée en 1666. l'Espagne fut très-malheureuse. *Marie d'Autriche* sa veuve, sœur de l'Empereur *Léopold*,

Ch. CLXXIII.

Etat de l'Espagne après la mort de Philippe IV.

Cʜ. CLXXIII.

pold, fut Régente dans la minorité de *Don Carlos*, ou *Charles II*. du nom, son fils. Sa Régence ne fut pas si orageuse que celle d'*Anne d'Autriche* en France; mais elles eurent ces tristes conformités, que la Reine d'Espagne s'attira la haine des Espagnols, pour avoir donné le Ministère à un Prêtre étranger, comme la Reine de France révolta l'esprit des Français pour les avoir mis sous le joug d'un Cardinal Italien; les Grands de l'Etat s'élevèrent dans l'une & dans l'autre Monarchie contre ces deux Ministres, & l'intérieur des deux Royaumes fut également mal administré.

Le Jésuite Nitard Prémier Ministre.

Le Prémier Ministre qui gouverna quelque tems l'Espagne dans la minorité de *Don Carlos*, ou *Charles II*., était le Jésuite *Evrard Nitard* Allemand, Confesseur de la Reine & grand Inquisiteur. L'incompatibilité que la Religion semble avoir mise entre les vœux monastiques & les intrigues du Ministère, excita d'abord les murmures contre le Jésuite.

Son caractère augmenta l'indignation publique. *Nitard* capable de dominer sur sa pénitente, ne l'était pas de gouverner un Etat, n'ayant rien d'un Ministre & d'un Prêtre que la hauteur & l'ambition, & pas même la dissimulation : il avait osé dire un jour au Duc de *Lerme*, même avant de gouverner ; C'est vous qui me devez du respect : j'ai tous les jours vôtre Dieu dans mes mains, & vôtre Reine à mes pieds. Avec cette fierté si contraire à la vraye grandeur, il laissait le Trésor

sans

fans argent, les Places de toute la Monarchie en ruine, les ports fans vaiffeaux, les armées fans difcipline, deftituées de Chef qui fuffent commander : c'eft-là furtout ce qui contribua aux prémiers fuccès de *Louis XIV.* quand il attaqua fon beau frére & fa belle-mére en 1667. & qu'il leur ravit la moitié de la Flandre & toute la Franche-Comté.

On fe fouleva contre le Jéfuite, comme en France on s'était foulevé contre *Mazarin*. *Nitard* trouva furtout dans *Don Juan d'Autriche*, bâtard de *Philippe IV.*, un ennemi auffi implacable que le Grand *Condé* le fut du Cardinal. Si *Condé* fut mis en prifon, *Don Juan* fut exilé. Ces troubles produifirent deux factions qui partagérent l'Efpagne, cependant il n'y eut point de guerre civile. Elle était fur le point d'éclater, lorfque la Reine la prévint, en chaffant malgré elle le Pére *Nitard*, ainfi que la Reine *Anne d'Autriche* fut obligée de renvoyer *Mazarin* fon Miniftre ; mais *Mazarin* revint plus puiffant que jamais. Le Pére *Nitard* renvoyé en 1669. ne put revenir en Efpagne : la raifon en eft que la Régente d'Efpagne eut un autre Confeffeur qui s'oppofait au retour du prémier, & la Régente de France n'eut point de Miniftre qui lui tint lieu de *Mazarin*.

Nitard alla à Rome, où il follicita le chapeau de Cardinal, qu'on ne donne point à des Miniftres déplacés. Il y vécut peu accueilli de fes confréres, qui marquent toujours quelque reffentiment à quiconque s'eft élevé au-deffus dessus d'eux. Mais enfin il obtint par ses intrigues & par la faveur de la Reine d'Espagne, cette Dignité de Cardinal que tous les Ecclésiastiques ambitionnent; alors ses confréres les Jésuites devinrent ses courtisans.

Le Régne de *Don Carlos*, *Charles II.*, fut aussi faible que celui de *Philippe III.* & de *Philippe IV.*, comme vous le verrez dans le siécle de *Louis XIV.*

C. CENT-SOIXANTE ET QUATORZIEME.

DES ALLEMANS
SOUS
RODOLPHE II.,
MATHIAS ET FERDINAND II.

Des malheurs de Fréderic Electeur Palatin. Des Conquêtes de Gustave Adolphe. Paix de Westphalie &c.

Pendant que la France reprenait une nouvelle vie sous *Henri IV.*, que l'Angleterre florissait sous *Elisabeth*, & que l'Espagne était la Puissance prépondérante de l'Europe sous *Philippe II.*, l'Allemagne & le Nord ne jouaient pas un si grand rôle.

Si on regarde l'Allemagne comme le Siége de l'Empire, cet Empire n'était qu'un vain nom, &

& on peut obferver que depuis l'abdication de Charles-Quint jufqu'au régne de Léopold, elle n'a eu aucun crédit en Italie. Les couronnemens à Rome & à Milan furent fupprimés comme des cérémonies inutiles; on les regardait auparavant comme effentielles : mais depuis que *Ferdinand I.* frére & fucceffeur de l'Empereur *Charles-Quint*, négligea le voyage de Rome, on s'accoutuma à s'en paffer. Les prétentions des Empereurs fur Rome, celles des Papes de donner l'Empire, tombèrent infenfiblement dans l'oubli : tout s'eft réduit à une lettre de félicitation que le Souverain Pontife écrit à l'Empereur élû. L'Allemagne refta avec le titre d'Empire, mais faible, parce qu'elle fut toûjours divifée. Ce fut une République de Princes, à laquelle préfidait l'Empereur : & ces Princes ayant tous des prétentions les uns contre les autres, entretinrent prefque toûjours une guerre civile, tantôt fourde, tantôt éclatante, nourrie par leurs intérêts oppofés, & par les trois Religions de l'Allemagne, plus oppofées encor que les intérêts des Princes. Il était impoffible que ce vafte Etat partagé en tant de Principautés défunies, fans commerce alors, & fans richeffes, influat beaucoup fur le fyftème de l'Europe. Il n'était point fort au-déhors, mais il l'était au-dedans, parce que la Nation fut toûjours laborieufe & belliqueufe. Si la Conftitution Germanique avait fuccombé, fi les Turcs avaient envahi une partie de l'Allemagne, & que l'autre eût appelé

Ch. CLXXIV.

Plus de couronnement des Empereurs à Rome.

CH.
CLXXIV.

L'Allemagne subsiste, l'Empire non.

des Maîtres étrangers, les Politiques n'auraient pas manqué de prouver que l'Allemagne déja déchirée par elle-même ne pouvait subsister : ils auraient démontré que la forme singuliére de son gouvernement, la multitude de ses Princes, la pluralité des Religions, ne pouvaient que préparer une ruine, & un esclavage inévitable. Les causes de la décadence de l'ancien Empire Romain n'étaient pas à beaucoup près si palpables ; cependant le Corps de l'Allemagne est resté inébranlable, en portant dans son sein tout ce qui semblait devoir le détruire ; & il est difficile d'atribuer cette permanence d'une Constitution si compliquée à une autre cause qu'au génie de la Nation.

L'Allemagne avait perdu Metz, Toul, & Verdun en 1552 sous l'Empereur *Charles-Quint* ; mais ce territoire qui était de l'ancienne France pouvait être regardé plûtôt comme une excrescence du Corps Germanique, que comme une partie naturelle de cet Etat. *Ferdinand I.* ni ses Successeurs ne firent aucune tentative pour recouvrer ces Villes. Les Empereurs de la Maison d'Autriche devenus Rois de Hongrie, eurent toûjours les Turcs à craindre, & ne furent pas en état d'inquiéter la France, quelque faible qu'elle fût, depuis *François II.* jusquà *Henri IV*. Des Princes d'Allemagne purent venir la piller, & le Corps de l'Allemagne ne put se réunir pour l'accabler.

Ferdinand I. voulut en vain réunir les trois Religions qui partageaient l'Empire, & les
Princes

Princes qui se faisaient quelquefois la guerre. L'ancienne maxime, *Divise pour régner*, ne lui convenait pas. Il fallait que l'Allemagne fût réunie pour qu'il fût puissant : mais loin d'être unie, elle fut démembrée. Ce fut précisément de son tems que les Chevaliers Teutoniques donnèrent aux Polonais la Livonie reputée Province Impériale, dont les Russes sont à présent en possession. Les Evêchés de la Saxe & du Brandebourg, tous sécularisés, ne furent pas un démembrememt de l'Etat, mais un grand changement, qui rendit ces Princes plus puissans, & l'Empereur plus faible.

Maximilien II. fut encor moins Souverain que *Ferdinand I.* Si l'Empire avait conservé quelque vigueur, il aurait maintenu ses droits sur les Pays-Bas, qui étaient réellement une Province Impériale. L'Empereur & la Diète étaient les Juges naturels. Ces Peuples qu'on appella rebelles si longtems, devaient être mis par les Loix au ban de l'Empire : cependant *Maximilien II.* laissa le Prince d'Orange *Guillaume le Taciturne* faire la guerre dans les Pays-Bas à la tête des troupes Allemandes, sans se mêler de la querelle. En vain cet Empereur se fit élire Roi de Pologne en 1575. après le départ du Roi de France *Henri III.*, départ regardé comme une abdication : *Battori* Vaivode de Transilvanie, Vassal de l'Empereur, l'emporta sur son Souverain; & la protection de la Porte Ottomane, sous laquelle était ce *Battori*, fut plus puissante que la Cour de Vienne.

Ch. CLXXIV.

Etat de l'Allemagne.

Rodol-

CH.
CLXXIV.

Rodolphe Empereur très-médiocre, bon chymiste.

Rodolphe II. succeſſeur de ſon pére *Maximilien II.* tint les rénes de Empire d'une main encor plus faible. Il était à la fois Empereur, Roi de Bohême & de Hongrie ; & il n'influa en rien ni ſur la Bohême, ni ſur la Hongrie, ni ſur l'Allemagne, & encor moins ſur l'Italie. Les tems de *Rodolphe* ſemblent prouver qu'il n'eſt point de régle générale en Politique.

Ce Prince paſſait pour être beaucoup plus incapable de gouverner que le Roi de France *Henri III*. La conduite du Roi de France lui coûta la vie, & perdit preſque le Royaume. La conduite de *Rodolphe*, beaucoup plus faible, ne cauſa aucun trouble en Allemagne. La raiſon en eſt qu'en France tous les Seigneurs voulurent s'établir ſur les ruines du Trône, & que les Seigneurs Allemans étaient déja tout établis.

Guerre faite par aumônes.

Il y a des tems où il faut qu'un Prince ſoit guerrier. *Rodolphe* qui ne le fut pas, vit toute la Hongrie envahie par les Turcs. L'Allemagne était alors ſi mal adminiſtrée, qu'on fut obligé de faire une quête publique pour avoir de quoi s'oppoſer aux Conquérans Ottomans. Des troncs furent établis aux portes de toutes les Egliſes : c'eſt la prémiére guerre qu'on ait faite avec des aumones ; elle fut regardée comme ſainte, & n'en fut pas plus heureuſe : & ſans les troubles du Serrail, il eſt vraiſemblable que la Hongrie reſtait pour jamais ſous le pouvoir de Conſtantinople.

On vit préciſément en Allemagne ſous cet Empereur, ce qu'on venait de voir en France
ſous

fous *Henri III.*, une Ligue Catholique contre une Ligue Proteſtante, ſans que le Souverain pût arrêter les efforts ni de l'une ni de l'autre. La Religion qui avait été ſi longtems la cauſe de tant de troubles dans l'Empire, n'en était plus que le prétexte. Il s'agiſſait de la ſucceſſion aux Duchés de Cléves & de Juliers. C'était encor une ſuite du Gouvernement féodal, & on ne pouvait guères décider que par les armes à qui ces Fiefs appartenaient. Les Maiſons de Saxe, de Brandebourg, de Neubourg, les diſputaient. L'Archiduc *Léopold*, couſin de l'Empereur, s'était mis en poſſeſſion de Cléves, en attendant que l'affaire fût jugée. Cette querelle fut, comme nous l'avons vû, l'unique cauſe de la mort de *Henri IV.* Il allait marcher au ſecours de la Ligue Proteſtante. Ce Prince victorieux ſuivi de troupes aguerries, des plus grands Généraux, & des meilleurs Miniſtres de l'Europe, était près de profiter de la faibleſſe de *Rodolphe*, & de *Philippe III.*

Ch. CLXXIV.

Ligues Catholique & Proteſtante en Allemagne, cauſe de la mort du Roi Henri IV.

La mort de *Henri IV.* qui fit avorter cette grande entrepriſe, ne rendit pas *Rodolphe* plus heureux. Il avait cédé la Hongrie, l'Autriche, la Moravie à ſon frére *Mathias*, lorſque le Roi de France ſe préparait à marcher contre lui; & lorſqu'il fut délivré d'un ennemi ſi redoutable, il fut encor obligé de céder la Bohême à ce même *Mathias*; & en conſervant le titre d'Empereur, il vécut en homme privé.

Tout ſe fit ſans lui ſous ſon Empire: il ne s'était pas même mêlé de la ſinguliére affaire

de

Ch.
CLXXIV.

de ce *Gerhard de Truchses* Electeur de Cologne, qui voulut garder son Archevêché & sa femme, & qui fut chassé de son Electorat par les armes de ses Chanoines & de son Compétiteur. Cette inaction singuliére venait d'un principe plus singulier encor dans un Empereur. La Philosophie qu'il cultivait, lui avait appris tout ce qu'on pouvait savoir alors, excepté à remplir ses devoirs de Souverain. Il aimait beaucoup mieux s'instruire avec le fameux *Ticho Brahé*, que tenir les Etats de Hongrie & de Bohême.

L'Empereur Rodolphe Astronome.

Les fameuses Tables Astronomiques de *Ticho Brahé* & de *Kepler* portent le nom de cet Empereur; elles sont connues sous le nom de *Tables Rodolphines*, comme celles qui furent composées au douziéme siécle en Espagne par deux Arabes, portèrent le nom du Roi *Alphonse*. Les Allemands se distinguaient principalement dans ce siécle par les commencemens de la véritable Physique. Ils ne réussirent jamais dans les Arts de goût, comme les Italiens; à peine même s'y adonnèrent-ils. Ce n'est jamais qu'aux esprits patiens & laborieux qu'apartient le don de l'invention dans les Sciences naturelles. Ce génie se remarquait depuis longtems en Allemagne, & s'étendait à leurs voisins du Nord. *Ticho Brahé* était Danois. Ce fut une chose bien extraordinaire, surtout dans ce tems-là, de voir un Gentilhomme Danois dépenser cent mille écus de son bien à bâtir, avec les secours de *Fréderic II*. Roi de Danne-

Dannemarck, non seulement un Observatoire, mais une petite Ville habitée par plusieurs savans : elle fut nommée *Uranibourg*, *la Ville des Astres*. *Ticho Brahé* avait à la vérité la faiblesse commune d'être persuadé de l'Astrologie judiciaire ; mais il n'en était ni moins bon Astronome, ni moins habile Mécanicien. Sa destinée fut celle des grands-hommes ; il fut persécuté dans sa patrie après la mort du Roi son protecteur ; mais il en trouva un autre dans l'Empereur *Rodolphe*, qui le dédommagea de toutes ses pertes, & de toutes les injustices des Cours.

Copernic avait trouvé le vrai système du Monde, avant que *Ticho Brahé* inventât le sien, qui n'est qu'ingénieux. Le trait de lumière qui éclaire aujourd'hui le Monde, partit de la petite Ville de Thorn dans la Prusse Polonaise, dès le milieu du seiziéme siécle.

Kepler né dans le Duché de Virtemberg, devina au commencement du dix-septiéme les loix Mathématiques du Cours des Astres, & fut regardé comme un Législateur en Astronomie. Le Chancelier *Bacon* proposait alors de nouvelles sciences ; mais *Copernic* & *Kepler* en inventaient. L'Antiquité n'avait point fait de plus grands efforts, & la Gréce n'avait pas été illustrée par de plus belles découvertes : mais les autres Arts fleurirent à la fois en Gréce, au lieu qu'en Allemagne la Physique seule fut cultivée par un petit nombre de sages inconnus à la multitude : cette multitude était grossiére ;

il

Cπ. CLXXIV.

Causes de la guerre de trente ans.

il y avait de vastes Provinces où les hommes pensaient à peine, & on ne savait que se haïr pour la Religion.

Enfin, la Ligue Catholique, & la Protestante plongèrent l'Allemagne dans une guerre civile de trente années, qui la réduisit dans un état plus déplorable que n'avait été celui de la France avant le régne paisible & heureux de *Henri IV*.

En l'an 1619. époque de la mort de l'Empereur *Mathias*, successeur de *Rodolphe*, l'Empire allait échaper à la Maison d'Autriche; mais *Ferdinand* Archiduc de Gratz réunit enfin les suffrages en sa faveur. *Maximilien* de Baviére qui lui disputait l'Empire, le lui céda; il fit plus, il soutint le Trône Impérial aux dépens de son sang & de ses trésors, & affermit la grandeur d'une Maison qui depuis écrasa la sienne. Deux branches de la Maison de Baviére réunies auraient pû changer le sort de l'Allemagne; ces deux branches sont celles des Electeurs Palatins & des Ducs de Baviére. Deux grands obstacles s'opposaient à leur intelligence, la rivalité, & la différence des Religions. L'Electeur Palatin *Fréderic* était Reformé, le Duc de Baviére Catholique. Cet Electeur Palatin fut un des plus malheureux Princes de son tems, & la cause des longs malheurs de l'Allemagne.

Jamais les idées de l'berté n'avaient plus prévalu dans l'Europe que dans ces tems-là. La Hongrie, la Bohème & l'Autriche même

étaient

étaient aussi jalouses que les Anglais de leurs privileges. Cet esprit dominait en Allemagne depuis les derniers tems de *Charles - Quint.* L'exemple des sept Provinces - Unies était sans cesse présent à des Peuples qui prétendaient avoir les mêmes droits, & qui croyaient avoir plus de force que la Hollande.

CH. CLXXIV.

Liberté Germanique.

Quand l'Empereur *Mathias* fit élire en 1618. son cousin *Ferdinand de Gratz* Roi désigné de Hongrie & de Bohême, quand il lui fit céder l'Autriche par les autres Archiducs, la Hongrie, la Bohême, l'Autriche se plaignirent également qu'on n'eût pas eu assez d'égard au droit des Etats. La Religion entra dans les griefs des Bohémiens, & alors la fureur fut extrême. Les Protestans voulurent rétablir des Temples, que les Catholiques avaient fait abattre. Le Conseil d'Etat de *Mathias* & de *Ferdinand* se déclara contre les Protestans; ceux-ci entrèrent au Conseil, & précipitèrent de la salle dans la rue trois principaux Magistrats. Cet emportement ne caractérise que la violence du peuple, violence presque toûjours plus grande que les tyrannies dont il se plaint. Mais ce qu'il y eut de plus étrange, c'est que les révoltés prétendirent par un manifeste qu'ils n'avaient fait que suivre les Loix, & qu'ils avaient le droit de jetter par les fenêtres les Conseillers qui les opprimaient. L'Autriche prit le parti de la Bohême, & ce fut parmi ces troubles que *Ferdinand de Gratz* fut élu Empereur.

Sa nouvelle Dignité n'en imposa point aux

<small>Ch. CLXXIV.

Guerre de trente ans.

19. Nov. 1620.

1621.

Malheurs de l'Electeur Palatin.</small>

Protestans de Bohême, qui étaient alors très-considérables : ils se crurent en droit de destituer le Roi qu'ils avaient élu ; & ils offrirent leur Couronne à l'Electeur Palatin, gendre du Roi d'Angleterre *Jacques I.* Il accepta ce Trône, sans avoir assez de forces pour s'y maintenir. Son parent *Maximilien* de Baviére, avec les troupes Impériales & les siennes, lui fit perdre à la bataille de Prague, & sa Couronne, & son Palatinat.

Cette journée fut le commencement de ce carnage de trente années. La victoire de Prague décida pour quelque tems l'ancienne querelle des Princes de l'Empire & de l'Empereur : elle rendit *Ferdinand II.* despotique. Il mit l'Electeur Palatin au ban de l'Empire, par un simple arrêt de son Conseil Aulique, & proscrivit tous les Princes & tous les Seigneurs de son parti, au mépris des Capitulations Impériales, qui ne pouvaient être un frein que pour les faibles.

L'Electeur Palatin fuyait en Silésie, en Dannemarck, en Hollande, en Angleterre, en France : il fut au nombre des Princes infortunés à qui manqua toûjours la fortune, privé de toutes les ressources sur lesquelles il devait compter. Il ne fut point secouru par son beau-pére le Roi d'Angleterre, qui se refusa aux cris de sa Nation, aux sollicitations de son gendre, & aux intérêts du parti Protestant dont il pouvait être le Chef ; il ne fut point aidé par *Louïs XIII.* malgré l'intérêt visible qu'avait ce

Prin-

Prince à empêcher les Princes d'Allemagne d'être opprimés. *Louis XIII*. n'était point alors gouverné par le Cardinal de *Richelieu*. Il ne resta bientôt à la Maison Palatine, & à l'Union Protestante d'Allemagne, d'autres secours que deux guerriers qui avaient chacun une petite armée vagabonde, comme les *Condottieri* d'Italie : l'un était un Prince de Brunswick, qui n'avait pour tout Etat que l'administration, ou l'usurpation de l'Evêché d'Halberstadt ; il s'intitulait *ami de* DIEU, & *ennemi des Prêtres*, & méritait ce dernier titre, puisqu'il ne subsistait que du pillage des églises : l'autre soutien de ce parti alors ruiné était un avanturier bâtard de la Maison de *Mansfeld*, aussi digne du titre d'*ennemi des Prêtres* que le Prince de Brunswick. Ces deux secours pouvaient bien servir à désoler une partie de l'Allemagne, mais non pas à rétablir le Palatin, & l'équilibre des Princes. L'Empereur affermi alors en Allemagne, assemble une Diète à Ratisbonne, dans laquelle il déclare que *l'Electeur Palatin s'étant rendu criminel de Léze-Majesté, ses Etats, ses biens, ses Dignités, sont dévolus au Domaine Impérial*; mais que ne voulant pas diminuer le nombre des Electeurs, il veut, commande, & ordonne, que Maximilien de Baviére soit investi de l'Electorat Palatin. Il donna en effet cette investiture du haut du Trône, & son Vice-Chancelier prononça que l'Empereur conferait cette Dignité de *sa pleine puissance*.

CH. CLXXIV.

Deux Princes déclarent la guerre à tous les Prêtres.

1623. Empereur absolu.

La

Ch. CLXXIV.

Dévastation de l'Allemagne.

La Ligue Protestante près d'être écrasée, fit de nouveaux efforts pour prévenir sa ruine entiére. Elle mit à sa tête le Roi de Dannemarck *Christiern IV*. L'Angleterre fournit quelque argent ; mais ni l'argent des Anglais, ni les troupes de Dannemarck, ni *Brunswick*, ni *Mansfeld*, ne prévalurent contre l'Empereur, & ne servirent qu'à dévaster l'Allemagne. *Ferdinand II.* triomphait de tout par les mains de ses deux Généraux, le Duc de *Valstein*, & le Comte *Tilly*. Le Roi de Dannemarck était toûjours battu à la tête de ses armées, & *Ferdinand* sans sortir de sa maison était victorieux & tout-puissant.

L'Italie esclave.

Il mettait au ban de l'Empire le Duc de Meckelbourg l'un des Chefs de l'Union Protestante, & donnait ce Duché à *Valstein* son Général. Il proscrivait de même le Duc Charles de Mantoue, pour s'être mis en possession sans ses ordres de son pays qui lui appartenait par les droits du sang. Les troupes Impériales surprirent & saccagèrent Mantoue ; elles répandirent la terreur en Italie. Il commençait à resserrer cette ancienne chaine qui avait lié l'Italie à l'Empire, & qui était relâchée depuis si longtems. Cent cinquante mille soldats, qui vivaient à discrétion dans l'Allemagne, rendaient sa puissance absolue. Cette puissance s'exerçait alors sur un peuple bien malheureux ; on en peut juger par la monnoye, dont la valeur numeraire était alors quatre fois au-dessus de la valeur ancienne, & qui était encor alterée. Le Duc de de *Valstein* disait publiquement, que le tems était venu de réduire les Electeurs à la condition des Ducs & Pairs de France, & les Evèques à la qualité de Chapelains de l'Empereur. C'est ce même *Valstein* qui voulut depuis se rendre indépendant, & qui ne voulait asservir ses Supérieurs, que pour s'élever sur eux.

N. CLXXIV.

L'usage que *Ferdinand II*. faisait de son bonheur & de sa puissance, fut ce qui détruisit l'un & l'autre. Il voulut se mêler en Maître des affaires de la Suéde & de la Pologne, & prendre parti contre le jeune *Gustave Adolphe*, qui soutenait alors ses prétentions contre le Roi de Pologne *Sigismond* son parent. Ainsi ce fut lui-même qui en forçant ce Prince à venir en Allemagne, prépara sa propre ruine. Il hâta encor son malheur, en réduisant les Princes Protestans au désespoir.

Ferdinand II. se croit arbitre de l'Europe.

Ferdinand II. se crut avec raison assez puissant pour casser la paix de Passau faite par *Charles-Quint*, pour ordonner de sa seule autorité à tous les Princes, à tous les Seigneurs, de rendre les Evêchés & les Bénéfices dont ils s'étaient emparés. Cet Edit est encor plus fort que celui de la révocation de l'Edit de Nantes, qui a fait tant de bruit sous *Louïs XIV*. Ces deux entreprises semblables ont eu des succès bien différens. *Gustave Adolphe* appellé alors par les Princes Protestans que le Roi de Dannemarck n'osait plus secourir, vint les venger en se vengeant lui-même.

1629.

H. G. Tom. V.   H   L'Em-

Cн. clxxiv.

Tout s'unit contre Ferdinand II

Le grand Guftave en Allemagne.

L'Empereur voulait rétablir l'Eglife pour en être le Maître; & le Cardinal de *Richelieu* fe déclara contre lui. Rome même le traverfa. La crainte de fa puiffance était plus forte que l'intérêt de la Religion. Il n'était pas plus extraordinaire que le Miniftre du Roi Très-Chrétien, & la Cour de Rome même, foutinffent le parti Proteftant contre un Empereur redoutable, qu'il ne l'avait été de voir *François I.* & *Henri II.* ligués avec les Turcs contre *Charles-Quint*. C'eft la plus forte démonftration que la Religion fe tait quand l'intérêt parle.

On aime à attribuer toutes les grandes chofes à un feul homme, quand il en a fait quelques-unes. C'eft un préjugé fort commun en France, que le Cardinal de *Richelieu* attira feul les armes de *Guftave Adolphe* en Allemagne, & prépara feul cette révolution. Mais il eft évident qu'il ne fit autre chofe que profiter des conjonctures. *Ferdinand II.* avait en effet déclaré la guerre à *Guftave*; il voulait lui enlever la Livonie, dont ce jeune Conquérant s'était emparé; il foutenait contre lui *Sigifmond* fon Compétiteur au Royaume de Suéde; il lui refufait le titre de Roi. L'intérêt, la vengeance & la fierté appellaient *Guftave* en Allemagne; & quand même, lorfqu'il fut en Poméranie, le Miniftère de France ne l'eût pas affifté de quelque argent, il n'en aurait pas moins tenté la fortune des armes dans une guerre déja commencée.

Il

Il était vainqueur en Poméranie, quand la France fit son Traité avec lui. Trois cent mille francs une fois payés, & neuf cent mille par an qu'on lui donna, n'étaient ni un objet important, ni un grand effort de politique, ni un secours suffisant. *Gustave Adolphe* fit tout par lui-même. Arrivé en Allemagne avec moins de quinze mille hommes, il en eut bientôt près de quarante mille, en recrutant dans le pays qui les nourrissait, en faisant servir l'Allemagne même à ses conquêtes en Allemagne. Il force l'Electeur de Brandebourg à lui assurer la forteresse de Spandau & tous les passages; il force l'Electeur de Saxe à lui donner ses propres troupes à commander.

{C. CLXXIV. 1631. Succès de Gustave.}

L'Armée Impériale commandée par *Tilly* est entiérement défaite aux portes de Leipzig. Tout se soumet à lui des bords de l'Elbe à ceux du Rhin. Il rétablit tout d'un coup le Duc de Meckelbourg dans ses Etats à un bout de l'Allemagne, & il est déja à l'autre bout, dans le Palatinat, après avoir pris Mayence.

{Bataille de Leipzig. 17. Sept. 1631.}

L'Empereur immobile dans Vienne, tombé en moins d'une Campagne de ce haut degré de grandeur qui avait paru si redoutable, est réduit à demander au Pape *Urbain VIII.* de l'argent, & des troupes; on lui refusa l'un & l'autre. Il veut engager la Cour de Rome à publier une Croisade contre *Gustave*. Le Saint Père promet un Jubilé au lieu de Croisade. *Gustave* traverse en victorieux toute l'Allemagne; il amène dans Munich l'Electeur Palatin, qui

{Le Pape bien aise.}

eut du moins la confolation d'entrer dans le Palais de celui qui l'avait dépoffedé. Cet Electeur allait être rétabli dans fon Palatinat, & même dans le Royaume de Bohême, par les mains du Conquérant, lorfqu'à la feconde bataille auprès de Leipzig, dans les plaines de Lützen, *Guftave* fut tué au milieu de fa victoire. Cette mort fut fatale au Palatin, qui étant alors malade, & croyant être fans reffource, termina fa malheureufe vie.

Si l'on demande comment autrefois des effains venus du Nord conquirent l'Empire Romain, qu'on voye ce que *Guftave* a fait en deux ans contre des Peuples plus belliqueux que n'était alors cet Empire, & on ne fera point étonné.

C'eft un événement bien digne d'attention, que ni la mort de *Guftave*, ni la minorité de fa fille *Chriftine* Reine de Suéde, ni la fanglante défaite des Suédois à Nortlingue, ne nuifit point à la conquête. Ce fut alors que le Miniftère de France joua en effet le rôle principal : il fit la loi aux Suédois, & aux Princes Proteftans d'Allemagne, en les foutenant ; & ce fut ce qui valut depuis l'Alface au Roi de France, aux dépens de la Maifon d'Autriche.

Guftave Adolphe avait laiffé après lui de très grands Généraux qu'il avait formés : c'eft ce qui eft arrivé à prefque tous les Conquérans. Ils furent fecondés par un Héros de la Maifon de Saxe, *Bernard de Veimar*, defcendant de l'ancienne branche Electorale, dépoffedée par

Charles-

Charles-Quint, & respirant encor la haine contre la Maison d'Autriche. Ce Prince n'avait pour tout bien qu'une petite armée qu'il avait levée dans ces tems de trouble, formée & aguerrie par lui, & dont la solde était au bout de leurs épées. La France payait cette armée, & payait alors les Suédois. L'Empereur qui ne sortait point de son cabinet, n'avait plus de grand Général à leur opposer. Il s'était défait lui-même du seul homme qui pouvait rétablir ses armes & son Trône; il craignit que ce fameux Duc de *Valstein*, auquel il avait donné un pouvoir sans bornes sur ses armées, ne se servît contre lui de ce pouvoir dangereux. Il fit assassiner ce Général, qui voulait être indépendant.

C'est ainsi que *Ferdinand I.* s'était défait par un assassinat du Cardinal *Martinusius*, trop puissant en Hongrie, & que *Henri III.* avait fait périr le Cardinal & le Duc de *Guise*.

Si *Ferdinand II.* avait commandé lui-même ses armées, comme il le devait dans ces conjonctures critiques, il n'eût point eu besoin de recourir à cette vengeance des faibles, qu'il crut nécessaire, & qui ne le rendit pas plus heureux.

Jamais l'Allemagne ne fut plus humiliée que dans ce tems: un Chancelier Suédois y dominait, & y tenait sous sa main tous les Princes Protestans. Ce Chancelier *Oxenstiern*, animé d'abord de l'esprit de *Gustave Adolphe* son Maître, ne voulait point que les François parta-

CH. CLXXIV.

Valstein assassiné.

3. Févr. 1634.

Oxenstiern.

CH.
CLXXIV.

Veimar.

partageassent le fruit des conquêtes de *Gustave*; mais après la bataille de Nortlingue il fut obligé de prier le Ministre Français de daigner s'emparer de l'Alsace, sous le titre de Protecteur. Le Cardinal de *Richelieu* promit l'Alsace à *Bernard de Veimar*, & fit ce qu'il put pour l'assurer à la France. Jusques-là ce Ministère avait temporisé, & agi sous main; mais alors il éclata. Il déclara la guerre aux deux branches de la Maison d'Autriche, affaiblies toutes les deux en Espagne & dans l'Empire. C'est là le fort de cette guerre de trente années. La France, la Suéde, la Hollande, la Savoye, attaquaient à la fois la Maison d'Autriche, & le vrai système de *Henri IV.* était suivi.

Mort de Ferdinand II. 15. Févr. 1637.

Ferdinand II. mourut dans ces tristes circonstances à l'âge de cinquante-neuf ans, après dix-huit ans d'un régne toujours troublé par des guerres intestines & étrangères, n'ayant jamais combattu que de son cabinet. Il fut très malheureux, puisque dans ses succès il se crut obligé d'être sanguinaire, & qu'il fallut soutenir ensuite de grands revers. L'Allemagne était plus malheureuse que lui; ravagée tour-à-tour par elle-même, par les Suédois & les Français, éprouvant la famine, la disette, & plongée dans la barbarie, suite inévitable d'une guerre si longue & si malheureuse.

Ferdinand II. a été loué comme un grand Empereur, & l'Allemagne ne fût jamais plus à plaindre que sous son gouvernement; elle avait été heureuse sous ce *Rodolphe II.* qu'on méprise.

Fer-

Ferdinand II. laissa l'Empire à son fils *Ferdinand III.* déja élu Roi des Romains ; mais il ne lui laissa qu'un Empire déchiré, dont la France & la Suéde partagèrent les dépouilles.

Sous le régne de *Ferdinand III.* la puissance Autrichienne déclina toûjours. Les Suédois établis dans l'Allemagne n'en sortirent plus ; la France jointe à eux soutenait toûjours le parti Protestant de son argent & de ses armes ; & quoiqu'elle fût elle-même embarrassée dans une guerre d'abord malheureuse contre l'Espagne, quoique le Ministère eût souvent des conspirations ou des guerres civiles à étouffer, cependant elle triompha de l'Empire, comme un homme blessé terrasse avec du secours un ennemi plus blessé que lui.

Le Duc *Bernard de Veimar*, descendant de l'infortuné Duc de Saxe dépossédé par *Charles-Quint*, vengea sur l'Autriche les malheurs de sa race. Il avait été l'un des Généraux de *Gustave*, & il n'y eut pas un seul de ces Généraux qui depuis sa mort ne soutint la gloire de la Suéde. Le Duc de *Veimar* fut le plus fatal de tous à l'Empereur. Il avait commencé à la vérité par perdre la grande bataille de Nortlingue ; mais ayant depuis rassemblé avec l'argent de la France une armée qui ne reconnaissait que lui, il gagna quatre batailles en moins de quatre mois contre les Impériaux. Il comptait se faire une Souveraineté le long du Rhin. La France même lui garantissait par son Traité la possession de l'Alsace.

Cн.
CLXXIV.

1639.

Ce nouveau Conquérant mourut à trente-cinq ans, & légua fon armée à fes frères, comme on lègue fon patrimoine. Mais la France, qui avait plus d'argent que les frères du Duc de *Veimar*, acheta l'armée, & continua les conquêtes pour elle. Le Maréchal de *Guébriant*, le Vicomte de *Turenne*, & le Duc d'*Enghien* depuis le grand *Condé*, achevèrent ce que le Duc de *Veimar* avait commencé. Les Généraux Suédois *Bannier* & *Torſtenſon* preſſaient l'Autriche d'un côté, tandis que *Turenne* & *Condé* l'attaquaient de l'autre.

Paix de Veſtphalie.
1648.

Ferdinand III. fatigué de tant de ſecouſſes, fut obligé de conclure enfin la paix de Veſtphalie. Les Suédois & les Français furent par ce fameux Traité les Légiſlateurs de l'Allemagne dans la Politique & dans la Religion. La querelle des Empereurs & des Princes de l'Empire, qui durait depuis ſept cent ans, fut enfin terminée. L'Allemagne fut une grande Ariſtocratie compoſée d'un Roi, des Électeurs, des Princes, & des Villes Impériales. Il falut que l'Allemagne épuiſée payât encor cinq millions de rixdalers aux Suédois, qui l'avaient dévaſtée & pacifiée. Les Rois de Suéde devinrent Princes de l'Empire, en ſe faiſant céder la plus belle partie de la Poméranie, Stettin, Viſmar, Rugen, Verden, Brême, & des Territoires conſidérables. Le Roi de France devint Landgrave d'Alſace, ſans être Prince de l'Empire.

La Maiſon Palatine fut enfin rétablie dans ſes droits, excepté dans le haut Palatinat, qui

demeu-

demeura à la branche de Baviére. Les préten- Cᴴ. tions des moindres Gentilshommes furent dif- ᴄʟxxɪv. cutées devant les Plénipotentiaires, comme dans une Cour suprême de Justice. Il y eut cent quarante restitutions d'ordonnées, & qui furent faites. Les trois Religions, la Romaine, la Luthérienne, & la Calviniste, furent également autorisées. La Chambre Impériale fut composée de vingt-quatre Membres Protestans, & de vingt-six Catholiques, & l'Empereur fut obligé de recevoir six Protestans jusques dans son Conseil Aulique à Vienne.

L'Allemagne sans cette paix fût devenue ce Etat de qu'elle était sous les descendans de *Charlema-* l'Alle‑ *gne*, un pays presque sauvage. Les villes étaient magne. ruinées de la Silésie jusqu'au Rhin, les campagnes en friche, les villages déserts : la ville de Magdebourg, réduite en cendres par le Général Impérial *Tilly*, n'était point rebâtie : le commerce d'Augsbourg & de Nuremberg avait péri. Il ne restait guères de manufactures que celles de fer & d'acier : l'argent était d'une rareté extrême ; toutes les commodités de la vie ignorées ; les mœurs se ressentaient de la dureté que trente ans de guerre avaient mise dans tous les esprits. Il a fallu un siécle entier pour donner à l'Allemagne tout ce qui lui manquait. Les Réfugiés de France ont commencé à y porter cette réforme, & c'est de tous les pays celui qui a tiré le plus d'avantage de la révocation de l'Edit de Nantes. Tout le reste s'est fait de soi-même & avec le tems. Les Arts

Сн.
CLXXIV.

se communiquent toûjours de proche en proche ; & enfin l'Allemagne est devenue aussi florissante que l'étoit l'Italie au seizième siécle, lorsque tant de Princes entretenaient à l'envi dans leurs Cours la magnificence & la politesse.

C. CENT-SOIXANTE ET QUINZIEME.

DE L'ANGLETERRE

JUSQU'A L'ANNÉE MDCXLI.

Décadence passagère de l'Angleterre.

SI l'Espagne s'affaiblit après *Philippe II.*, si la France tomba dans la décadence & dans le trouble après *Henri IV.* jusqu'aux grands succès du Cardinal de *Richelieu*, l'Angleterre déchut longtems depuis le Régne d'*Elisabeth*. Son Successeur *Jacques I.* devait avoir plus d'influence qu'elle dans l'Europe, puisqu'il joignait à la Couronne d'Angleterre celle d'Ecosse ; & cependant son Régne fut bien moins glorieux.

Il est à remarquer, que les Loix de la succession au Trône n'avaient pas en Angleterre cette sanction & cette force incontestable qu'elles ont en France & en Espagne. On compte pour un des droits de *Jacques* le Testament d'*Elisabeth* qui l'appellait à la Couronne : & *Jacques* avait craint de n'être pas nommé dans

1603.

le Testament d'une Reine respectée, dont les dernières volontés auraient pû diriger la Nation.

CH. CLXXV.

Malgré ce qu'il devait au Testament d'*Elisabeth*, il ne porta point le deuil de la meurtrière de sa mére. Dès qu'il fut reconnu Roi, il crut l'ètre de Droit Divin; il se faisait traiter par cette raison de *Sacrée Majesté*. Ce fut là le prémier fondement du mécontentement de la Nation, & des malheurs inouïs de son fils & de sa postérité.

Dans le tems paisible des prémiéres années de son Régne, il se forma la plus horrible conspiration qui soit jamais entrée dans l'esprit humain: tous les autres complots qu'ont produit la vengeance, la politique, la barbarie des guerres civiles, le fanatisme même, n'aprochent pas de l'atrocité de la conjuration des poudres. Les Catholiques Romains d'Angleterre s'étaient attendus à des condescendances que le Roi n'eut point pour eux; quelques-uns possédés plus que les autres de cette fureur de parti, & de cette mélancholie sombre qui détermine aux grands crimes, résolurent de faire régner leur Religion en Angleterre, en exterminant d'un seul coup le Roi, la Famille Royale, & tous les Pairs du Royaume. Un *Perci*, de la Maison de *Northumberland*, un *Catesbi*, & plusieurs autres, conçurent l'idée de mettre trente six tonneaux de poudre sous la chambre où le Roi devait haranguer son Parlement. Jamais crime ne fut d'une exécution plus

Conspiration des poudres.

Févr. 1605.

plus facile, & jamais succès ne parut plus assuré. Personne ne pouvait soupçonner une entreprise si inouïe ; aucun empêchement n'y pouvait mettre obstacle. Les trente-six barils de poudre achetés en Hollande en divers tems, étaient déja placés sous les solives de la chambre, dans une cave de charbon louée depuis plusieurs mois par *Perci*. On n'attendait que le jour de l'assemblée ; il n'y aurait eu à craindre que le remords de quelque Conjuré ; mais les Jésuites *Garnet* & *Oldecorn*, auxquels ils s'étaient confessés, avaient écarté les remords. *Perci* qui allait sans pitié faire périr la Noblesse & le Roi, eut pitié d'un de ses amis nommé *Montéagle*, Pair du Royaume ; & ce seul mouvement d'humanité fit avorter l'entreprise. Il écrivit par une main étrangére à ce Pair : *Si vous aimez vôtre vie, n'assistez point à l'ouverture du Parlement;* Dieu *& les hommes concourent à punir la perversité du tems : le danger sera passé en aussi peu de tems que vous en mettrez à bruler cette lettre.*

Perci dans sa sécurité ne croyait pas possible qu'on devinât que le Parlement entier devait périr par un amas de poudre : cependant, la lettre ayant été lue dans le Conseil du Roi, & personne n'ayant pû conjecturer la nature du complot, dont il n'y avait pas le moindre indice, le Roi réfléchissant sur le peu de tems que le danger devait durer, imagina précisément quel était le dessein des Conjurés. On va par son ordre, la nuit même qui précédait

le

le jour de l'assemblée, visiter les caves sous la salle : on trouve un homme à la porte, avec une méche, & un cheval qui l'attendait : on trouve les trente-six tonneaux.

Ch. CLXXV.

Perci & les Chefs au prémier avis de la découverte eurent encor le tems de rassembler cent Cavaliers Catholiques, & vendirent chérement leurs vies. Huit Conjurés seulement furent pris & exécutés. Les deux Jésuites périrent du même supplice. Le Roi soutint publiquement qu'ils avaient été légitimement condamnés : leur Ordre les soutint innocens, & en fit des Martyrs. Tel était l'esprit du tems dans tous les pays où les querelles de la Religion aveuglaient & pervertissaient les hommes.

Jésuites exécutés.

Cependant la conspiration des poudres fut le seul grand exemple d'atrocité que les Anglais donnèrent au Monde sous le Régne de *Jacques I*. Loin d'être persécuteur, il embrassait ouvertement le Tolérantisme ; il censura vivement les Presbytériens, qui enseignaient alors que l'Enfer est nécessairement le partage de tout Catholique Romain.

Son Régne fut une paix de vingt-deux années : le Commerce florissait ; la Nation vivait dans l'abondance. Ce Régne fut pourtant méprisé au déhors & au dedans ; il le fut au déhors, parce qu'étant à la tête du parti Protestant en Europe, il ne le soutint pas contre le parti Catholique dans sa grande crise de la guerre de Bohème, & que *Jacques* abandonna son gendre l'Electeur Palatin ; négotiant quand

il

Ch. CLXXV.

Jacques sans crédit.

il fallait combattre; trompé à la fois par la Cour de Vienne & par celle de Madrid; envoyant toûjours de célèbres Ambaſſades, & n'ayant jamais d'Alliés.

Son peu de crédit chez les Nations étrangères contribua beaucoup à le priver de celui qu'il devait avoir chez lui. Son autorité en Angleterre éprouva un grand déchet par le creuſet où il la mit lui-même en voulant lui donner trop de poids & trop d'éclat, ne ceſſant de dire à ſon Parlement que Dieu l'avait fait Maître abſolu, que tous leurs priviléges n'étaient que des conceſſions de la bonté des Rois. Par là il excitait les Parlemens à examiner les bornes de l'autorité Royale & l'étendue des droits de la Nation. On chercha dès-lors à poſer des limites qu'on ne connaiſſait pas bien encore.

L'éloquence du Roi ne ſervit qu'a lui attirer des critiques ſévères : on ne rendit pas à ſon érudition toute la juſtice qu'il croyait mériter. *Henri IV.* ne l'appellait jamais que *Maître Jacques*; & ſes ſujets ne lui donnaient pas des titres plus flateurs. Auſſi il diſait à ſon Parlement : *Je vous ai joué de la flutte, & vous n'avez point danſé; je vous ai chanté des lamentations, & vous n'avez point été attendris.* Mettant ainſi ſes droits en compromis par de vains diſcours mal reçus, il n'obtint preſque jamais l'argent qu'il demandait. Ses libéralités & ſon indigence l'obligèrent, comme pluſieurs autres Princes, de vendre des Dignités & des titres que la vanité paye toûjours chèrement. Il créa

créa deux cent Chevaliers Baronnets héréditaires ; ce faible honneur fut payé deux mille livres sterling par chacun d'eux. Toute la prérogative de ces Baronnets consistait à passer devant les Chevaliers : ni les uns ni les autres n'entraient dans la Chambre des Pairs ; & le reste de la Nation fit peu de cas de cette distinction nouvelle.

Ce qui aliéna surtout les Anglais de lui, ce fut son abandonnement à ses Favoris. *Louïs XIII.*, *Philippe III.* & *Jacques* avaient en même tems le même faible ; & tandis que *Louïs XIII.* était absolument gouverné par *Cadenet* créé Duc de *Luines*, *Philippe III.* par *Sandoval* fait Duc de *Lerme*, *Jacques* l'était par un Ecossais nommé *Carr*, qu'il fit Comte de Sommerset ; & depuis il quitta ce Favori pour *George Villers*, comme une femme abandonne un amant pour un autre.

Ce *George Villers* est ce même *Buckingham* fameux alors dans l'Europe par les agrémens de sa figure, par ses galanteries, & par ses prétentions. Il fut le prémier Gentilhomme qui fut Duc en Angleterre, sans être parent ou allié des Rois. C'était un de ces caprices de l'esprit humain, qu'un Roi Théologien écrivant sur la controverse se livrât sans réserve à un Héros de Roman. *Buckingham* mit dans la tête du Prince de Galles, qui fut depuis l'infortuné *Charles I.* d'aller déguisé & sans aucune suite faire l'amour dans Madrid à l'Infante d'Espagne, dont on ménageait alors le mariage

Cʜ.
CLXXV.

ge avec ce jeune Prince ; s'offrant à lui fervir d'Ecuyer dans ce voyage de Chevalerie errante. *Jacques* que l'on appellait le *Salomon d'Angleterre*, donna la main à cette bizarre avanture, dans laquelle il hazardait la fureté de fon fils. Plus il fut obligé de ménager alors la branche d'Autriche, moins il put fervir la caufe Proteftante, & celle du Palatin fon gendre.

Pour rendre l'avanture complette, le Duc de *Buckingham* amoureux de la Duchefle d'*Olivarés*, outragea de paroles le Duc fon mari, Prémier Miniftre, rompit le mariage avec l'Infante, & ramena le Prince de Galles en Angleterre auffi précipitamment qu'il en était parti. Il négocia auffi-tôt le mariage de *Charles* avec *Henriette* fille de *Henri IV*. & fœur de *Louïs XIII.*; & quoiqu'il fe laiffât emporter en France à de plus grandes témérités qu'en Efpagne, il réuffit. Mais *Jacques* ne regagna jamais dans fa Nation le crédit qu'il avait perdu. Ces prérogatives de la Majefté Royale, qu'il mêlait dans tous fes difcours, & qu'il ne foutint pas par fes actions, firent naître une faction qui depuis renverfa le Trône, & en difpofa plus d'une fois après l'avoir fouillé de fang. Cette faction fut celle des Puritains, qui fubfifte encor en partie fous le nom de *Wigs*; & le parti oppofé, qui fut celui de l'Eglife Anglicane, & de l'autorité Royale, a pris le nom de *Toris*. Ces animofités infpirèrent dès-lors à la Nation un efprit de dureté, de violence & de trifteffe, qui étouffa le germe des Sciences & des Arts à peine dévelopé. Quel-

Quelques génies du tems d'*Elisabeth* avaient défriché le champ de la Littérature, toûjours inculte jusqu'alors en Angleterre. *Shakespear*, & après lui *Benjonson*, avaient dégrossi le Théatre. *Spencer* avait ressuscité la Poésie épique. *François Bacon* plus estimable dans ses travaux littéraires que dans sa place de Chancelier, ouvrait une carriére toute nouvelle à la Philosophie. Les esprits se polissaient, s'éclairaient. Les disputes du Clergé & les animosités entre le parti Royal & le Parlement, ramenèrent la barbarie.

Ch. CLXXV.

Sciences & Arts.

Les limites du Pouvoir Royal, des Priviléges Parlementaires, & des libertés de la Nation, étaient difficiles à discerner, tant en Angleterre qu'en Ecosse. Celles des droits de l'Episcopat Anglican & Ecossais ne l'étaient pas moins. *Henri VIII.* avait renversé toutes les barriéres ; *Elisabeth* en trouva quelques-unes nouvellement posées, qu'elle abaissa & qu'elle releva avec dextérité. *Jacques I.* disputa ; il ne les abatit point ; mais il prétendit qu'il falait les abattre toutes : & la Nation avertie par lui se préparait à les défendre. *Charles I.* bientôt après son avénement, voulut faire ce que son pére avait trop proposé & qu'il n'avait point fait.

Querelles de Religion.

1625. & suiv.

L'Angleterre était en possession, comme l'Allemagne, la Pologne, la Suéde, le Dannemarck, d'accorder a ses Souverains des Subsides, comme un don libre & volontaire. *Charles I.* voulut secourir l'Electeur Palatin son beau-

Argent, autre querelle plus forte.

H. G. Tom. V. I

Ch.
CLXXV.

beau-frére, & les Proteſtans, contre l'Empereur. *Jacques* ſon pére avait enfin entamé ce deſſein la derniére année de ſa vie, lorſqu'il n'en était plus tems. Il falait de l'argent pour envoyer des troupes dans le bas Palatinat ; il en fallait pour les autres dépenſes ; ce n'eſt qu'avec ce métal qu'on eſt puiſſant, depuis qu'il eſt devenu le ſigne repréſentatif de toutes choſes. Le Roi en demandait comme une dette ; le Parlement n'en voulait accorder que comme un don gratuit ; & avant de l'accorder il voulait que le Roi réformât des abus. Si on attendait dans chaque Royaume que tous les abus fuſſent réformés pour avoir de quoi lever des troupes, on ne ferait jamais la guerre. *Charles I.* était déterminé par ſa ſœur la Princeſſe Palatine à cet armement ; c'était elle qui avait forcé le Prince ſon mari à recevoir la Couronne de Bohème, qui enſuite avait pendant cinq ans entiers ſollicité le Roi ſon pére à la ſecourir, & qui enfin obtenait par les inſpirations du Duc de *Buckingham* un ſecours ſi longtems différé. Le Parlement ne donna qu'un très léger ſubſide. Il y avait quelques exemples en Angleterre de Rois, qui ne voulant point aſſembler de Parlement, & ayant beſoin d'argent, en avaient extorqué des particuliers par voie d'emprunt. Le prêt était forcé : celui qui prêtait perdait d'ordinaire ſon argent, & celui qui ne prêtait pas était mis en priſon. Ces moyens tyranniques avaient été mis en uſage dans des occaſions où un Roi

affermi

affermi & armé pouvait exercer impunément quelques vexations. *Charles I.* se servit de cette voie, qu'il adoucit ; il emprunta quelques deniers, avec lesquels il eut une flotte & des soldats qui revinrent sans avoir rien fait.

Ch. CLXXV.

Il falut assembler un Parlement nouveau. La Chambre des Communes au lieu de secourir le Roi, poursuivit son Favori le Duc de *Buckingham*, dont la puissance & la fierté révoltaient la Nation. *Charles* loin de souffrir l'outrage qu'on lui faisait dans la personne de son Ministre, fit mettre en prison deux Membres de la Chambre des plus ardens à l'accuser. Cet acte de Despotisme qui violait les Loix, ne fut pas soutenu ; & la faiblesse avec laquelle il relâcha les deux prisonniers, enhardit contre lui les esprits, que la détention de ces deux Membres avait irrités. Il mit en prison pour le même sujet un Pair du Royaume, & le relâcha de même. Ce n'était pas le moyen d'obtenir des subsides ; aussi n'en eut-il point. Les emprunts forcés continuèrent. On logea des gens de guerre chez les Bourgeois qui ne voulurent pas prêter, & cette conduite acheva d'aliéner tous les cœurs. Le Duc de *Buckingham* augmenta le mécontentement général par son expédition infructueuse à la Rochelle. Un nouveau Parlement fut convoqué ; mais c'était assembler des Citoyens irrités : ils ne songeaient qu'à rétablir les droits de la Nation & du Parlement ; ils votèrent que la fameuse Loi *Habeas Corpus*,

1626. Parlement, autre querelle.

1627.

la

la gardienne de la liberté, ne devait jamais recevoir d'atteinte; qu'aucune levée de deniers ne devait être faite que par Acte du Parlement; & que c'était violer la liberté, & la propriété, de loger les gens de guerre chez les Bourgeois. Le Roi s'opiniâtrant toûjours à soutenir son autorité, & à demander de l'argent, affaiblissait l'une, & n'obtenait point l'autre. On voulait toûjours faire le procès au Duc de *Buckingham*. Un Irlandais fanatique rendu furieux par cette animosité générale, assassina le Prémier Ministre dans sa propre maison, & au milieu de ses Courtisans: ce coup fit voir quelle fureur commençait dèslors à saisir la Nation.

Il y avait un petit droit sur l'importation & l'exportation des Marchandises, qu'on nommait *droit de tonnage & de pondage*. Le feu Roi en avait toûjours joui par Acte du Parlement, & *Charles* croyait n'avoir pas besoin d'un second Acte. Trois Marchands de Londres ayant refusé de payer cette petite taxe, les Officiers de la Douane saisirent leurs marchandises. Un de ces trois Marchands était Membre de la Chambre basse. Cette Chambre ayant à soutenir à la fois ses libertés & celles du peuple, poursuivit les Commis du Roi. Le Roi irrité cassa le Parlement, & fit emprisonner quatre Membres de la Chambre. Ce sont là les faibles & prémiers principes qui bouleversèrent tout l'Etat, & qui ensanglantèrent le Trône.

A ces sources du malheur public se joignit le

le torrent des dissensions Ecclésiastiques en E-
cosse. *Charles* voulut remplir les projets de son
pére dans la Religion comme dans l'Etat. L'E-
piscopat n'avait point été aboli en Ecosse au
tems de la Réformation, avant *Marie Stuart*;
mais ces Evêques Protestans étaient subjugués
par les Presbytériens. Une République de Prêtres égaux entr'eux gouvernait le peuple Ecossais. C'était le seul pays de la Terre où les honneurs & les richesses ne rendaient pas les Evêques puissans. La séance au Parlement, les
droits honorifiques, les revenus de leur siége
leur étaient conservés; mais ils étaient Pasteurs sans troupeau, & Pairs sans crédit. Le
Parlement Ecossais, tout Presbytérien, ne laissait subsister les Evêques que pour les avilir.
Les anciennes Abbayes étaient entre les mains
des Séculiers, qui entraient au Parlement en
vertu de ce titre d'Abbé. Peu à peu le nombre
de ces Abbés titulaires diminua. *Jacques I.* rétablit l'Episcopat dans tous ses droits. Le Roi
d'Angleterre n'était pas reconnu Chef de l'E-
glise en Ecosse; mais étant né dans le pays,
& prodiguant l'argent Anglais, les pensions,
& les Charges à plusieurs membres, il était
plus maître à Edimbourg qu'à Londres. Le ré-
tablissement de l'Episcopat n'empêcha pas l'assemblée Presbytérienne de subsister. Ces deux
Corps se choquèrent toûjours; & la République Synodale l'emporta toûjours sur la Monarchie Episcopale. *Jacques* qui regardait les
Evêques comme attachés au Trône, & les Cal-

Cʜ. CLXXV.
Eglise d'Ecosse, autre querelle.

Ch.
CLXXV.

vinistes Presbytériens comme ennemis du Trône, crut qu'il réunirait enfin le Peuple Ecossais aux Evêques, en faisant recevoir une Liturgie nouvelle, qui était précisément la Liturgie Anglicane. Il mourut avant d'accomplir ce dessein, que *Charles* son fils voulut exécuter.

Liturgie, autre querelle. 1637.

La Liturgie consistait dans quelques formules de priéres, dans quelques cérémonies, dans un surplis que les Célébrans devaient porter à l'Eglise. A peine l'Evêque d'Edimbourg eut fait lecture dans l'Eglise des Canons qui établissaient ces usages indifférens, que le Peuple s'éleva contre lui en fureur, & lui jetta des pierres. La sédition passa de ville en ville. Les Presbytériens firent une Ligue, comme s'il s'était agi du renversement de toutes les Loix divines & humaines. D'un côté cette passion si naturelle aux Grands, de soutenir leurs entreprises, & de l'autre la fureur populaire, excitèrent une guerre civile en Ecosse.

Le Card. de Richelieu fomente toutes ces querelles.

On ne sçut pas alors ce qui la fomentait, & ce qui prépara la fin tragique de *Charles*; c'était le Cardinal de *Richelieu*. Ce Ministre Roi voulant empêcher *Marie de Médicis* de trouver un asyle en Angleterre chez sa fille, & engager *Charles* dans les intérêts de la France, essuya du Monarque Anglais, plus fier que politique, des refus qui l'aigrirent. On lit dans une Lettre du Cardinal au Comte d'*Estrades*, alors Envoyé en Angleterre, ces propres mots bien remarquables, que nous avons déja raportés :

portés : *Le Roi & la Reine d'Angleterre se re-* **Ch.**
pentiront, avant qu'il soit un an, d'avoir né- **CLXXV.**
gligé mes offres ; on connaitra bientôt qu'on ne
doit pas me méprifer. 1637.

 Il avait parmi les Secrétaires un Prêtre Ir- Il en-
landais qu'il envoya à Londres & à Edimbourg voye un
femer la difcorde avec de l'argent parmi les Prêtre
Puritains ; & la Lettre au Comte d'*Eſtrades* eſt pour fai-
encor un monument de cette manœuvre. Si on ter l'E-
ouvrait toutes les Archives, on y verrait tou- coſſe.
jours la Religion immolée à l'intérêt & à la
vengeance.

 Les Ecoſſais armèrent. *Charles* eut recours
au Clergé Anglican, & même aux Catholiques
d'Angleterre, qui tous haïſſaient également les
Puritains. Ils ne lui fournirent de l'argent, que
parce que c'était une guerre de Religion ; &
il eut même juſqu'à vingt mille hommes pour
quelques mois. Ces vingt mille hommes ne lui
fervirent guères qu'à négocier ; & quand la plus
grande partie de cette armée fut diſſipée faute de paye, les négociations devinrent plus
difficiles. Il fallut donc fe réfoudre encor à la 1638. &
guerre. On trouve peu d'exemples dans l'Hif- ſuiv.
toire d'une grandeur d'ame pareille à celle des
Seigneurs qui compoſaient le Conſeil ſecret du
Roi : ils lui ſacrifièrent tous une grande partie de leurs biens. Le célèbre *Laud* Archevêque de Cantorbery, le Marquis *Hamilton* ſurtout, fe ſignalèrent dans cette générofité ; &
le fameux Comte de *Strafford* donna feul vingt
mille livres ſterling ; mais ces libéralités n'é-

CH.
CLXXV.

Nouveaux troubles.

tant pas à beaucoup près suffisantes, le Roi fut encor obligé de convoquer un Parlement.

La Chambre des Communes ne regardait pas les Ecoffais comme des ennemis, mais comme des frères qui lui enseignaient à défendre ses priviléges. Le Roi ne recueillit d'elle que des plaintes amères contre tous les moyens dont il se servait pour avoir des secours qu'elle lui refusait. Tous les droits que le Roi s'était arrogés, furent déclarés abusifs : impôt de tonnage & pondage, impôt de marine, vente de priviléges exclusifs à des Marchands, logement de soldats par billets chez les Bourgeois, enfin tout ce qui gênait la liberté publique. On se plaignit surtout d'une Cour de Justice nommée la *Chambre étoilée*, dont les Arrèts avaient condamné trop sévèrement plusieurs citoyens. *Charles* cassa ce nouveau Parlement, & aggrava ainsi les griefs de la Nation.

Roi opiniâtre ; si heureux, il eût été appellé ferme.

Il semblait que *Charles* prît à tâche de révolter tous les esprits ; car au lieu de ménager la ville de Londres dans des circonstances si délicates, il lui fit intenter un procès devant la *Chambre étoilée*, pour quelques terres en Irlande, & la fit condamner à une amende considérable. Il continua à exiger toutes les taxes contre lesquelles le Parlement s'était récrié. Un Roi despotique qui en aurait usé ainsi, aurait révolté ses sujets ; à plus forte raison un Roi d'une Monarchie limitée. Mal secouru par les Anglais, secrettement inquiété par les intrigues du Cardinal de *Richelieu*, il ne put empê-

empêcher l'armée des Puritains Ecoſſais de pénétrer juſqu'à Newcaſtle. Ayant ainſi préparé ſes malheurs, il convoqua enfin le Parlement qui acheva ſa ruine.

Ch. CLXXV.
1640.

Cette aſſemblée commença, comme toutes les autres, par lui demander la réparation des griefs, abolition de la *Chambre étoilée*, ſuppreſſion des impôts arbitraires, & particuliérement celui de la Marine ; enfin elle voulut que le Parlement fût convoqué tous les trois ans. *Charles* ne pouvant plus réſiſter, accorda tout. Il crut regagner ſon autorité en pliant, & il ſe trompa. Il comptait que ſon Parlement l'aiderait à ſe venger des Ecoſſais qui avaient fait une irruption en Angleterre ; & ce même Parlement leur fit préſent de trois cent mille livres ſterling, pour les récompenſer de la guerre civile. Il ſe flattait d'abaiſſer en Angleterre le parti des Puritains, & preſque toute la Chambre des Communes était Puritaine. Il aimait tendrement le Comte de *Strafford*, dévoué ſi généreuſement à ſon ſervice, & la Chambre des Communes pour ce dévouement même accuſa *Strafford* de haute trahiſon. On lui imputa quelques malverſations inévitables dans ces tems de troubles, mais commiſes toutes pour le ſervice du Roi, & ſurtout effacées par la grandeur d'ame avec laquelle il l'avait ſecouru. Les Pairs le condamnèrent ; il falait le conſentement du Roi pour l'exécution. Le peuple féroce demandait ce ſang à grands cris. *Strafford* pouſſa la vertu juſqu'à ſup-

Requêtes pour faire la guerre civile.

supplier lui-même le Roi de consentir à sa mort; & le Roi poussa la faiblesse jusqu'à signer cet Acte fatal, qui apprit aux Anglais à répandre un sang plus précieux.

CHAP. CENT-SOIXANTE ET SEIZIEME.
DES MALHEURS ET DE LA MORT DE
CHARLES I.

Caractère des troubles d'Angleterre.

L'Angleterre, l'Ecosse & l'Irlande étaient alors partagées en factions violentes, ainsi que l'était la France; mais celles de la France n'étaient que des cabales de Princes, & de Seigneurs, contre un Prémier Ministre qui les écrasait; & les partis qui divisaient le Royaume de *Charles I.* étaient des convulsions générales dans tous les esprits, une ardeur violente & réfléchie de changer la constitution de l'Etat, un dessein mal conçu chez les Royalistes d'établir le pouvoir despotique, la fureur de la liberté dans la Nation, la soif de l'autorité dans la Chambre des Communes, le désir vague dans les Evêques d'écraser le parti Calviniste Puritain, le projet formé chez les Puritains d'humilier les Evêques; & enfin le plan suivi & caché de ceux qu'on appellait *indépendans*, qui consistait à se servir des

des fautes de tous les autres pour devenir leurs maîtres.

Au milieu de tous ces troubles les Catholiques d'Irlande crurent avoir trouvé enfin le tems de fecouer le joug de l'Angleterre. La Religion & la liberté, ces deux fources des plus grandes actions, les précipitèrent dans une entreprife horrible, dont il n'y a d'exemple que dans la *St. Barthelemi*. Ils complotèrent d'affaffiner en un jour tous les Proteftans de leur Ifle, & en effet ils en égorgèrent plus de quarante mille. Ce maffacre n'a pas dans l'hiftoire des crimes la même célébrité que la *St. Barthelemi*; il fut pourtant auffi général & auffi diftingué par toutes les horreurs qui peuvent fignaler un tel fanatifme. Mais cette derniére confpiration de la moitié d'un peuple contre l'autre pour caufe de Religion, fe faifoit dans une Ifle alors peu connue des autres Nations; elle ne fut point autorifée par des perfonnages auffi confidérables qu'une *Catherine de Médicis*, un Roi de France, un Duc de *Guife*: les victimes immolées n'étaient pas auffi illuftres, quoiqu'auffi nombreufes. La fcène ne fut pas moins fouillée de fang; mais le théâtre n'attirait pas les yeux de l'Europe. Tout retentit encor des fureurs de la *St. Barthelemi*, & les maffacres d'Irlande font prefque oubliés.

Si on comptait les meurtres que le fanatifme a commis depuis les querelles d'*Athanafe* & d'*Arius* jufqu'à nos jours, on verrait que ces querelles ont plus fervi que les combats à dépeupler

Ch. CLXXVI.
Octob. 1641.
Maffacres Catholiques en Irlande.

Ch. CLXXVI.

Massacres religieux, source de dépopulation.

peupler la Terre ; car dans les batailles on ne détruit que l'espèce mâle, toûjours plus nombreuse que la femelle ; mais dans les massacres faits pour la Religion, les femmes sont immolées comme les hommes.

Pendant qu'une partie du peuple Irlandais égorgeait l'autre, le Roi *Charles I.* était en Ecosse, à peine pacifiée, & la Chambre des Communes gouvernait l'Angleterre. Ces Catholiques Irlandais, pour se justifier de ce massacre, prétendirent avoir reçu une commission du Roi même pour prendre les armes ; & *Charles* qui demandait du secours contre eux à l'Ecosse & à l'Angleterre, se vit accusé du crime même qu'il voulait punir. Le Parlement d'Ecosse le renvoye avec raison au Parlement de Londres, parce que l'Irlande appartient en effet à l'Angleterre, & non pas à l'Ecosse. Il retourne donc à Londres. La Chambre basse croyant, ou feignant de croire, qu'il a part en effet à la rebellion des Irlandais, n'envoye que peu d'argent & peu de troupes dans cette Isle, pour ne pas dégarnir le Royaume, & fait au Roi la remontrance la plus terrible.

Chambre basse, puissante

Elle lui signifie, ,, qu'il faut désormais qu'il ,, n'ait pour Conseil que ceux que le Parlement lui nommera ; & en cas de refus elle ,, le menace de prendre des mesures. " Trois Membres de la Chambre allèrent lui présenter à genoux cette requête qui lui déclarait la guerre. *Olivier Cromwell* était déjà dans ce tems-là admis

mis dans la Chambre baſſe ; & il dit, que *ſi ce projet de remontrance ne paſſait pas dans la Chambre, il vendrait le peu qu'il avait de bien, & ſe retirerait de l'Angleterre.*

Ce diſcours prouve qu'il était alors fanatique de la liberté, que ſon ambition dévelopée foula depuis aux pieds.

Charles n'oſait pas alors diſſoudre le Parlement : on ne lui eût pas obéi. Il avait pour lui pluſieurs Officiers de l'armée aſſemblée auparavant contre l'Ecoſſe, aſſidus auprès de ſa perſonne. Il était ſoutenu par les Evèques & les Seigneurs Catholiques épars dans Londres ; eux qui avaient voulu dans la *conſpiration des poudres* exterminer la Famille Royale, ſe livraient alors à ſes intérêts ; tout le reſte était contre le Roi. Déja le peuple de Londres excité par les Puritains de la Chambre baſſe, rempliſſait la Ville de ſéditions : il criait à la porte de la Chambre des Pairs, *Point d'Evèques, Point d'Evèques.* Douze Prélats intimidés réſolurent de s'abſenter, & proteſtèrent contre tout ce qui ſe ferait pendant leur abſence. La Chambre des Pairs les envoya à la Tour, & bientôt après les autres Evèques ſe retirèrent du Parlement.

Dans ce déclin de la puiſſance du Roi, un de ſes Favoris, le Lord *Digbi*, lui donna le fatal conſeil de la ſoutenir par un coup d'autorité. Le Roi oublia que c'était préciſément le tems où il ne falait pas la compromettre. Il alla lui-même dans la Chambre des Communes,

Cʜ. CLXXVI.
Cromwel commence.

1641.

Ch.
CLXXVI.

Conduite
du Roi,
pas trop
bonne.

munes, pour y faire arrêter cinq Sénateurs les plus oppofés à fes intérêts, & qu'il accufait de haute-trahifon. Ces cinq Membres s'étaient évadés; toute la Chambre fe récria fur la violation de fes priviléges. Le Roi comme un homme égaré qui ne fait plus à quoi fe prendre, va de la Chambre des Communes à l'Hôtel de Ville, lui demander du fecours. Le Confeil de la Ville ne lui répond que par des plaintes contre lui-même. Il fe retire à Windfor, & là ne pouvant plus foutenir la démarche qu'on lui avait confeillée, il écrit à la Chambre baffe, *qu'il fe défifte de fes procedures contre fes Membres, & qu'il prendra autant de foin des priviléges du Parlement que de fa propre vie.* Sa violence l'avait rendu odieux, & le pardon qu'il en demandait le rendait méprifable.

La Chambre Baffe commençait alors à gouverner l'Etat. Les Pairs font en Parlement *pour eux-mêmes*; c'eft l'ancien droit des Barons, & des Seigneurs de Fiefs; les Communes font en Parlement pour les villes & les bourgs dont elles font députées. Le Peuple avait bien plus de confiance dans fes Députés qui le repréfentent, que dans les Pairs. Ceux-ci pour regagner le crédit qu'ils perdaient infenfiblement, entraient dans les fentimens de la Nation, & foutenaient l'autorité d'un Parlement, dont ils étaient originairement la partie principale.

Pendant cette Anarchie les rebelles d'Irlande triomphent, & teints du fang de leurs compatriotes,

patriotes, ils s'autorifent encor du nom du Roi, & furtout de celui de la Reine fa femme, parce qu'elle était Catholique. Les deux Chambres du Parlement propofent d'armer les Milices du Royaume; bien entendu qu'elles ne mettront à leur tête que des Officiers dépendans du Parlement. On ne pouvait rien faire felon la Loi fans le confentement du Roi au fujet des Milices. Le Parlement s'attendait bien qu'il ne foufcrirait pas à un établiffement fait contre lui-même. Ce Prince fe retire, ou plutôt fuit vers le Nord d'Angleterre. Sa femme *Henriette* de France, fille de *Henri IV.*, qui avait prefque toutes les qualités du Roi fon Pére, l'activité & l'intrépidité, l'infinuation, & même la galanterie, fecourut en Héroïne un époux à qui d'ailleurs elle était infidéle. Elle vend fes meubles & fes pierreries, emprunte de l'argent en Angleterre, en Hollande, donne tout à fon mari, paffe en Hollande elle-même pour folliciter des fecours par le moyen de la Princeffe *Marie* fa fille, femme du Prince d'Orange. Elle négocie dans les Cours du Nord: elle cherche partout de l'appui, excepté dans fa patrie, où le Cardinal de *Richelieu* fon ennemi, & le Roi fon frére, étaient mourans.

La guerre civile n'était point encor déclarée. Le Parlement avait de fon autorité mis un Gouverneur, nommé le Chevalier *Hotham*, dans Hull, petite ville maritime de la Province d'Yorck. Il y avait depuis longtems des maga-

CH.
CLXXVI.

Hotham
à genoux
chaffe
fon Roi.

magazins d'armes & de munitions. Le Roi s'y transporte, & veut y entrer. *Hotham* fait fermer les portes, & confervant encor du refpect pour la perfonne du Roi fon Maitre, il fe met à genoux fur les remparts, en lui demandant pardon de lui défobéir. On lui réfifta depuis moins refpectueufement. Les Manifeftes du Roi & du Parlement inondent l'Angleterre. Les Seigneurs attachés au Roi fe rendent auprès de lui. Il fait venir de Londres le grand Sceau du Royaume, fans lequel on avait crû qu'il n'y a point de Loi; mais les Loix que le Parlement faifait contre lui n'en étaient pas moins promulguées. Il arbora fon Etendart Royal à Nottingham; mais cet étendart ne fut d'abord entouré que de quelques Milices fans armes. Enfin avec les fecours que lui fournit la Reine fa femme, avec les préfens de l'Univerfité d'Oxford qui lui donna toute fon argenterie, & avec tout ce que fes amis lui fournirent, il eut une armée d'environ quatorze mille hommes.

Le Parlement qui difpofait de l'argent de la Nation, en avait une plus confidérable. *Charles* protefta d'abord en préfence de la fienne, qu'il *maintiendrait les Loix du Royaume, & les priviléges même du Parlement armé contre lui; & qu'il vivrait & mourrait dans la véritable Religion Proteftante.* C'eft ainfi que les Princes, en fait de Religion, obéiffent plus aux Peuples que les Peuples ne leur obéiffent. Quand une fois ce qu'on appelle *le dogme* eft

enra-

enraciné dans une Nation, il faut que le Souverain dife qu'il mourra pour ce dogme. Il eſt plus aifé de tenir ce difcours que d'éclairer le peuple.

Ch. CLXXVI.

Les armées du Roi furent prefque toûjours commandées par le Prince *Robert*, frére de l'infortuné *Fréderic* Electeur Palatin, Prince d'un grand courage, renommé d'ailleurs pour fes connaiffances dans la Phyfique, dans laquelle il fit des découvertes.

Les combats de Vorcefter & d'Edgehill, furent d'abord favorables à la caufe du Roi. Il s'avança jufqu'auprès de Londres. La Reine fa femme lui amena de Hollande des foldats, de l'artillerie, des armes, des munitions. Elle repart fur le champ pour aller chercher de nouveaux fecours, qu'elle amena quelques mois après. On reconnaiffait dans cette activité courageufe la fille de *Henri IV*. Les Parlementaires ne furent point découragés; ils fentaient leurs reffources: tout vaincus qu'ils étaient, ils agiffaient comme des Maîtres contre lefquels le Roi était révolté.

1642. Le Roi quelque tems vainqueur, mais inutilement.

Ils condamnaient à la mort pour crime de haute trahifon les fujets qui voulaient rendre au Roi des Villes; & le Roi ne voulut point alors ufer de repréfailles contre fes prifonniers. Cela feul peut juſtifier aux yeux de la poſtérité celui qui fut fi criminel aux yeux de fon Peuple. Les Politiques le juſtifient moins d'avoir trop négocié, tandis qu'il devait felon eux profiter d'un prémier fuccès, & n'employer que

H. G. Tom. V.   K   ce

Cн.
CLXXVI.

1643.
Parlement plus ferme que le Roi.

1643.

ce courage actif & intrépide qui seul peut finir de pareils débats.

Charles & le Prince *Robert*, quoique battus à Newbury, eurent pourtant l'avantage de la Campagne. Le Parlement n'en fut que plus opiniâtre. On voyait ce qui est très-rare, une Compagnie plus ferme & plus inébranlable dans ses vûes, qu'un Roi à la tête de son armée.

Les Puritains qui dominaient dans les deux Chambres levèrent enfin le masque : ils s'unirent solemnellement avec l'Ecosse, & signèrent le fameux *Convenant* par lequel ils s'engagèrent à détruire l'Episcopat. Il était visible, par ce Convenant, que l'Ecosse & l'Angleterre Puritaines voulaient s'ériger en République. C'était l'esprit du Calvinisme : il tenta longtems en France cette grande entreprise ; il l'exécuta en Hollande ; mais en France & en Angleterre on ne pouvait arriver à ce but si cher aux Peuples qu'à travers des flots de sang.

Tandis que le Presbytérianisme armait ainsi l'Angleterre & l'Ecosse, le Catholicisme servait encor de prétexte aux rebelles d'Irlande, qui teints du sang de quarante mille compatriotes, continuaient à se défendre contre les troupes envoyées par le Parlement de Londres. Les guerres de Religion sous *Louis XIII.* étaient toutes récentes ; & l'invasion des Suédois en Allemagne sous prétexte de Religion, durait encor dans toute sa force. C'était une chose bien déplorable que les Chrétiens eussent cherché durant tant de siécles dans le Dogme, dans

le

le Culte, dans la Discipline, dans la Hierarchie, de quoi ensanglanter presque sans relâche la partie de l'Europe où ils sont établis.

CH. CLXXVI.

La fureur de la guerre civile était nourrie par cette austérité sombre & atroce que les Puritains affectaient. Le Parlement prit ce tems pour faire bruler par le bourreau un petit livre du Roi *Jacques I.*, dans lequel ce Monarque savant soutenait qu'il était permis de se divertir le Dimanche après le service divin. On croyait par-là servir la Religion, & outrager le Roi régnant. Quelque tems après ce même Parlement s'avisa d'indiquer un jour de Jeûne par semaine, & d'ordonner qu'on payât la valeur du repas qu'on se retranchait, pour subvenir à la guerre civile.

Excès de ridicule.

De tant de troubles qui ont si souvent bouleversé l'Angleterre avant qu'elle ait pris la forme stable & heureuse qu'elle a de nos jours, les troubles de ces années, jusqu'à la mort du Roi, furent les seuls où l'excès du ridicule se mêle aux excès de la fureur. Ce ridicule que les Réformateurs avaient tant reproché à la Communion Romaine, devint le partage des Presbytériens. Les Evêques se conduisirent en lâches; ils devaient mourir pour défendre une cause qu'ils croyaient juste : mais les Presbytériens se conduisirent en insensés; leurs habillemens, leurs discours, leurs basses allusions aux passages de l'Evangile, leurs contorsions, leurs sermons, leurs prédictions, tout en eux aurait mérité, dans des tems plus tranquilles,

d'être

Cʜ. CLXXVI.

d'être joué à la Foire de Londres, si cette farce n'avait pas été trop dégoutante. Mais malheureusement l'absurdité de ces fanatiques se joignait à la fureur ; les mêmes hommes dont les enfans se seraient moqués, imprimaient la terreur en se baignant dans le sang ; & ils étaient à la fois les plus fous de tous les hommes, & les plus redoutables.

Esprit des Sectes.

Il ne faut pas croire que dans aucune des Factions, ni en Angleterre, ni en Irlande, ni en Ecosse, ni auprès du Roi, ni parmi ses ennemis, il y eût beaucoup de ces esprits déliés, qui dégagés des préjugés de leur parti, se servent des erreurs & du fanatisme des autres pour les gouverner. Ce n'était pas là le génie de ces Nations. Presque tout le monde était de bonne foi dans le parti qu'il avait embrassé. Ceux qui en changeaient pour des mécontentemens particuliers, changeaient presque tous avec hauteur. Les *Indépendans* étaient les seuls qui cachassent leurs desseins ; premiérement parce qu'étant à peine comptés pour Chrêtiens, ils auraient trop révolté les autres Sectes ; en second lieu, parce qu'ils avaient des idées fanatiques de l'égalité primitive des hommes, & que ce système d'égalité choquait trop l'ambition des autres.

Une des grandes preuves de cette atrocité inflexible répandue alors dans les esprits, c'est le supplice de l'Archevèque de Cantorberi *Guillaume Laud*, qui après avoir été quatre ans en prison, fut enfin condamné par le Parlement.

Le

Le feul crime bien conftaté qu'on lui reprocha, était de s'être fervi de quelques cérémonies de l'Eglife Romaine en confacrant une Eglife de Londres. La fentence porta qu'il ferait pendu, & qu'on lui arracherait le cœur pour lui en battre les joues ; fupplice ordinaire des traitres : on lui fit grace en lui coupant la tête.

Ch. CLXXVI.

Archevêque à l'échafaut.

Charles voyant les Parlemens d'Angleterre & d'Ecoffe réunis contre lui, preffé entre les armées de ces deux Royaumes, crut devoir faire au moins une trêve avec les Catholiques rebelles d'Irlande, afin d'engager à fa caufe une partie des troupes Anglaifes qui fervaient dans cette Ifle. Cette politique lui réuffit. Il eut à fon fervice, non feulement beaucoup d'Anglais de l'armée d'Irlande, mais encor un grand nombre d'Irlandais qui vinrent groffir fon armée. Alors le Parlement l'accufa hautement d'avoir été l'auteur de la rebellion d'Irlande & du maffacre. Malheureufement ces troupes nouvelles, fur lefquelles il devait tant compter, furent entiérement défaites par le Lord *Fairfax*, l'un des Généraux Parlementaires ; & il ne refta au Roi que la douleur d'avoir donné à fes ennemis le prétexte de l'accufer d'être complice des Irlandais.

1644.

Il marchait d'infortune en infortune. Le Prince *Robert* ayant foutenu longtems l'honneur des armes Royales, eft battu auprès d'Yorck, & fon armée eft diffipée par *Manchefter* & *Fairfax*. *Charles* fe retire dans Oxford, où il

1644.

Cu. CLXXVI.

Cromwel gagne une bataille.

27. Octobre 1644.

est bientôt assiégé. La Reine fuit en France. Le danger du Roi excite à la vérité ses amis à faire de nouveaux efforts. Le siége d'Oxford fut levé. Il rassembla des troupes ; il eut quelques succès. Cette apparence de fortune ne dura pas. Le Parlement était toûjours en état de lui opposer une armée plus forte que la sienne. Les Généraux *Essex*, *Manchester*, & *Valler* attaquèrent *Charles* à Newbury sur le chemin d'Oxford. *Cromwell* était Colonel dans leur armée ; il s'était déja fait connaître par des actions d'une valeur extraordinaire. On a écrit qu'à cette bataille de Newbury, le corps que *Manchester* commandait ayant plié, & *Manchester* lui-même étant entrainé dans la fuite, *Cromwel* courut à lui tout blessé, & lui dit: *Vous vous trompez, Milord, ce n'est pas de ce côté que sont les ennemis*; qu'il le ramena ensuite au combat, & qu'enfin on ne dut qu'à *Cromwell* le succès de cette journée. Ce qui est certain, c'est que *Cromwell*, qui commençait à avoir autant de crédit dans la Chambre des Communes, qu'il avait de réputation dans l'armée, accusa son Général de n'avoir pas fait son devoir.

Le panchant des Anglais pour des choses inouïes fit éclater alors une étrange nouveauté, qui dévelopa le caractère de *Cromwell*, & qui fut à la fois l'origine de sa grandeur, de la chute du Parlement & de l'Episcopat, du meurtre du Roi & de la destruction de la Monarchie. La secte des *Indépendans* commençait à faire

faire quelque bruit. Les Presbytériens les plus emportés s'étaient jettés dans ce parti : ils ressemblaient aux Quakers, en ce qu'ils ne voulaient d'autres Prêtres qu'eux-mêmes, ni d'autre explication de l'Evangile que celle de leurs propres lumiéres : ils différaient d'eux en ce qu'ils étaient aussi turbulens que les Quakers étaient pacifiques. Leur projet chimérique était l'égalité entre tous les hommes ; mais ils allaient à cette égalité par la violence. *Olivier Cromwell* les regarda comme des instrumens propres à favoriser ses desseins.

<small>Cн. CLXXVI.</small>

La ville de Londres partagée entre plusieurs factions, se plaignait alors du fardeau de la guerre civile que le Parlement apesantissait sur elle. *Cromwell* fit proposer à la Chambre des Communes par quelques *Indépendans*, de réformer l'armée, & de s'engager eux & les Pairs à renoncer à tous les Emplois civils & militaires. Tous ces Emplois étaient entre les mains des Membres des deux Chambres. Trois Pairs étaient Généraux des armées Parlementaires. La plûpart des Colonels & des Majors, des Trésoriers, des Munitionnaires, des Commissaires de toute espèce, étaient de la Chambre des Communes. Pouvait-on se flatter d'engager par la force de la parole tant d'hommes puissans à sacrifier leurs Dignités & leur revenus ? C'est pourtant ce qui arriva dans une seule séance. La Chambre des Communes surtout fut éblouie de l'idée de régner sur les esprits du peuple par un désintéressement sans

<small>Désintéressement du Parlement, chose unique.</small>

exemple. On appela cet Acte *l'Acte du renoncement à soi-même*. Les Pairs héſitèrent; mais la Chambre des Communes les entraina. Les Lords *Eſſex*, *Damby*, *Fairfax*, *Mancheſter* ſe dépoſèrent eux-mêmes du Généralat; & le Chevalier *Fairfax*, fils du Général, n'étant point de la Chambre des Communes, fut nommé ſeul Commandant de l'armée.

C'était ce que voulait *Cromwell* : il avait un empire abſolu ſur le Chevalier *Fairfax* : il en avait un ſi grand dans la Chambre, qu'on lui conſerva un Régiment, quoiqu'il fût membre du Parlement, & que même il fût ordonné au Général de lui confier le commandement de la Cavalerie qu'on envoyait alors à Oxford. Le même homme qui avait eu l'adreſſe d'ôter à tous les Sénateurs tous les emplois militaires, eut celle de faire conſerver dans leurs poſtes les Officiers du parti des *Indépendans*; & dèslors on s'aperçut bien que l'armée devait gouverner le Parlement. Le nouveau Général *Fairfax* aidé de *Cromwell* réforma toute l'armée, incorpora des Régimens dans d'autres, changea tous les Corps, établit une diſcipline nouvelle : ce qui dans tout autre tems eût excité une révolte, ſe fit alors ſans réſiſtance.

Cette armée animée d'un nouvel eſprit marcha droit au Roi près d'Oxford; & alors ſe donna la bataille déciſive de Nazeby. *Cromwell* Général de la Cavalerie, après avoir mis en déroute celle du Roi, revint défaire ſon Infanterie, & eut preſque ſeul l'honneur de cette

cette célèbre journée. L'armée Royale après un
grand carnage fut ou prisonniére, ou disper-
sée. Toutes les villes se rendirent à *Fairfax* &
à *Cromwell*. Le jeune Prince de Galles, qui
fut depuis *Charles II.* partageant de bonne
heure les infortunes de son pére, fut obligé
de s'enfuir dans la petite Isle de Scilley. Le
Roi se retira enfin dans Oxford avec les débris de son armée, & demanda au Parlement
la paix, qu'on était bien loin de lui accorder.
La Chambre des Communes insultait à sa disgrace. Le Général avait envoyé à cette Chambre la cassette du Roi, trouvée sur le champ
de bataille, remplie de lettres de la Reine sa
femme. Quelques-unes de ces lettres n'étaient
que des expressions de tendresse & de douleur.
La Chambre les lut avec ces railleries amères
qui sont le partage de la férocité.

CH. CLXXVI.

Le Roi était dans Oxford, ville presque sans
fortifications, entre l'armée victorieuse des Anglais & celle des Ecossais payée par les Anglais. Il crut trouver sa sureté dans l'armée
Ecossaise moins acharnée contre lui. Il se livra entre ses mains ; mais la Chambre des
Communes ayant donné à l'armée Ecossaise
deux cent mille livres sterling d'arrérages, &
lui en devant encor autant, le Roi cessa dès-
lors d'être libre.

Le Roi livré par les Ecossais.

Les Ecossais le livrèrent au Commissaire du
Parlement Anglais, qui d'abord ne sut comment il devait traiter son Roi prisonnier. La
guerre paraissait finie ; l'armée d'Ecosse payée

16. Févr. 1645.

retour-

Ch. CLXXVI.

Cromwel commence à tyrannifer.

retournait en fon pays; le Parlement n'avait plus à craindre que fa propre armée, qui l'avait rendu victorieux. *Cromwell* & fes *Indépendans* y étaient les Maîtres. Ce Parlement, ou plutôt la Chambre des Communes, toute-puiffante encor à Londres, & fentant que l'armée allait l'être, voulut fe débarraffer de cette armée devenue fi dangereufe à fes Maîtres: elle vota d'en faire marcher une partie en Irlande, & de licentier l'autre. On peut bien croire que *Cromwell* ne le fouffrit pas. C'était là le moment de la crife; il forma un Confeil d'Officiers, & un autre de fimples foldats nommés *Agitateurs*, qui d'abord firent des remontrances, & qui bientôt donnèrent des Loix. Le Roi était entre les mains de quelques Commiffaires du Parlement, dans un Château nommé Holmby. Des foldats du Confeil des Agitateurs allèrent l'enlever au Parlement dans ce Château, & le conduifirent à Newmarket.

Après ce coup d'autorité l'armée marcha vers Londres. *Cromwell* voulant mettre dans fes violences des formes ufitées, fit accufer par l'armée onze Membres du Parlement ennemis ouverts du Parti Indépendant. Ces Membres n'ofèrent plus dès ce moment rentrer dans la Chambre. La ville de Londres ouvrit enfin les yeux, mais trop tard, & trop inutilement, fur tant de malheurs: elle voyait un Parlement oppreffeur opprimé par l'armée, fon Roi captif entre les mains des foldats, fes citoyens expofés. Le Confeil de Ville affemble fes milices;

lices; on entoure à la hâte Londres de retranchemens: mais l'armée étant arrivée aux portes, Londres les ouvrit, & se tut. Le Parlement remit la Tour au Général *Fairfax*, remercia l'armée d'avoir désobéi, & lui donna de l'argent.

Ch. CLXXVI.
1647.

Il restait toûjours à savoir ce qu'on serait du Roi prisonnier, que les *Indépendans* avaient transféré à la maison Royale de Hamptoncourt. *Cromwell* d'un côté, les Presbytériens de l'autre, traitaient secrettement avec lui. Les Ecossais lui proposaient de l'enlever. *Charles* craignant également tous les partis, trouva le moyen de s'enfuir de Hamptoncourt & de passer dans l'Isle de Wight, où il crut trouver un asyle, & où il ne trouva qu'une nouvelle prison.

Le Roi prisonnier.

Dans cette Anarchie d'un Parlement factieux & méprisé, d'une ville divisée, d'une armée audacieuse, d'un Roi fugitif & prisonnier; le même esprit qui animait depuis longtems les *Indépendans*, saisit tout à coup plusieurs soldats de l'armée; ils se nommèrent les *Aplanisseurs*, nom qui signifiait qu'ils voulaient tout mettre au niveau, & ne reconnaître aucun Maître au-dessus d'eux, ni dans l'armée, ni dans l'Etat, ni dans l'Eglise. Ils ne faisaient que ce qu'avait fait la Chambre des Communes: ils imitaient leurs Officiers; & leur droit paraissait aussi bon que celui des autres; leur nombre était considérable. *Cromwell* voyant qu'ils étaient d'autant plus dangereux qu'ils se

Aplanisseurs.

ser-

CH.
CLXXVI.

1647.
Audace de Cromwel.

servaient de ses principes, & qu'ils allaient lui ravir le fruit de tant de politique & de tant de travaux, prit tout d'un coup le parti de les exterminer au péril de sa vie. Un jour qu'ils s'assemblaient, il marche à eux à la tête de son Régiment des *Fréres rouges*, avec lesquels il avait toûjours été victorieux, leur demande *au nom de* DIEU ce qu'ils veulent, & les charge avec tant d'impétuosité, qu'ils résistèrent à peine. Il en fit pendre plusieurs, & dissipa ainsi une faction dont le crime était de l'avoir imité.

Cette action augmenta encor son pouvoir dans l'armée, dans le Parlement, & dans Londres. Le Chevalier *Fairfax* était toûjours Général, mais avec bien moins de crédit que lui. Le Roi prisonnier dans l'Isle de Wight, ne cessait de faire des propositions de paix, comme si on eût été encor en guerre, & comme si on eût voulu l'écouter. Le Duc d'Yorck, un de ses fils, qui fut depuis *Jacques II.*, âgé alors de quinze ans, prisonnier au Palais de *St. James*, se sauva plus heureusement de sa prison que son péré ne s'était sauvé de Hamptoncourt : il se retira en Hollande ; & quelques partisans du Roi ayant dans ce tems là même gagné une partie de la flotte Anglaise, cette flotte fit voile au port de la Brille, où ce jeune Prince était retiré. Le Prince de Galles, son frére, & lui montérent sur cette flotte pour aller au secours de leur pére ; & ce secours hâta sa perte.

Les

Les Ecoffais honteux de paffer dans l'Europe pour avoir vendu leur Maître, affemblaient de loin quelques troupes en fa faveur. Plufieurs jeunes Seigneurs les fecondaient en Angleterre. *Cromwell* marche à eux à grandes journées, avec une partie de l'armée. Il les défait entiérement à Prefton, & prend prifonnier le Duc *Hamilton* Général des Ecoffais. La ville de Colchefter dans le Comté d'Effex, ayant pris le parti du Roi, fe rendit à difcrétion au Général *Fairfax*; & ce Général fit exécuter à fes yeux comme des traîtres plufieurs Seigneurs qui avaient foulevé la ville en faveur de leur Prince.

Ch. CLXXVI.

1648.

Pendant que *Fairfax* & *Cromwell* achevaient ainfi de tout foumettre, le Parlement qui craignait encor plus *Cromwell* & les *Indépendans*, qu'il n'avait craint le Roi, commençait à traiter avec lui, & cherchait tous les moyens poffibles de fe délivrer d'une armée dont il dépendait plus que jamais. Cette armée qui revenait triomphante demande enfin qu'on mette le Roi en Juftice comme la caufe de tous les maux, que fes principaux partifans foient punis, qu'on ordonne à fes enfans de fe foumettre, fous peine d'être déclarés traitres. Le Parlement ne répond rien. *Cromwell* fe fait préfenter des requêtes par tous les Régimens de fon armée, pour qu'on faffe le procès au Roi. Le Général *Fairfax* affez aveuglé pour ne pas voir qu'il agiffait pour *Cromwell*, fait transférer le Monarque prifonnier de l'Ifle de Wight au Château de Hulft, & de là à Windfor,

L'armée demande qu'on faffe juftice du Roi.

Ch. CLXXVI.

Parlement méprisé & forcé.

Windsor, sans daigner seulement en rendre compte au Parlement. Il mène l'armée à Londres, saisit tous les postes, oblige la Ville de payer quarante mille livres sterling.

Le lendemain la Chambre des Communes veut s'assembler ; elle trouve des soldats à la porte qui chassent la plupart de ces Membres Presbytériens, les anciens auteurs de tous les troubles dont ils étaient alors les victimes ; on ne laisse entrer que les *Indépendans*, & les Presbytériens rigides, ennemis toûjours implacables de la Royauté. Les Membres exclus protestent ; on déclare leur protestation séditieuse. Ce qui restait de la Chambre des Communes n'était plus qu'une troupe de Bourgeois esclaves de l'armée ; les Officiers Membres de cette Chambre y dominaient ; la ville était asservie à l'armée ; & ce même Conseil de Ville, qui n'a guères avait pris le parti du Roi, dirigé alors par les vainqueurs, demanda par une requête qu'on lui fit son procès.

Juges du Roi.

La Chambre des Communes établit un Comité de trente-huit personnes, pour dresser contre le Roi des accusations juridiques : on érige une Cour de Justice nouvelle composée de *Fairfax*, de *Cromwell*, d'*Ireton* gendre de *Cromwell*, de *Waller*, & de cent-quarante-sept autres Juges. Quelques Pairs qui s'assemblaient encor dans la Chambre-haute seulement pour la forme, tous les autres s'étant retirés, furent sommés de joindre leur assistance juridique à cette Chambre illégale ; aucun d'eux ne voulut

lut y confentir. Leur refus n'empêcha point la nouvelle Cour de Juftice de continuer les procédures.

Cu. CLXXVI.

Alors la Chambre baffe déclara enfin que le pouvoir fouverain réfide originairement dans le Peuple, & que les Repréfentans du Peuple avaient l'autorité légitime : c'était une queftion que l'armée jugeait par l'organe de quelques citoyens ; c'était renverfer toute la conftitution de l'Angleterre. La Nation eft à la vérité repréfentée légalement par la Chambre des Communes, mais elle l'eft auffi par un Roi & par les Pairs. On s'eft toûjours plaint dans les autres Etats, quand on a vû des particuliers jugés par des Commiffaires ; & c'étaient ici des Commiffaires nommés par la moindre partie du Parlement, qui jugeaient leur Souverain. Il n'eft pas douteux que la Chambre des Communes ne crût en avoir le droit ; elle était compofée d'*Indépendans*, qui penfaient tous que la Nature n'avait mis aucune différence entre le Roi & eux, & que la feule qui fubfiftait était celle de la victoire. Les Mémoires de *Ludlow*, Colonel alors dans l'armée, & l'un des Juges, font voir combien leur fierté était flattée en fecret, de condamner en Maîtres celui qui avait été le leur. Ce même *Ludlow*, Presbytérien rigide, ne laiffe pas douter que le fanatifme n'eût part à cette cataftrophe. Il dévelope tout l'efprit du tems en citant ce paffage de l'ancien Teftament : *Le pays ne peut être purifié de fang que par le fang de celui qui l'a répandu.* En-

Puiffance reconnue originaire dans le peuple.

Ch.
CLXXVI.

Janvier 1648. Procès criminel du Roi.

Enfin *Fairfax*, *Cromwell*, les *Indépendans* les *Presbytériens*, croyaient la mort du Roi nécessaire à leur dessein d'établir une République. *Cromwell* ne se flattait certainement pas alors de succéder au Roi ; il n'était que Lieutenant-Général dans une armée pleine de factions. Il espérait avec grande raison, dans cette armée & dans la République, le crédit attaché à ses grandes actions militaires & à son ascendant sur les esprits : mais s'il avait formé dès-lors le dessein de se faire reconnaître pour le Souverain de trois Royaumes, il n'aurait pas mérité de l'être. L'esprit humain dans tous les genres ne marche que par degrés, & ces degrés amenèrent nécessairement l'élévation de *Cromwell*, qui ne la dut qu'à sa valeur & à la fortune.

1649. 10. Févr. On lui tranche la tête.

Charles I. Roi d'Ecosse, d'Angleterre & d'Irlande, fut exécuté par la main du bourreau dans la place de Wittehall ; son corps fut transporté à la Chapelle de Windsor, mais on n'a jamais pû le retrouver. Plus d'un Roi d'Angleterre avait été déposé anciennement par des arrêts du Parlement; des femmes de Rois avaient péri par le dernier supplice : des Commissaires Anglais avaient jugé à mort la Reine d'Ecosse *Marie Stuart*, sur laquelle ils n'avaient d'autre droit que celui des brigands sur ceux qui tombent entre leurs mains ; mais on n'avait vû encor aucun Peuple faire périr son propre Roi sur un échaffaut avec l'appareil de la Justice. Il faut remonter jusqu'à trois cent ans

avant

avant nôtre Ere pour trouver dans la personne d'*Agis* Roi de Lacédémone l'exemple d'une pareille catastrophe.

CH. CENT-SOIXANTE-DIX SEPTIEME.

DE CROMWELL.

Après le meurtre de *Charles I.* la Chambre des Communes défendit sous peine de mort de reconnaître pour Roi ni son fils, ni aucun autre. Elle abolit la Chambre-haute où il ne siégeait plus que seize Pairs du Royaume, & resta ainsi Souveraine en aparence de l'Angleterre & de l'Irlande.

Cette Chambre qui devait être composée de cinq cent treize Membres, n'était alors que d'environ quatre-vingt. Elle fit un nouveau grand Sceau, sur lequel étaient gravés ces mots: *Le Parlement de la République d'Angleterre*. On avait déja abattu la statue du Roi élevée dans la Bourse de Londres, & on avait mis en sa place cette inscription, *Charles le dernier Roi, & le prémier Tyran.*

Cette meme Chambre condamna à mort plusieurs Seigneurs qui avaient été faits prisonniers en combattant pour le Roi. Il n'était pas étonnant qu'on violât les Loix de la guerre, après avoir violé celles des Nations; & pour les enfraindre plus pleinement encor, le Duc

Ch.
CLXXVII

1649.

Hamilton Ecoffais fut du nombre des condamnés. Ce traitement fervit beaucoup à déterminer les Ecoffais à reconnaître pour leur Roi *Charles II*.; mais en même tems l'amour de la liberté était si profondément gravé dans tous les cœurs, qu'ils bornèrent le pouvoir Royal autant que le Parlement d'Angleterre l'avait limité dans les prémiers troubles. L'Irlande reconnaiffait le nouveau Roi fans conditions. *Cromwell* alors fe fit nommer Gouverneur d'Irlande : il partit avec l'élite de fon armée, & fut fuivi de fa fortune ordinaire.

Cependant *Charles II*. était rappellé en Ecoffe par le Parlement, mais aux mêmes conditions que ce Parlement Ecoffais avait faites au Roi fon pére. On voulait qu'il fût Presbytérien, comme les Parifiens avaient voulu que *Henri IV*. fon grand-pére fût Catholique. On reftreignait en tout l'autorité Royale; *Charles* la voulait pleine & entiére. L'exemple de fon pére n'affaibliffait point en lui des idées qui femblent nées dans le cœur des Monarques. Le prémier fruit de fa nomination au Trône d'Ecoffe, était déja une guerre civile. Le Marquis de *Montross*, homme célèbre dans ces tems-là, par fon attachement à la Famille Royale, & par fa valeur, avait amené d'Allemagne & du Danemarck quelques foldats dans le Nord d'Ecoffe, & fuivi des montagnards, il prétendait joindre aux droits du Roi celui de conquête; il fut défait, pris, & condamné par le Parlement d'Ecoffe à être pendu

du à une potence haute de trente pieds, à être
enfuite écartelé, & fes membres à être atta‑
chés aux portes des quatre principales villes,
pour avoir contrevenu à ce qu'on appellait la
Loi nouvelle, ou *Convenant Presbytérien*. Ce
brave homme dit à fes Juges, qu'il n'était fâ‑
ché que de n'avoir pas affez de membres pour
être attachés à toutes les portes des villes de
l'Europe, comme des monumens de fa fidélité
pour fon Roi. Il mit même cette penfée en af‑
fez beaux vers en allant au fupplice. C'était
un des plus agréables efprits qui cultivaffent
alors les Lettres, & l'ame la plus héroïque qui
fût dans les trois Royaumes. Le Clergé Pref‑
bytérien le conduifit à la mort en l'infultant,
& en prononçant fa damnation.

Charles II. n'ayant pas d'autre reffource, 1650.
vint de Hollande fe remettre à la difcrétion de
ceux qui venaient de faire pendre fon Géné‑
ral, & fon appui; & entra dans Edimbourg
par la porte où les membres de *Montrofs* étaient
expofés.

La nouvelle République d'Angleterre fe
prépara dès ce moment à faire la guerre à
l'Ecoffe, ne voulant pas que dans la moitié de
l'Ifle il y eût un Roi qui prétendît l'etre de
l'autre. Cette nouvelle République foutenait
la révolution avec autant de conduite qu'elle
l'avait faite avec fureur. C'était une chofe inouïe
de voir un petit nombre de citoyens obfcurs,
fans aucun Chef à leur tete, tenir tous les
Pairs du Royaume dans l'eloignement & dans

Ch.
CLXXVII

le silence, dépouiller tous les Evêques, contenir les Peuples, entretenir en Irlande environ seize mille combattans & autant en Angleterre, maintenir une grande flotte bien pourvue, & payer exactement toutes les dépenses, sans qu'aucun des Membres de la Chambre s'enrichit aux dépens de la Nation. Pour subvenir à tant de frais, on employait avec une économie sévère les revenus autrefois attachés à la Couronne, & les terres des Evêques & des Chapitres qu'on vendit pour dix années. Enfin la Nation payait une taxe de cent-vingt mille livres sterling par mois ; taxe dix-fois plus forte que cet impôt de la Marine que *Charles I.* s'était arrogé, & qui avait été la prémiére cause de tant de désastres.

Ce Parlement d'Angleterre n'était pas gouverné par *Cromwell*, qui alors était en Irlande avec son gendre *Ireton* ; mais il était dirigé par la faction des *Indépendans*, dans laquelle il conservait toûjours un grand crédit. La Chambre résolut de faire marcher une armée contre l'Ecosse, & d'y faire servir *Cromwell* sous le Général *Fairfax*. *Cromwell* reçut ordre de quitter l'Irlande qu'il avait presque soumise. Le Général *Fairfax* ne voulut point marcher contre l'Ecosse : il n'était point *Indépendant*, mais *Presbytérien*. Il prétendait qu'il ne lui était pas permis d'aller attaquer ses fréres, qui n'attaquaient point l'Angleterre. Quelques représentations qu'on lui fit, il demeura inflexible, & se démit du Généralat pour passer le reste

reste de ses jours en paix. Cette résolution n'était point extraordinaire, dans un tems & dans un pays où chacun se conduisait suivant ses principes.

C'est-là l'époque de la grande fortune de *Cromwell*. Il est nommé Général à la place de *Fairfax*. Il se rend en Ecosse avec une armée accoutumée à vaincre depuis près de dix ans. D'abord il bat les Ecossais à Dombar, & se rend maître de la ville d'Edimbourg. De là il suit *Charles II.* qui s'était avancé jusqu'à Vorcester en Angleterre, dans l'espérance que les Anglais de son parti viendraient l'y joindre ; mais ce Prince n'avait avec lui que de nouvelles troupes sans discipline. *Cromwell* l'attaqua sur les bords de la Saverne, & remporta presque sans résistance la victoire la plus complette qui eût jamais signalé sa fortune. Environ sept mille prisonniers furent menés à Londres, & vendus pour aller travailler aux plantations Anglaises en Amérique. C'est, je crois, la prémière fois qu'on a vendu des hommes comme des esclaves chez les Chrétiens depuis l'abolition de la servitude. L'armée victorieuse se rend maîtresse de l'Ecosse entiére. *Cromwell* poursuit le Roi partout.

L'imagination qui a produit tant de Romans, n'a guère inventé d'avantures plus singuliéres, ni des dangers plus pressans, ni des extrémités plus cruelles, que tout ce que *Charles II.* essuya en fuyant la poursuite du meurtrier de son pére. Il falut qu'il marchât pres-

Ch: CLXXVII

Juin 1650.

1650. 13. Sept. N. S.

Сн.
CLXXVII que feul par les routes les moins fréquentées, exténué de fatigue & de faim, jufques dans le Comté de Strafford. Là au milieu d'un bois, pourfuivi par les foldats de *Cromwell*, il fe cacha dans le creux d'un chêne, où il fut obligé de paffer un jour & une nuit. Ce chêne fe voyait encor au commencement de ce fiécle. Les Aftronomes l'ont placé dans les Conftellations du Pôle Auftral, & ont ainfi éternifé la mémoire de tant de malheurs. Ce Prince errant de village en village, déguifé, tantôt en poftillon, tantôt en fille, tantôt en bucheron, fe fauva enfin dans une petite barque,

Novemb. 1650.
& arriva en Normandie après fix femaines d'avantures incroyables.

Cromwell cependant revint à Londres en triomphe. La plûpart des Députés du Parlement, leur Orateur à la tête, le Confeil de Ville précédé du Maire, allèrent au devant de lui à quelques milles de Londres. Son prémier foin, dès qu'il fut dans la ville, fut de porter le Parlement à un abus de la victoire dont les Anglais devaient être flattés. La Chambre réunit l'Ecoffe à l'Angleterre comme un pays de

Octobre 1650.
conquête, & abolit la Royauté chez les vaincus, comme elle l'avait exterminée chez les vainqueurs.

Jamais l'Angleterre n'avait été plus puiffante que depuis qu'elle était République. Ce Parlement tout Républicain, forma le projet fingu-

1651.
lier de joindre les fept Provinces-Unies à l'Angleterre, comme il venait d'y joindre l'Ecoffe.

Le

Le Stathouder *Guillaume II.* gendre de *Charles I.* venait de mourir, après avoir voulu se rendre Souverain en Hollande, comme *Charles* en Angleterre, & n'ayant pas mieux réussi que lui. Il laissait un fils au berceau ; & le Parlement espérait que les Hollandais se passeraient de Stathouder, comme l'Angleterre se passait de Monarque, & que la nouvelle République de l'Angleterre, de l'Ecosse & de la Hollande, pourrait tenir la balance de l'Europe : mais les partisans de la Maison d'Orange s'étant opposés à ce projet, qui tenait beaucoup de l'entousiasme de ces tems-là, ce même entousiasme porta le Parlement Anglais à déclarer la guerre à la Hollande. On se battit sur mer avec des succès balancés. Les plus sages du Parlement redoutant le grand crédit de *Cromwell*, ne continuaient cette guerre que pour avoir un prétexte d'augmenter la flotte aux dépens de l'armée, & de détruire ainsi peu à peu la puissance dangereuse du Général.

Cromwell les pénétra, comme ils l'avaient pénétré : ce fut alors qu'il dévelopa tout son caractère : *Je suis*, dit-il au Major-Général Vernon, *poussé à un dénoüement qui me fait dresser les cheveux à la tête.* Il se rendit au Parlement suivi d'Officiers & de soldats choisis, qui s'emparèrent de la porte. Dès qu'il eut pris sa place : *Je crois*, dit-il, *que ce Parlement est assez mûr pour être dissous.* Quelques Membres lui ayant reproché son ingratitude, il se met au milieu de la Chambre : *Le Seigneur*, dit-il,

30. Avril 1653.

Сн.
CLXXVII

dit-il, *n'a plus besoin de vous; il a choisi d'autres instrumens pour accomplir son ouvrage.* Après ce discours fanatique, il les charge d'injures, dit à l'un qu'il est un yvrogne, à l'autre qu'il mène une vie scandaleuse, que l'Evangile les condamne, & qu'ils ayent à se dissoudre sur le champ. Ses Officiers & les soldats entrent dans la Chambre; *Qu'on emporte la masse du Parlement*, dit-il; *qu'on nous défasse de cette marotte.* Son Major-Général Harisson va droit à l'Orateur, & le fait descendre de la chaire avec violence. *Vous m'avez forcé,* s'écria Cromwell, *à en user ainsi; car j'ai prié le Seigneur toute la nuit qu'il me fit plutôt mourir que de commettre une telle action.* Ayant dit ces paroles, il fit sortir tous les Membres du Parlement l'un après l'autre, ferma la porte lui-même, & emporta la clé dans sa poche.

Ce qui est bien plus étrange, c'est que le Parlement étant détruit avec cette violence, & nulle autorité législative n'étant reconnue, il n'y eut point de confusion. *Cromwell* assembla le Conseil des Officiers. Ce furent eux qui changèrent véritablement la constitution de l'Etat, & il n'arrivait en Angleterre que ce qu'on a vû dans tous les pays de la Terre, où le fort a donné la Loi au faible. *Cromwell* fit nommer par ce Conseil cent quarante-quatre Députés du Peuple, qu'on prit pour la plûpart dans les boutiques & dans les atteliers des Artisans. Le plus accrédité de ce nouveau Parlement d'Angleterre était un Marchand de cuir nommé

nommé *Barebone*; c'eſt ce qui fit qu'on appella cette aſſemblée *le Parlement des Barebone* *. *Cromwell* en qualité de Général écrivit une Lettre circulaire à tous ces Députés, & les ſomma de venir gouverner l'Angleterre, l'Ecoſſe, & l'Irlande. Au bout de cinq mois ce prétendu Parlement, auſſi mépriſé qu'incapable, fut obligé de ſe caſſer lui-même, & de remettre à ſon tour le pouvoir ſouverain au Conſeil de guerre. Les Officiers ſeuls déclarèrent alors *Cromwell* Protecteur des trois Royaumes. On envoya chercher le Maire de Londres & les Aldermans. *Cromwell* fut inſtallé à Withehall dans le Palais des Rois, où il prit dès-lors ſon logement. On lui donna le titre d'Alteſſe, & la ville de Londres l'invita à un feſtin, avec les mêmes honneurs qu'on rendait aux Monarques. C'eſt ainſi qu'un Citoyen obſcur du pays de Galles parvint à ſe faire Roi ſous un autre nom, par ſa valeur ſecondée de ſon hypocriſie.

Il était âgé alors de près de cinquante-trois ans, & en avait paſſé quarante-deux ſans aucun Emploi, ni civil, ni militaire. A peine était-il connu en 1642. lorſque la Chambre des Communes dont il était Membre, lui donna une commiſſion de Major de Cavalerie. C'eſt de là qu'il parvint à gouverner la Chambre & l'armée, & que vainqueur de *Charles I.* & de *Charles II.* il monta en effet ſur leur Trône,

Cʜ. CLXXVII

22. Déc. 1653. N. S.

* Cela ſignifie *Os décharné*.

Ch.
CLXXVII

Trône, & régna sans être Roi, avec plus de pouvoir & plus de bonheur qu'aucun Roi. Il choisit d'abord parmi les seuls Officiers compagnons de ses victoires quatorze Conseillers, à chacun desquels il assigna mille livres sterling de pension. Les troupes étaient toûjours payées un mois d'avance, les magazins fournis de tout ; le Trésor public dont il disposait, était rempli de trois cent mille livres sterling : il en avait cent cinquante mille en Irlande. Les Hollandais lui demandèrent la paix, & il en dicta les conditions, qui furent, qu'on lui payerait trois cent mille livres sterling, que les vaisseaux des Provinces-Unies baisseraient pavillon devant les vaisseaux Anglais, & que le jeune Prince d'Orange ne serait jamais rétabli dans les Charges de ses ancêtres. C'est ce même Prince qui détrôna depuis *Jacques II.* dont *Cromwell* avait détroné le père.

Toutes les Nations courtisèrent à l'envi le Protecteur. La France rechercha son alliance contre l'Espagne, & lui livra la ville de Dunkerque *. Ses flottes prirent sur les Espagnols la Jamaïque, qui est restée à l'Angleterre. L'Irlande fut entiérement soumise, & traitée comme un pays de conquête. On donna aux vainqueurs les terres des vaincus ; & ceux qui étaient le plus attachés à leur patrie, périrent par la main des bourreaux.

Cromwell gouvernant en Roi assemblait des Par-

* Voyez le Siécle de *Louis XIV*.

Parlemens, mais il s'en rendait le Maître, & les cassait à sa volonté. Il découvrit toutes les conspirations contre lui, & prévint tous les soulévemens. Il n'y eut aucun Pair du Royaume dans ces Parlemens qu'il convoquait : tous vivaient obscurément dans leurs terres. Il eut l'adresse d'engager un de ces Parlemens à lui offrir le titre de Roi, afin de le refuser, & de mieux conserver la puissance réelle. Il menait dans le Palais des Rois une vie sombre & retirée, sans aucun faste, sans aucun excès. Le Général *Ludlow* son Lieutenant en Irlande rapporte, que quand le Protecteur y envoya son fils *Henri Cromwell*, il l'envoya avec un seul domestique. Ses mœurs furent toûjours austères; il était sobre, tempérant, économe sans être avide du bien d'autrui, laborieux, & exact dans toutes les affaires. Sa dextérité ménageait toutes les Sectes, ne persécutant ni les Catholiques, ni les Anglicans, qui alors à peine osaient paraître ; il avait des Chapelains de tous les partis ; entousiaste avec les fanatiques ; maintenant les *Presbytériens*, qu'il avait trompés & accablés, & qu'il ne craignait plus; ne donnant sa confiance qu'aux *Indépendans*, qui ne pouvaient subsister que par lui, & se moquant d'eux quelquefois avec les *Théïstes*. Ce n'est pas qu'il vît de bon œil la Religion du Théïsme, qui étant sans fanatisme ne peut guères servir qu'à des Philosophes, & jamais à des Conquérans.

Il y avait peu de ces Philosophes, & il se délas-

Ch. CLXXVII

1656.

délassait quelquefois avec eux aux dépens des insensés qui lui avaient frayé le chemin du Trône l'Évangile à la main. C'est par cette conduite qu'il conserva jusqu'à sa mort son autorité cimentée de sang & maintenue par la force & par l'artifice.

La nature malgré sa sobriété avait fixé la fin de sa vie à cinquante-huit ans. Il mourut d'une fièvre ordinaire, causée probablement par l'inquiétude attachée à la tyrannie; car dans les derniers tems il craignait toûjours d'être assassiné; il ne couchait jamais deux nuits de suite dans la même chambre. Il mourut après avoir nommé *Richard Cromwell* son successeur. A peine eut-il expiré, qu'un de ses Chapelains Presbytérien nommé *Herry*, dit aux assistans; *Ne vous allarmez pas; s'il a protégé le Peuple de* DIEU *tant qu'il a été parmi nous, il le protégera bien davantage à présent qu'il est monté au Ciel, où il sera assis à la droite de* JESUS-CHRIST. Le fanatisme était si puissant, & *Cromwell* si respecté, que personne ne rit d'un pareil discours.

Quelques intérêts divers qui partageassent tous les esprits, *Richard Cromwell* fut proclamé paisiblement Protecteur dans Londres. Le Conseil ordonna des funérailles plus magnifiques que pour aucun Roi d'Angleterre. On choisit pour modéle les solemnités pratiquées à la mort du Roi d'Espagne *Philippe II*. Il est à remarquer qu'on avait représenté *Philippe II*. en Purgatoire pendant deux mois dans un appartement tendu de noir, éclairé de peu de flambeaux, & qu'enſuite on l'avait repréſenté dans le Ciel, le corps étant ſur un lit brillant d'or, dans une ſalle tendue de même, éclairée de cinq cent flambeaux, dont la lumière renvoyée par des plaques d'argent égalait l'éclat du Soleil. Tout cela fut pratiqué pour *Olivier Cromwell*: on le vit ſur ſon lit de parade, la Couronne en tête & un ſceptre d'or à la main. Le peuple ne fit nulle attention ni à cette imitation d'une pompe Catholique, ni à la profuſion. Le cadavre embaumé, que *Charles II.* fit exhumer depuis & porter au gibet, fut enterré dans le tombeau des Rois.

CH. CENT-SOIXANTE-DIX-HUITIEME.

DE L'ANGLETERRE
SOUS CHARLES II.

LE ſecond Protecteur *Richard Cromwell* n'ayant pas les qualités du prémier, ne pouvait en avoir la fortune. Son ſceptre n'était point ſoutenu par l'épée; & n'ayant ni l'intrépidité ni l'hypocriſie d'*Olivier*, il ne ſçut ni ſe faire craindre de l'armée, ni en impoſer aux Partis & aux Sectes qui diviſaient l'Angleterre. Le Conſeil guerrier d'*Olivier Cromwell*
brava

Cн. CLXXVIII

brava d'abord *Richard*. Ce nouveau Protecteur prétendit s'affermir en convoquant un Parlement, dont une Chambre compofée d'Officiers repréfentait les Pairs d'Angleterre, & dont l'autre formée de Députés Anglais, Ecoffais, & Irlandais, repréfentait les trois Royaumes : mais les Chefs de l'armée le forcèrent de diffoudre ce Parlement. Ils rétablirent eux-mêmes l'ancien Parlement qui avait fait couper la tête à *Charles I.* & qu'enfuite *Olivier Cromwell* avait diffous avec tant de hauteur. Ce Parlement était tout Républiquain, auffi-bien que l'armée. On ne voulait point de Roi, mais on ne voulait pas non plus de Protecteur. Les

22. Mai 1659.

Officiers demandèrent à la fois au Parlement établi par eux, que tous les partifans de la Maifon Royale fuffent à jamais privés de leurs Emplois, & que *Richard Cromwell* fût privé du Protectorat. Ils le traitaient honorablement, demandant pour lui vingt mille livres fterling de rente, & huit mille pour fa mére : mais le Parlement ne donna à *Richard Cromwell* que deux mille livres une fois payées, & lui ordonna de fortir dans fix jours de la Maifon des Rois ; il obéit fans murmure, & vécut en particulier paifible.

On n'entendait point parler alors des Pairs, ni des Evèques. *Charles II.* paraiffait abandonné de tout le monde, auffi-bien que *Richard Cromwell* ; & on croyait dans toutes les Cours de l'Europe que la République Angaife fubfifterait. Un Officier de *Cromwell* nommé *Monck*

Monck fut celui qui rétablit le Trône : il commandait en Ecoffe l'armée qui avait fubjugué le pays. Le Parlement de Londres ayant voulu caffer quelques Officiers de cette armée, ce Général fe réfolut à marcher en Angleterre pour tenter la fortune. Les trois Royaumes alors n'étaient qu'une Anarchie. Une partie de l'armée de *Monck* reftée en Ecoffe ne pouvait la tenir dans la fujétion. L'autre partie qui fuivait *Monck* en Angleterre, avait en tête celle de la République. Le Parlement redoutait ces deux armées, & voulait en être le Maître. Il y avait là de quoi renouveller toutes les horreurs des guerres civiles.

Monck ne fe fentant pas affez puiffant pour fuccéder aux deux Protecteurs, forma le deffein de rétablir la Famille Royale ; & au lieu de répandre du fang, il embrouilla tellement les affaires par fes négociations, qu'il augmenta l'Anarchie, & mit la Nation au point de défirer un Roi. A peine y eut-il du fang répandu. *Lambert* un des Généraux de *Cromwell*, & des plus ardens Républicains, voulut en vain renouveller la guerre ; il fut prévenu avant qu'il eût raffemblé un affez grand nombre des anciennes troupes de *Cromwell*, & fut battu & pris par celles de *Monck*. On affembla un nouveau Parlement. Les Pairs fi longtems oififs & oubliés, revinrent enfin dans la Chambre haute. Les deux Chambres reconnurent *Charles II.* pour Roi, & il fut proclamé dans Londres.

Charles

CH.
CLXXVIII

8. Mai
1660.

Charles II. rappellé ainsi en Angleterre, sans y avoir contribué que de son consentement, & sans qu'on lui eût fait aucune condition, partit de Breda où il était retiré. Il fut reçu aux acclamations de toute l'Angleterre: il ne paraissait pas qu'il y eût eu de guerre civile. Le Parlement exhuma le corps d'*Olivier Cromwell*, d'*Ireton* son gendre, d'un nommé *Bradshaw* Président de la Chambre, qui avait jugé *Charles I.* On les traîna au gibet sur la claye. De tous les Juges de *Charles I.* qui vivaient encor, il n'y en eut que dix qu'on exécuta: aucun d'eux ne témoigna le moindre repentir, aucun ne reconnut le Roi régnant: tous remercièrent DIEU *de mourir martyrs pour la plus juste & la plus noble des causes.* Non seulement ils étaient de la faction intraitable des *Indépendans*, mais de la secte des *Anabaptistes*, qui attendaient fermement le second avénement de JESUS-CHRIST, & la cinquiéme Monarchie.

Il n'y avait plus que neuf Evêques en Angleterre; le Roi en completta bientôt le nombre. L'ordre ancien fut rétabli; on vit les plaisirs & la magnificence d'une Cour succéder à la triste férocité qui avait régné si longtems. *Charles II.* introduisit la galanterie & les fêtes dans le Palais de Withehall souillé du sang de son Pére. Les *Indépendans* ne parurent plus; les *Puritains* furent contenus. L'esprit de la Nation parut d'abord si changé, que la guerre civile précédente fut tournée en ridicule.

Ces

Ces Sectes sombres & sévères, qui avaient mis tant d'entousiasme dans les esprits, furent l'objet de la raillerie des Courtisans & de toute la jeunesse.

Ch. CLXXVIII

Le Théisme dont le Roi faisait une profession assez ouverte, fut la Religion dominante au milieu de tant de Religions. Ce Théisme a fait depuis des progrès prodigieux dans le reste du Monde. Le Comte de *Shaftsburi*, le fils du Ministre, l'un des plus grands soutiens de cette Religion, dit formellement dans ses *Caractéristiques*, qu'on ne saurait trop respecter ce grand nom de *Théiste*. Une foule d'illustres Écrivains en a fait profession ouverte. La plûpart des Sociniens se sont enfin rangés à ce parti. On reproche à cette Secte si étendue de n'écouter que la raison, & d'avoir secoué le joug de la foi. Il n'est pas possible à un Chrétien d'excuser leur indocilité. Mais la fidélité de ce grand tableau que nous traçons de la vie humaine, exige qu'en condamnant leur erreur, on rende justice à leur conduite. Il faut avouer que de toutes les Sectes c'est la seule qui n'ait point troublé la société par des disputes, la seule qui en se trompant ait toûjours été sans fanatisme. Il est impossible même qu'elle ne soit pas paisible. Ceux qui la professent sont unis avec tous les hommes, dans le principe commun à tous les siecles & à tous les pays, dans l'adoration d'un seul Dieu; ils different des autres hommes, en ce qu'ils n'ont ni dogmes, ni temples, ne croyant qu'un

Théisme.

Cn. CLXXVIII
Théistes.

qu'un Dieu juste, tolérant tout le reste, & découvrant rarement leur sentiment. Ils disent que cette Religion pure, aussi ancienne que le Monde, fut longtems la seule véritable avant que Dieu lui-même en donnât une autre au Peuple Hébreu. Ils se fondent sur ce que les Lettrés de la Chine l'ont toûjours professée; mais ces Lettrés de la Chine ont un culte public, & les Théistes d'Europe n'ont qu'un culte secret; chacun adorant Dieu en particulier, & ne faisant aucun scrupule d'assister aux cérémonies publiques; du moins, il n'y a eu jusqu'ici qu'un très-petit nombre de ceux qu'on nomme *Unitaires* qui se soient assemblés. Mais ceux-là se disent Chrétiens primitifs plutôt que Théistes.

Société Royale rend service à l'esprit humain.

La Société Royale de Londres déja formée, mais qui ne s'établit par des Lettres Patentes qu'en 1660., commença à adoucir les mœurs en éclairant les esprits. Les Belles-Lettres renaquirent & se perfectionnèrent de jour en jour. On n'avait guères connu du tems de *Cromwell* d'autre Science & d'autre Littérature, que celle d'appliquer des passages de l'Ancien & du Nouveau Testament aux dissensions publiques, & aux révolutions les plus atroces. On s'appliqua alors à connaître la Nature, & à suivre la route que le Chancelier *Bacon* avait montrée. La Science des Mathématiques fut portée bientôt à un point, que les *Archimèdes* n'avaient pû même deviner. Un grand homme a connu enfin les loix primitives, jusqu'alors cachées,

cachées, de la constitution générale de l'Uni- Ch.
vers; & tandis que toutes les autres Nations CLXXVIII.
se repaissaient de fables, les Anglais trouvèrent
les plus sublimes vérités. Tout ce que les recherches de plusieurs siécles avaient connu en
Physique n'aprochait pas de la seule découverte
de la nature de la lumiére. Les progrès furent
rapides & immenses en vingt ans: c'est là un
mérite, une gloire, qui ne passeront jamais.
Le fruit du génie & de l'étude reste; & les
effets de l'ambition, du fanatisme & des passions s'anéantissent avec les tems qui les ont
produits. L'esprit de la Nation acquit sous
le Régne de *Charles II.* une réputation immortelle, quoique le Gouvernement n'en eût
point.

 L'esprit Français qui régnait à la Cour, la Esprit
rendit aimable & brillante; mais en l'assujet- Français
tissant à des mœurs nouvelles, elle l'asservit à la Cour.
aussi aux intérêts de *Louis XIV.*; & le Gouvernement Anglais vendu longtems à celui de
France, fit quelquefois regretter le tems où
l'Usurpateur *Cromwell* rendait sa Nation respectable.

 Le Parlement d'Angleterre, & celui d'Ecosse
rétablis s'empressèrent d'accorder au Roi, dans
chacun de ces deux Royaumes, tout ce qu'ils
pouvaient lui donner, comme une espèce de
réparation du meurtre de son père. Le Parlement d'Angleterre surtout, qui seul pouvait
le rendre puissant, lui assigna un revenu de
douze cent mille livres sterling, pour lui &

Ch.
CLXXVIII

Revenu du Roi.

pour toutes les parties de l'administration, indépendamment des fonds destinés pour la flotte; jamais *Elisabeth* n'en avait eu tant. Cependant *Charles II.* prodigue fut toûjours indigent. La Nation ne lui pardonna pas de vendre pour moins de deux cent quarante mille livres sterling Dunkerque acquise par les négociations & les armes de *Cromwell*.

La guerre qu'il eut d'abord contre les Hollandais fut très-onereuse, puisqu'elle coûta sept millions & demi de livres sterling au peuple; & elle fut honteuse, puisque l'Amiral *Ruyter* entra jusques dans le port de Chatam, & y brula les vaisseaux Anglais.

Accidens
1666.

Londres rebâti.

Des accidens funestes se mêlèrent à ces désastres. Une peste ravagea Londres au commencement de ce Régne, & la ville presque entiére fut détruite par un incendie. Ce malheur arrivé après la contagion & au fort d'une guerre malheureuse contre la Hollande, paraissait irréparable. Cependant, à l'étonnement de l'Europe, Londres fut rebâtie en trois années, beaucoup plus belle, plus réguliére, plus commode qu'elle n'était auparavant. Un seul impôt sur le charbon, & l'ardeur des citoyens, suffirent à ce travail immense. Ce fut un grand exemple de ce que peuvent les hommes, & qui rend croyable ce qu'on raporte des anciennes villes de l'Asie & de l'Egypte, construites avec tant de célérité.

Ni ces accidens, ni ces travaux, ni la guerre de 1672. contre la Hollande, ni les cabales
dont

dont la Cour & le Parlement furent remplis, ne dérobèrent rien aux plaisirs & à la gayeté que *Charles II.* avait amenés en Angleterre, comme des productions du climat de la France, où il avait demeuré plusieurs années. Une maitresse Françaife, l'esprit Français, & surtout l'argent de la France, dominaient à la Cour.

Ch. CLXXVIII

Malgré tant de changemens dans les esprits, ni l'amour de la liberté & de la faction ne changea dans le peuple, ni la passion du pouvoir absolu dans le Roi, & dans le Duc d'Yorck son frére. On vit enfin au milieu des plaisirs la confusion, la division, la haine des partis & des sectes, désoler encor les trois Royaumes. Il n'y eut plus, à la vérité, de grandes guerres civiles comme du tems de *Cromwell*; mais une suite de complots, de conspirations, de meurtres juridiques ordonnés en vertu des loix interprétées par la haine, & enfin plusieurs assassinats auxquels la Nation n'était point encor accoutumée, noircirent quelque tems le régne de *Charles II.* Il semblait, par son caractère doux & aimable, formé pour rendre sa Nation heureuse, comme il faisait les délices de ceux qui l'approchaient. Cependant le sang coulait sur les échaffauts sous ce bon Prince comme sous les autres. La Religion seule fut la cause de tant de désastres, quoique *Charles* fût très Philosophe.

Troubles, conjuration nommée *Papiste*.

Il n'avait point d'enfant; & son frére, héritier présomptif de la Couronne, avait embrassé

Сн.
CLXXVIII
brassé ce qu'on appelle en Angleterre la *Secte Papiste*, objet de l'exécration de presque tout le Parlement & de la Nation. Dès qu'on sçut cette défection, la crainte d'avoir un jour un Papiste pour Roi, aliéna presque tous les esprits. Quelques malheureux de la lie du peuple, apostés par la faction opposée à la Cour, dénoncèrent une conspiration bien plus étrange encor que celle des poudres. Ils affirmèrent par serment que les Papistes devaient tuer le Roi, & donner la Couronne à son frére ; que le Pape *Clément X.* dans une Congrégation qu'on appelle de *la Propagande*, avait déclaré en 1675. que le Royaume d'Angleterre appartenait aux Papes, par un droit imprescriptible ; qu'il en donnait la Lieutenance au Jésuite *Oliva* Général de l'Ordre ; que ce Jésuite remettait son autorité au Duc d'Yorck vassal du Pape ; qu'on devait lever une armée en Angleterre pour détrôner *Charles II.* ; que le Jésuite *la Chaise*, Confesseur de *Louis XIV.* avait envoyé dix mille Louis d'or à Londres pour commencer les opérations ; que le Jésuite *Coniers* avait acheté un poignard une livre sterling pour assassiner le Roi, & qu'on en avait offert dix mille à un Médecin pour l'empoisonner. Ils produisaient les noms, & les commissions de tous les Officiers, que le Général des Jésuites avait nommés pour commander l'armée Papale.

Horreurs ridicules.

Jamais accusation ne fut plus absurde. Le fameux Irlandais qui voyait à cinquante pieds
sous

sous terre, la femme qui accoucha tous les huit jours d'un lapin dans Londres, celui qui promit à la Ville assemblée d'entrer dans une bouteille de deux pintes, & parmi nous l'affaire de nôtre Bulle *Unigenitus*, nos convulsions, & nos accusations contre les Philosophes, n'ont pas été plus ridicules. Mais quand les esprits sont échauffés, plus une opinion est impertinente, plus elle a de crédit.

Toute la Nation fut allarmée. La Cour ne put empêcher le Parlement de procéder avec la sévérité la plus promte. Il se mêla une vérité à tous ces mensonges incroyables, & dès-lors tous ces mensonges parurent vrais. Les délateurs prétendaient que le Général des Jésuites avait nommé pour son Secrétaire d'Etat en Angleterre un nommé *Coleman*, attaché au Duc d'Yorck; on saisit les papiers de ce *Coleman*, on trouva des lettres de lui au Pére *la Chaise*, conçues en ces termes:

Nous poursuivons une grande entreprise, il s'agit de convertir trois Royaumes, & peut-être de détruire à jamais l'héréfie; nous avons un Prince zélé &c. . . . . Il faut envoyer beaucoup d'argent au Roi: l'argent est la Logique qui persuade tout à nôtre Cour.

Il est évident par ces lettres que le parti Catholique voulait avoir le dessus; qu'il attendait beaucoup du Duc d'Yorck; que le Roi lui-même favoriserait les Catholiques, pourvû qu'on lui donnât de l'argent; qu'enfin les Jésuites faisaient tout ce qu'ils pouvaient pour

Ch. CLXXVIII

Suites de la conjuration prétendue Papiste.

servir le Pape en Angleterre. Tout le reste était manifestement faux ; les contradictions des délateurs étaient si grossiéres, qu'en tout autre tems on n'aurait pû s'empêcher d'en rire.

Mais les Lettres de *Coleman*, & l'assassinat d'un de ses Juges, firent tout croire des Papistes. Plusieurs accusés périrent sur l'échaffaut ; cinq Jésuites furent pendus & écartelés. Si on s'était contenté de les juger comme perturbateurs du repos public, entretenant des correspondances illicites, & voulant abolir la Religion établie par la Loi, leur condamnation eût été dans toutes les régles ; mais il ne falait pas les pendre en qualité de Capitaines & d'Aumôniers d'une armée Papale qui devait subjuguer trois Royaumes. Le zèle contre le Papisme fut porté si loin, que la Chambre des Communes vota presque unanimement l'exclusion du Duc d'Yorck, & le déclara incapable d'être jamais Roi d'Angleterre. Ce Prince ne confirma que trop quelques années après la sentence de la Chambre des Communes.

L'Angleterre, ainsi que tout le Nord, la moitié de l'Allemagne, les sept Provinces-Unies, & les trois quarts de la Suisse, s'étaient contentés jusques-là de regarder la Religion Catholique Romaine comme une idolâtrie. Mais cette flétrissure n'avait encor passé nulle part en Loi de l'Etat. Le Parlement d'Angleterre ajouta à l'ancien serment du Test, l'obligation d'abhorrer le Papisme comme idolâtre.

Quelles révolutions dans l'esprit humain !
Les

Ch. CLXXVIII.

Les prémiers Chrétiens accusèrent le Sénat de Rome d'adorer des ftatues qu'il n'adorait certainement pas. Le Chriftianifme fubfifta trois cent ans fans images; douze Empereurs Chrétiens traitèrent d'idolâtres ceux qui priaient devant des figures de Saints. Ce culte fut enfuite reçu dans l'Occident & dans l'Orient, abhorré après dans la moitié de l'Europe. Enfin Rome Chrétienne, qui fonde fa gloire fur la deftruction de l'idolâtrie, eft mife au rang des Payens par les Loix d'une Nation puiffante, éclairée & confidérée des autres Nations.

L'entoufiafme du peuple ne fe borna pas à des démonftrations de haine & d'horreur contre le Papifme; les accufations, les fupplices continuèrent.

Ce qu'il y eut de plus déplorable, ce fut la mort du Lord *Stafford*, vieillard zélé pour l'Etat, attaché au Roi, mais retiré des affaires, & achevant fa carriére honorable dans l'exercice paifible de toutes les vertus. Il paffait pour Papifte, & ne l'était pas. Les délateurs l'accuférent d'avoir voulu engager l'un d'eux à tuer le Roi. L'accufateur ne lui avait jamais parlé, & cependant il fut cru; l'innocence du Lord *Stafford* parut en vain dans tout fon jour; il fut condamné, & le Roi n'ofa lui donner fa grace : faibleffe infame, dont fon pére avait été coupable & qui perdit fon pére. Cet exemple prouva que la tyrannie d'un Corps eft toûjours plus impitoyable que celle d'un Roi ; il y a mille moyens d'appaifer

Meurtre juridique du Lord Stafford.

186 DE L'ANGLETERRE

Ch. CLXXVIII

paiſer un Prince, il n'y en a point d'adoucir la férocité d'un Corps entrainé par les préjugés. Chaque membre enyvré de cette fureur commune, la reçoit & la redouble dans les autres membres, & ſe porte à l'inhumanité ſans crainte, parce que perſonne ne répond pour le Corps entier.

Horreurs Presbytériennes

Pendant que les Papiſtes & les Anglicans donnaient à Londres cette ſanglante ſcène, les Presbytériens d'Ecoſſe en donnaient une non moins abſurde, & plus abominable. Ils aſſaſſinèrent l'Archevêque de *St. André*, Primat d'Ecoſſe; car il y avait encor des Evêques dans ce pays, & l'Archevêque de *St. André* avait conſervé ſes prérogatives. Les Presbytériens aſſemblèrent le Peuple après cette belle action, & la comparèrent hautement dans leurs ſermons à celle de *Jahel*, d'*Aod*, & de *Judith*, auxquelles elle reſſembiait en effet. Ils menèrent leurs auditeurs au ſortir du ſermon, tambour battant, à Glaſcow, dont ils s'emparèrent. Ils jurèrent de ne plus obéir au Roi comme Chef ſuprème de l'Egliſe Anglicane; de ne reconnaitre jamais ſon frère pour Roi, de n'obéir qu'au *Seigneur*, & d'immoler au *Seigneur* tous les Prélats qui s'oppoſeraient aux Saints.

1679.

Le Roi fut obligé d'envoyer contre les Saints, le Duc de *Montmouth* ſon fils naturel, avec une petite armée. Les Presbytériens marchèrent contre lui au nombre de huit mille hommes, commandés par des Miniſtres du St. Evangile. Cette armée s'appellait *l'armée du Seigneur*.

Il

Il y avait un vieux Miniſtre qui monta ſur un petit tertre, & qui ſe fit ſoutenir les mains comme *Aaron*, pour obtenir une victoire ſûre. L'armée du Seigneur fut miſe en déroute dès les prémiers coups de canon. On fit douze cent priſonniers. Le Duc de *Montmouth* les traita avec humanité; il ne fit pendre que deux Prètres, & donna la liberté à tous les priſonniers qui voulurent jurer de ne plus troubler la Patrie au nom de Dieu; neuf cent firent le ſerment, trois cent jurèrent qu'il valait mieux obéir à Dieu qu'aux hommes, & qu'ils aimaient mieux mourir que de ne pas tuer les Anglicans & les Papiſtes. On les tranſporta en Amérique, & leur vaiſſeau ayant fait naufrage, ils reçurent au fond de la Mer la couronne du martyre.

Ch. CLXXVIII. Humanité du Duc de Montmouth qui ne fait pendre que deux Prêtres.

Cet eſprit de vertige dura encor quelque tems en Angleterre, en Ecoſſe, en Irlande. Mais enfin, le Roi appaiſa tout, moins par ſa prudence, peut-être, que par ſon caractère aimable, dont la douceur & les graces prévalurent, & changèrent inſenſiblement la férocité atrabilaire de tant de factieux en des mœurs plus ſociables.

Charles II. parait être le prémier Roi d'Angleterre qui ait acheté par des penſions ſecrettes les ſuffrages des Membres du Parlement. Du moins dans un pays où il n'y a preſque rien de ſecret, cette méthode n'avait jamais été publique. On n'avait point de preuve que les Rois ſes prédéceſſeurs euſſent pris ce parti,

Сн.
CLXXVIII
qui abrège les difficultés, & qui prévient les contradictions.

Le second Parlement convoqué en 1679. procéda contre dix-huit Membres des Communes du Parlement précédent, qui avait duré dix-huit années. On leur reprocha d'avoir reçu des pensions; mais comme il n'y avait point de loi qui défendît de recevoir des gratifications de son Souverain, on ne put les poursuivre.

Plus de Parlement.

1681.

Cependant *Charles II.* voyant que la Chambre des Communes, qui avait détrôné & fait mourir son pére, voulait deshériter son frère de son vivant, & craignant pour lui-même les suites d'une telle entreprise, cassa le Parlement, & régna sans en assembler désormais.

Tout fut tranquille dès le moment que l'autorité Royale & la Parlementaire ne se choquèrent plus. Le Roi fut réduit enfin à vivre avec économie de son revenu, & d'une pension de cent mille livres sterling, que *Louis XIV.* lui donna quelques années. Il entretenait seulement quatre mille hommes de troupes, & on lui reprochait cette garde, comme s'il eût eu sur pied une puissante armée. Les Rois n'avaient ordinairement avant lui que cent hommes pour leur garde ordinaire.

On ne connut alors en Angleterre que deux partis politiques, celui des *Toris* qui embrassaient une soumission entière aux Rois, & celui des *Wigs* qui soutenaient les droits des Peuples, & qui limitaient ceux du pouvoir Souverain.

verain. Ce dernier parti l'a presque toûjours emporté sur l'autre.

Ch. CLXXVIII.

Mais ce qui a fait la puissance de l'Angleterre, c'est que tous les partis ont également concouru depuis le tems d'*Elisabeth* à favoriser le Commerce. Le même Parlement qui fit couper la tête à son Roi, fut occupé d'établissemens maritimes, comme si on eût été dans les tems les plus paisibles. Le sang de *Charles I*. était encor fumant, quand ce Parlement, quoique presque tout composé de fanatiques, fit en 1650. le fameux Acte de la Navigation, qu'on attribue au seul *Cromwell*, & auquel il n'eut d'autre part que celle d'en être fâché, parce que cet Acte très-préjudiciable aux Hollandais fut une des causes de la guerre entre l'Angleterre & les sept Provinces, & que cette guerre en portant toutes les grandes dépenses du côté de la Marine, tendait à diminuer l'armée de terre dont *Cromwell* était Général. Cet Acte de la Navigation a toûjours subsisté dans toute sa force. L'avantage de cet Acte consiste à ne permettre qu'aucun vaisseau étranger puisse apporter en Angleterre des marchandises qui ne sont pas du pays auquel appartient le vaisseau.

Etat florissant de l'Angleterre.

Il y eut dès le tems de la Reine *Elisabeth* une Compagnie des Indes, antérieure même à celle de Hollande, & on en forma encor une nouvelle du tems du Roi *Guillaume*.

Commerce.

Depuis 1597. jusqu'en 1612. les Anglais furent seuls en possession de la pêche de la baleine ;

Ch.
CLXXVIII

leine; mais leurs plus grandes richesses vinrent toûjours de leurs troupeaux. D'abord ils ne furent que vendre les laines; mais depuis *Elifabeth* ils manufacturèrent les plus beaux draps de l'Europe.

Agriculture.

L'Agriculture longtems négligée leur a tenu lieu enfin des mines du Potofe. La culture des terres a été furtout encouragée, lorfqu'on a commencé en 1689. à donner des récompenfes à l'exportation des grains. Le Gouvernement a toûjours accordé depuis ce tems-là cinq fchellins pour chaque mefure de froment portée à l'étranger, lorfque cette mefure, qui contien vingt-quatre boiffeaux de Paris, ne vaut à Londres que deux livres huit fols fterling. La vente de tous les autres grains a été encouragée à proportion; & dans les derniers tems il a été prouvé dans le Parlement que l'exportation des grains avait valu en quatre années cent foixante-dix millions trois cent trente mille livres de France.

L'Angleterre n'avait pas encor toutes ces grandes reffources du tems de *Charles II.*: elle était encor tributaire de l'induftrie de la France. qui tirait d'elle plus de huit millions chaque année par la balance du Commerce. Les Manufactures de toiles, de glaces, de cuivre, d'airain, d'acier, de papier, de chapeaux même, manquaient aux Anglais. C'eft la révocation de l'Édit de Nantes qui leur a donné prefque toute cette nouvelle induftrie.

On peut juger par ce feul trait fi les flatteurs

teurs de *Louïs XIV.* ont eu raison de le louer d'avoir privé la France de citoyens utiles. Auſſi en 1687. la Nation Angloiſe ſentant de quel avantage lui ſeraient les ouvriers Français réfugiés chez elle, leur a donné quinze cent mille francs d'aumônes, & a nourri treize mille de ces nouveaux citoyens dans la ville de Londres, aux dépens du public, pendant une année entiére.

Cette application au Commerce dans une Nation guerriére, l'a miſe enfin en état de ſoudoyer une partie de l'Europe contre la France. Elle a de nos jours multiplié ſon crédit, ſans beaucoup augmenter ſes fonds, au point que les dettes de l'Etat aux particuliers ont monté à cent de nos millions de rente. C'eſt préciſément la ſituation où s'eſt trouvé le Royaume de France, dans lequel l'Etat ſous le nom du Roi doit à peu près la même ſomme par année aux rentiers & à ceux qui ont acheté des Charges. Cette manœuvre inconnue à tant d'autres Nations, & ſurtout à celles de l'Aſie, a été le triſte fruit de nos guerres, & le dernier effort de l'induſtrie politique ; induſtrie non moins dangereuſe que la guerre même.

C H.

CH. CENT-SOIXANTE-DIX-NEUVIEME

DE L'ITALIE,

ET PRINCIPALEMENT DE ROME

A LA FIN

DU SEIZIEME SIECLE.

Du Concile de Trente. De la Reforme du Calendrier, &c.

Autant que la France & l'Allemagne furent bouleversées à la fin du seiziéme & au commencement du dix-septiéme Siécle, languissantes, sans Commerce, privées des Arts & de toute Police, abandonnées à l'Anarchie; autant les Peuples d'Italie commencèrent en général à jouir du repos, & cultivèrent à l'envi les Arts de goût, qui ailleurs étaient ignorés, ou grossiérement exercés. Naples & Sicile furent sans révolutions; on n'y eut même aucune inquiétude. Quand le Pape *Paul IV.* poussé par ses neveux, voulut ôter ces deux Royaumes à *Philippe II.* par les armes de *Henri II.* Roi de France, il prétendait les transférer au Duc d'Anjou, qui fut depuis *Henri III.*, moyennant vingt mille ducats de tribut annuel au lieu de six mille, & surtout

à

à condition que ses neveux y auraient des Principautés considérables & indépendantes.

<small>Ch. CLXXIX.
Papes veulent avoir Naples.</small>

Ce Royaume était alors le seul au Monde qui fût tributaire. On prétendait que la Cour de Rome voulait qu'il cessât de l'être, & qu'il fût enfin réuni au St. Siége ; ce qui aurait pû rendre les Papes assez puissans pour tenir en Maîtres la balance de l'Italie. Mais il était impossible que ni *Paul IV.* ni toute l'Italie ensemble, ôtassent Naples à *Philippe II.*, pour l'ôter ensuite au Roi de France, & dépouiller les deux plus puissans Monarques de la Chrétienté. L'entreprise de *Paul IV.* ne fut qu'une témérité malheureuse. Le fameux Duc d'*Albe* alors Vice-Roi de Naples insulta aux démarches de ce Pontife, en faisant fondre les cloches, & tout le bronze de Bénévent qui appartenait au St. Siége, pour en faire des canons. Cette guerre fut presque aussi-tôt finie que commencée. Le Duc d'*Albe* se flattait de prendre Rome, comme elle avait été prise sous *Charles Quint*, & du tems des *Otons*, & d'*Arnoud*, & de tant d'autres ; mais il alla au bout de quelques mois baiser les pieds du Pontife ; on rendit les cloches à Bénévent, & tout fut fini.

<small>Cardinaux pendus. Mars 1560.</small>

Ce fut un spectacle affreux après la mort de *Paul IV.* que la condamnation de ses deux neveux, le Prince de *Palliano*, & le Cardinal *Caraffa* : le sacré Collége vit avec horreur ce Cardinal condamné par les ordres de *Pie IV.*, mourir par la corde, comme était mort le

Ch. CLXXIX.

Cardinal *Poli* sous *Léon X.*; mais une action de cruauté ne fit pas un régne cruel, & la Nation Romaine ne fut pas tyrannisée : elle se plaignit seulement que le Pape vendit les Charges du Palais, abus qui augmenta dans la suite.

Concile de Trente.
1563.

Le Concile de Trente fut terminé sous *Pie IV.* d'une maniére paisible;* il ne produisit aucun effet nouveau ni parmi les Catholiques qui croyaient tous les articles de foi enseignés par ce Concile, ni parmi les Protestans qui ne les croyaient pas : il ne changea rien aux usages des Nations Catholiques, qui adoptaient quelques régles de discipline différentes de celles du Concile.

Libertés Gallicanes.

La France surtout conserva ce qu'on appelle les libertés de son Eglise, qui sont en effet les libertés de sa Nation. Vingt-quatre articles qui choquent les droits de la Jurisdiction civile, ne furent jamais adoptés en France : les principaux de ces articles donnaient aux seuls Evêques l'administration de tous les Hôpitaux, attribuaient au seul Pape le jugement des causes criminelles de tous les Evêques, soumettaient les Laïcs en plusieurs cas à la Jurisdiction Episcopale. Voila pourquoi la France rejetta toûjours le Concile dans la Discipline qu'il établit. Les Rois d'Espagne le reçurent dans tous leurs Etats avec le plus grand respect, & les plus grandes modifications, mais secrettes, & sans éclat. Venise imita l'Espagne. Les Catholi-

* La rédaction des disputes & des actes de ce Concile se trouve au chapitre 168.

tholiques d'Allemagne demandèrent encor l'usage de la coupe, & le mariage des Prêtres. Pie IV. accorda la Communion sous les deux espèces, par des Brefs à l'Empereur *Maximilien II.* & à l'Archevêque de Mayence : mais il fut inflexible sur le célibat des Prêtres. L'Histoire des Papes en donne pour raison, que *Pie IV.* étant délivré du Concile, n'en avait plus rien à craindre : *de-là vient*, ajoute l'Auteur, *que ce Pape, qui violait les Loix divines & humaines, faisait le scrupuleux sur le célibat.* Il est très-faux que *Pie IV.* violât les Loix divines & humaines ; & il est très-évident qu'en conservant l'ancienne discipline du Célibat Sacerdotal depuis si longtems établie dans l'Occident, il se conformait à une opinion devenue une Loi de l'Eglise.

C*n*.
CLXXIX.

Tous les autres usages de la Discipline Ecclésiastique particuliére à l'Allemagne, subsistèrent. Les questions préjudiciables à la puissance séculiére ne réveillèrent plus ces guerres qu'elles avaient autrefois fait naitre. Il y eut toûjours des difficultés, des épines entre la Cour de Rome & les Cours Catholiques ; mais le sang ne coula point pour ces petits démêlés. L'Interdit de Venise sous *Paul V.* a été depuis la seule querelle éclatante. Les guerres de Religion en Allemagne, & en France, occupaient alors assez ; & la Cour de Rome ménageait d'ordinaire les Souverains Catholiques, de peur qu'ils ne devinssent Protestans. Malheur seulement aux Princes faibles, quand ils

CH. CLXXIX.

Italie sans police.

avaient en tête un Prince puiffant comme *Philippe*, qui était le Maître au Conclave.

Il manqua à l'Italie la Police générale : ce fut là fon véritable fléau : elle fut infeftée longtems de brigands au milieu des Arts, & dans le fein de la paix, comme la Grèce l'avait été dans les tems fauvages. Des frontiéres du Milanais au fond du Royaume de Naples, des troupes de bandits courans fans ceffe d'une Province à une autre, achetaient la protection des petits Princes, ou les forçait à les tolérer. On ne put les exterminer dans l'Etat du St. Siége jufqu'au régne de *Sixte-Quint*; & après lui ils reparurent quelquefois. Ce fatal exemple encourageait les particuliers à l'affaffinat : l'ufage du ftilet n'était que trop commun dans les Villes, tandis que les bandits couraient les campagnes ; les écoliers de Padoue s'étaient accoutumés à affommer les paffans fous les arcades qui bordent les rues.

Malgré ces défordres trop communs, l'Italie était le pays le plus floriffant de l'Europe, s'il n'était pas le plus puiffant. On n'entendait plus parler de ces guerres étrangères qui l'avaient défolée depuis le Régne du Roi de France *Charles VIII.* ni de ces guerres inteftines de Principauté contre Principauté, & de Ville contre Ville : on ne voyait plus de ces confpirations autrefois fi fréquentes. Naples, Venife, Rome, Florence, attiraient les étrangers par leur magnificence, & par la culture de tous les Arts. Les plaifirs de l'efprit n'é-

Arts cultivés.

taient

taient encor bien connus que dans ce climat. la Religion s'y montrait aux Peuples fous un appareil imposant, néceffaire aux imaginations fenfibles. Ce n'était qu'en Italie qu'on avait élevé des Temples dignes de l'Antiquité ; & St. Pierre de Rome les furpaffait tous. Si les pratiques fuperftitieufes, de fauffes traditions, des miracles fuppofés fubfiftaient encor, les fages les méprifaient, & favaient que les abus ont été de tous les tems l'amufement de la populace.

Peut-être les Ecrivains ultramontains qui ont tant déclamé contre ces ufages, n'ont pas affez diftingué entre le Peuple & ceux qui le conduifent. Il n'aurait pas fallu méprifer le Sénat de Rome, parce que les malades guéris par la nature tapiffaient de leurs offrandes les Temples d'*Efculape*, parce que mille tableaux votifs de voyageurs échapés aux naufrages, ornaient ou défiguraient les Autels de *Neptune*, & que dans *Egnatia* l'encens brulait & fumait de lui-même fur une pierre facrée. Plus d'un Proteftant, après avoir goûté les délices du féjour de Naples, s'eft répandu en invectives contre les trois miracles qui fe font à jour nommé dans cette Ville, quand le fang de *St. Janvier*, de *St. Jean Baptifte*, & de *St. Etienne*, confervé dans des bouteilles, fe liquéfie étant aproché de leurs têtes. Ils accufent ceux qui préfident à ces Eglifes d'imputer à la Divinité des prodiges inutiles. Le favant & fage *Addiffon* dit qu'il n'a jamais vû à *Mo-*

Ch. CLXXIX.

Superftitions.

re

Ch.
CLXXIX. *re blounding trik*, un tour plus groſſier. Tous ces Auteurs pouvaient obſerver que ces inſtitutions ne nuiſent point aux mœurs, qui doivent être le principal objet de la Police civile & Eccléſiaſtique, que probablement les imaginations ardentes des climats chauds ont beſoin de ſignes viſibles qui les mettent continuellement ſous la main de la Divinité, & qu'enfin ces ſignes ne pouvaient être abolis que quand ils feraient mépriſés du même Peuple qui les révère.

Pie V.   A *Pie IV.* ſuccéda ce Dominicain *Gisleri*, *Pie V.*, ſi haï dans Rome même, pour y avoir fait exercer avec trop de cruauté le Miniſtère de l'Inquiſition, publiquement combattu ailleurs par les Tribunaux ſéculiers. La fameuſe Bulle, *In Cena Domini*, émanée ſous *Paul II.* & publiée par *Pie V.*, dans laquelle on brave tous les droits des Souverains, révolta pluſieurs Cours, & fit élever contre elle les voix de pluſieurs Univerſités.

St Charles Borromée.   L'extinction de l'Ordre des *Humiliés* fut un des principaux événemens de ſon Pontificat. Les Religieux de cet Ordre établis principalement au Milanais, vivaient dans le ſcandale; *St. Charles Borromée* Archevêque de Milan voulut les reformer; quatre d'entr'eux conſpirèrent contre ſa vie; l'un des quatre lui tira un coup d'arquebuſe dans ſon palais, pendant

1571. qu'il faiſait la prière. Ce ſaint homme, qui ne fut que légérement bleſſé, demanda au Pape la grace des coupables : mais le Pape punit

punit leur attentat par le dernier supplice, & abolit l'Ordre entier. Ce Pontife envoya quelques troupes en France au secours du Roi *Charles IX.* contre les Huguenots de son Royaume. Elles se trouvèrent à la bataille de Moncontour. Le Gouvernement de la France était alors parvenu à cèt excès de subvertissement, que deux mille soldats du Pape étaient un secours utile.

Mais ce qui consacra la mémoire de *Pie V.* ce fut son empressement à défendre la Chrétienté contre les Turcs, & l'ardeur dont il pressa l'armement de la flotte qui gagna la bataille de Lépante. Son plus bel éloge vint de Constantinople même, où l'on fit des réjouissances publiques de sa mort.

Grégoire XIII. Buoncompagno, Successeur de *Pie V.* rendit son nom immortel par la réforme du Calendrier qui porte son nom; & en cela il imita *Jules César*. Ce besoin où les Nations furent toûjours de réformer l'année, montre bien la lenteur des Arts les plus nécessaires. Les hommes avaient sçu ravager le Monde d'un bout à l'autre, avant d'avoir sçu connaitre les tems & régler leurs jours. Les anciens Romains n'avaient d'abord connu que dix mois lunaires, & une année de trois cent quatre jours; ensuite leur année fut de trois cent cinquante-cinq. Tous les remèdes à cette fausse computation furent autant d'erreurs. Les Pontifes depuis *Numa Pompilius* furent les Astronomes de la Nation, ainsi qu'ils l'avaient été chez

Ch. CLXXIX.

Réforme du Calendrier.

Ch.
CLXXIX.

Histoire du Calendrier.

les Babyloniens, chez les Egyptiens, chez les Perses, chez presque tous les Peuples de l'Asie. La science des tems les rendait plus vénérables au peuple, rien ne conciliant plus l'autorité que la connaissance des choses utiles inconnues au vulgaire.

Comme chez les Romains, le suprême Pontificat était toûjours entre les mains d'un Sénateur, *Jules César* en qualité de Pontife réforma le Calendrier autant qu'il le put; il se servit de *Sozigène*, Mathématicien Grec d'Alexandrie. *Alexandre* avait transporté dans cette ville les Sciences & le Commerce; c'était la plus célèbre école de Mathématiques, & c'était là que les Egyptiens, & même les Hébreux, avaient enfin puisé quelques connaissances réelles. Les Egyptiens avaient sçu auparavant élever des masses énormes de pierre; mais les Grecs leur enseignèrent tous les beaux-Arts, ou plutôt les exercèrent chez eux sans pouvoir former d'élèves Egyptiens. En effet on ne compte chez ce peuple d'esclaves efféminés aucun homme distingué dans les Arts de la Grèce.

Les Pontifes Chrétiens réglèrent l'année ainsi que les Pontifes de l'ancienne Rome, parce que c'était à eux d'indiquer les célébrations des fêtes. Le prémier Concile de Nicée en 325. voyant le dérangement que le tems aportait au Calendrier de *César*, consulta comme lui les Grecs d'Alexandrie; ces Grecs répondirent que l'équinoxe du Printems arrivait alors le

21.

21. Mars; & les Pères réglèrent le tems de la fête de Pâques suivant ce principe.

Deux légers mécomptes dans le calcul de *Jules César*, & dans celui des Astronomes consultés par le Concile, augmentèrent dans la suite des siécles. Le prémier de ces mécomptes vient du fameux Nombre d'Or de l'Athénien *Méton*; il donne dix-neuf années à la révolution par laquelle la Lune revient au même point du Ciel: il ne s'en manque qu'une heure & demie; méprise insensible dans un siécle, & considérable après plusieurs siécles. Il en était de même de la révolution apparente du Soleil, & des points qui fixent les Equinoxes & les Solstices. L'Equinoxe du Printems au siécle du Concile de Nicée arrivait le 21. Mars; mais au tems du Concile de Trente, l'Equinoxe avait avancé de dix jours, & tombait à l'onze de ce mois. La cause de cette précession des Equinoxes inconnuë à toute l'Antiquité, n'a été découverte que de nos jours: cette cause est un mouvement particulier à la Terre, mouvement dont la période s'achéve en vingt-cinq mille neuf cent années, & qui fait passer successivement les Equinoxes, & les Solstices, par tous les Points du Zodiaque. Ce mouvement est l'effet de la gravitation, dont le seul *Newton* a connu & calculé les phénomènes, qui semblaient hors de la portée de l'esprit humain.

Il ne s'agissait pas du tems de *Grégoire XIII.*

Cʜ.
CLXXIX.

de songer à deviner la cause de cette précession des Equinoxes, mais de mettre ordre à la confusion qui commençait à troubler sensiblement l'année civile. *Grégoire* fit consulter tous les célèbres Astronomes de l'Europe. Un Médecin nommé *Lilio*, né à Rome, eut l'honneur de fournir la manière la plus simple, & la plus facile, de rétablir l'ordre de l'année, telle qu'on la voit dans le nouveau Calendrier ; il ne fallait que retrancher dix jours à l'année 1582. où l'on était pour lors, & prévenir le dérangement dans les siécles avenir par une précaution aisée. Ce *Lilio* a été depuis ignoré ; & le Calendrier porte le nom du Pape *Grégoire*, ainsi que le nom de *Sozigène* fut couvert par celui de *César*. Il n'en était pas ainsi chez les anciens Grecs ; la gloire de l'invention demeurait aux Artistes.

Résistance au Calendrier.

3. Nov.
1582.

Grégoire XIII. eut celle de presser la conclusion de cette réforme nécessaire ; il eut plus de peine à la faire recevoir par les Nations, qu'à la faire rédiger par les Mathématiciens. La France résista quelques mois ; & enfin, sur un édit de *Henri III.* enrégistré au Parlement de Paris, on s'accoutuma à compter comme il le fallait ; mais l'Empereur *Maximilien II.* ne put persuader à la Diète d'Augsbourg que l'Equinoxe était avancé de dix jours. On craignit que la Cour de Rome en instruisant les hommes ne prît le droit de les maîtriser. Ainsi l'ancien Calendrier subsista encor quelque tems

chez

chez les Catholiques même de l'Allemagne. Les Protestans de toutes les Communions s'obstinèrent à ne pas recevoir des mains du Pape une vérité qu'il aurait fallu recevoir des Turcs s'ils l'avaient proposée.

C**.
CLXXIX.

Les derniers jours du Pontificat de *Grégoire XIII.* furent célebres par cette Ambassade d'obédience qu'il reçut du Japon. Rome faisait des conquêtes spirituelles à l'extrémité de la Terre, tandis qu'elle faisait tant de pertes en Europe. Trois Rois ou Princes du Japon, alors divisé en plusieurs Souverainetés, envoyèrent chacun un de leurs plus proches parens saluer le Roi d'Espagne *Philippe II.* comme le plus puissant de tous les Rois Chrétiens, & le Pape comme pére de tous les Rois. Les lettres de ces trois Princes au Pape commençaient toutes par un acte d'adoration envers lui. La prémiére du Roi de Bongo était écrite, *A l'adorable qui tient sur Terre la place du Roi du Ciel;* elle finit par ces mots : *Je m'adresse avec crainte & respect à Vôtre Sainteté, que j'adore, & dont je baise les pieds très saints.* Les deux autres disent à peu près la même chose. L'Espagne se flattait alors que le Japon deviendrait une de ses Provinces, & le St. Siége voyait déja le tiers de cet Empire soumis à sa Jurisdiction Ecclésiastique.

1575.
Ambassade du Japon au Pape.

Le Peuple Romain eût été très-heureux sous le Gouvernement de *Grégoire XIII.*, si la tranquillité publique de ses Etats n'avait pas été

quel-

quelquefois troublée par les bandits. Il abolit quelques impôts onéreux, & ne démembra point l'Etat en faveur de son bâtard, comme avaient fait quelques-uns de ses prédécesseurs.

CHAP. CENT-QUATRE-VINGTIEME.
DE SIXTE-QUINT.

LE Régne de *Sixte-Quint* a plus de célébrité que celui de *Grégoire XIII*. & de *Pie V.* quoique ces deux Pontifes ayent fait de plus grandes choses ; l'un s'étant signalé par la bataille de Lépante dont il fut le prémier mobile, & l'autre par la réforme des tems. Il arrive quelquefois, que le caractère d'un homme, & la singularité de son élévation, arrêtent sur lui les yeux de la postérité plus que les actions mémorables des autres. La disproportion qu'on croit voir entre la naissance de *Sixte-Quint* fils d'un pauvre vigneron, & l'élévation à la Dignité suprême, augmente sa réputation ; cependant nous avons vû que jamais une naissance obscure & basse ne fut regardée comme un obstacle au Pontificat, dans une Religion & dans une Cour, où toutes les places sont reputées le prix du mérite, quoiqu'elles soient aussi celui de la brigue. *Pie V.* n'était guères d'une famille plus relevée ; *Adrien VI.*

VI. fut le fils d'un Artisan; *Nicolas V.* était né dans l'obscurité; le pére du fameux *Jean XXII.* qui ajouta un troisiéme cercle à la Tiare, & qui porta trois Couronnes, sans posséder aucune terre, raccommodait des souliers à Cahors; c'était le métier du pére d'*Urbain IV. Adrien IV.* l'un des plus grands Papes, fils d'un mendiant, avait été mendiant lui-même. L'Histoire de l'Eglise est pleine de ces exemples, qui encouragent la simple vertu, & qui confondent la vanité humaine. Ceux qui ont voulu relever la naissance de *Sixte-Quint* n'ont pas songé qu'en cela ils rabaissaient sa personne; ils lui ôtaient le mérite d'avoir vaincu les prémiéres difficultés. Il y a plus loin d'un gardeur de porcs, tel qu'il le fut dans son enfance, aux simples places qu'il eut dans son Ordre, que de ces places au Trône de l'Eglise. On a composé sa vie à Rome sur des journaux qui n'aprennent que des dattes, & sur des panégyriques qui n'aprennent rien; le Cordelier qui a écrit la vie de *Sixte-Quint* commence par dire *qu'il a l'honneur de parler du plus haut, du meilleur, du plus grand des Pontifes, des Princes & des Sages, du glorieux & de l'immortel Sixte.* Il s'ôte lui-même tout crédit par ce début.

L'esprit de *Sixte-Quint* & de son Régne est la partie essentielle de son histoire: ce qui le distingue des autres Papes, c'est qu'il ne fit rien comme les autres. Agir toûjours avec hauteur, & même avec violence, quand il est un

simple

Ch. CLXXX.

simple Moine; dompter tout d'un coup la fougue de son caractère, dès qu'il est Cardinal; se donner quinze ans pour incapable d'affaires, & surtout de régner, afin de déterminer un jour en sa faveur les suffrages de tous ceux qui compteraient régner sous son nom; reprendre toute sa hauteur au moment même qu'il est sur le Trône; mettre dans son Pontificat une sévérité inouïe, & de la grandeur dans toutes ses entreprises; embellir Rome, & laisser le Trésor Pontifical très riche; licentier d'abord les soldats, les Gardes même de ses Prédécesseurs, & dissiper les bandits par la seule force des Loix, sans avoir de troupes; se faire craindre de tout le monde par sa place, & par son caractère; c'est-là ce qui mit son nom parmi les noms illustres, du vivant même de *Henri IV.* & d'*Elisabeth*. Les autres Souverains risquaient alors leur Trône, quand ils tentaient quelque entreprise sans le secours de ces nombreuses armées qu'ils ont entretenues depuis: il n'en était pas ainsi des Souverains de Rome, qui réunissant le Sacerdoce & l'Empire, n'avaient pas même besoin d'une Garde.

Police de Rome.

Sixte-Quint se fit une grande réputation, en embellissant & en policant Rome, comme *Henri IV.* embellissait & policait Paris: mais ce fut là le moindre mérite de *Henri*, & c'était le prémier de *Sixte*. Aussi ce Pape fit en ce genre de bien plus grandes choses que le Roi de France: il commandait à un peuple bien

DE SIXTE-QUINT.

bien plus paifible, & alors infiniment plus induftrieux ; & il avait dans les ruines, & dans les exemples de l'ancienne Rome, & encor dans les travaux de fes Prédéceffeurs, tout l'encouragement à fes grands deffeins.

Du tems des *Céfars* Romains, quatorze aqueducs immenfes foutenus fur des arcades, voituraient des fleuves entiers à Rome, l'efpace de plufieurs milles, & y entretenaient continuellement cent cinquante fontaines jailliffantes, & cent dix-huit grands bains publics; outre l'eau néceffaire à ces mers artificielles, fur lefquelles on repréfentait des batailles navales. Cent mille ftatues ornaient les places publiques, les carrefours, les temples, les maifons. On voyait quatre-vingt-dix Coloffes élevés fur des portiques : quarante-huit Obélifques de marbre granite, taillés dans la haute Égypte, étonnaient l'imagination, qui concevait à peine comment on avait pû transporter du Tropique aux bords du Tibre ces maffes prodigieufes. Il reftait aux Papes de reftaurer quelques aqueducs, de relever quelques Obélifques enfevelis fous des décombres, de déterrer quelques ftatues.

Sixte-Quint rétablit la fontaine *Mazia*, dont la fource eft à vingt milles de Rome, auprès de l'ancienne Préneste, & il la fit conduire par un aqueduc de treize mille pas : il falut élever des arcades dans un chemin de fept milles de longueur; un tel ouvrage, qui eût été peu de chofe pour l'Empire Romain, était beau-

beaucoup pour Rome, pauvre, & refferrée.

CLXXX. Cinq Obélifques furent relevés par fes foins. Le nom de l'Architecte *Fontana* qui les rétablit, eft encor célèbre à Rome; celui des Artiftes qui les taillèrent, qui les tranfportèrent de fi loin, n'eft pas connu. On lit dans quelques voyageurs, & dans cent Auteurs qui les ont copiés, que quand il falut élever fur fon pié-d'eftal l'Obélifque du Vatican, les cordes employées à cet ufage fe trouvèrent trop courtes, & que malgré la défenfe fous peine de mort de parler pendant cette opération, un homme du Peuple s'écria, *Mouillez les cordes*. Ces contes qui rendent l'Hiftoire ridicule, font le fruit de l'ignorance; les cabeftans dont on fe fervait ne pouvaient avoir befoin de ce ridicule fecours.

Coupole de St. Pierre.

L'ouvrage qui donna quelque fupériorité à Rome moderne fur l'ancienne, fut la coupole de St. Pierre de Rome. Il ne reftait dans le Monde que trois monumens antiques de ce genre, une partie du Dôme du Temple de *Minerve* dans Athènes, celui du Panthéon à Rome, & celui de la grande Mofquée de Conftantinople, autrefois Ste. Sophie, ouvrage de *Juftinien*. Mais ces coupoles affez élevées dans l'intérieur étaient trop écrafées au dehors. Le *Brunelefchi*, qui rétablit l'Architecture en Italie au quatorziéme fiécle, remédia à ce défaut par un coup de l'Art, en établiffant deux coupoles l'une fur l'autre, dans la Cathédrale de Florence; mais ces coupoles tenaient encor un peu du Gothi

Gothique, & n'étaient pas dans les nobles proportions. *Michel Ange Buonarota*, Peintre, Sculpteur, & Architecte, également célèbre dans ces trois genres, donna dès le tems de *Jules II.* le dessein des deux Dômes de St. Pierre; & *Sixte-Quint* fit construire en vingt-deux mois cet ouvrage, dont rien n'aproche.

La Bibliothéque commencée par *Nicolas V.* fut tellement augmentée alors, que *Sixte-Quint* peut passer pour en être le vrai Fondateur. Le vaisseau qui la contient est encor un beau monument. Il n'y avait point alors dans l'Europe de Bibliothéque ni si ample, ni si curieuse: mais la Ville de Paris l'a emporté depuis sur Rome en ce point; & si l'Architecture de la Bibliothéque Royale de Paris n'est pas comparable à celle du Vatican, les livres y sont en beaucoup plus grand nombre, bien mieux arrangés, & prêtés aux particuliers avec une toute autre facilité.

Le malheur de *Sixte-Quint* & de ses Etats, fut que toutes ses grandes fondations apauvrirent son peuple, au lieu que *Henri IV.* soulagea le sien. L'un & l'autre à leur mort laissèrent à peu près la même somme en argent comptant; car quoiqu'*Henri IV.* eût quarante millions en réserve dont il pouvait disposer, il n'y en avait qu'environ vingt dans les caves de la Bastille; & les cinq millions d'écus d'or que *Sixte* mit dans le Château St. Ange revenaient à peu près à vingt millions de nos livres d'alors. Cet argent ne pouvait être ravi à la circu-

circulation, dans un Etat presque sans Commerce & sans Manufactures, tel que celui de Rome, sans apauvrir les habitans. *Sixte* pour amasser ce trésor, & pour subvenir à ces dépenses, fut obligé de donner encor plus d'étendue à la vénalité des Emplois que n'avaient fait ses Prédécesseurs. *Sixte IV.*, *Jules II.*, *Léon X.* avaient commencé; *Sixte* agrava beaucoup ce fardeau: il créa des rentes à huit, à neuf, à dix pour cent, pour le payement desquelles les impôts furent augmentés. Le Peuple oublia qu'il embellissait Rome; il sentit seulement qu'il l'apauvrissait, & ce Pontife fut plus haï qu'admiré.

Il faut toûjours regarder les Papes sous deux aspects, comme Souverains d'un Etat, & comme Chefs de l'Eglise. *Sixte-Quint* en qualité de prémier Pontife voulut renouveller les tems de *Grégoire VII*. Il déclara *Henri IV*. alors Roi de Navarre incapable de succéder à la Couronne de France. Il priva la Reine *Elisabeth* de ses Royaumes par une Bulle; & si la flotte invincible de *Philippe II*. eût abordé en Angleterre, la Bulle eût pû être mise à exécution. La manière dont il se conduisit avec *Henri III*. après l'assassinat du Duc de *Guise* & du Cardinal son frère, ne fut pas si emportée. Il se contenta de le déclarer excommunié, s'il ne faisait pénitence de ces deux meurtres. C'était imiter *Saint Ambroise*; c'était agir comme *Alexandre III*. qui exigea une pénitence publique du meurtre de *Becquet*, canonisé sous

le

le nom de *Thomas de Canterburi*. Il était avéré que le Roi de France *Henri III*. venait d'assassiner dans sa propre maison deux Princes, dangereux à la vérité, mais auxquels on n'avait point fait le procès, & qu'il eût été très difficile de convaincre de crime en Justice réglée. Ils étaient les Chefs d'une Ligue funeste, mais que le Roi lui-même avait signée. Toutes les circonstances de ce double assassinat étaient horribles ; & sans entrer ici dans les justifications prises de la politique & du malheur des tems, la sureté du genre humain semblait demander un frein à de pareilles violences. *Sixte-Quint* perdit le fruit de sa démarche austère & inflexible, en ne soutenant que les droits de la Thiare & du sacré Collége, & non ceux de l'humanité ; en ne blâmant pas le meurtre du Duc de *Guise* autant que celui du Cardinal ; en n'insistant que sur la prétendue immunité de l'Eglise, sur le droit que les Papes réclamaient de juger les Cardinaux ; en commandant au Roi de France de relâcher le Cardinal de *Bourbon* & l'Archeveque de *Lyon*, qu'il retenait en prison par les raisons d'État les plus fortes ; enfin en lui ordonnant de venir dans l'espace de soixante jours expier son crime dans Rome. Il est très vrai que *Sixte-Quint*, Chef des Chrétiens, pouvait dire à un Prince Chrétien ; *Purgez vous devant* Dieu *d'un double homicide* : mais il ne pouvait pas lui dire ; *C'est à moi seul de juger vos sujets Ecclésiastiques, c'est à moi de vous juger dans ma Cour.*

Cн. CLXXX.

Abus du Pontificat.

Ce Pape parut encor moins conferver la grandeur & l'impartialité de fon Miniftère, quand après le parricide du Moine *Jacques Clément*, il prononça devant les Cardinaux ces propres paroles, fidélement raportées par le Secretaire du Confiftoire : *Cette mort*, dit il, *qui donne tant d'étonnement & d'admiration, fera cruë à peine de la poftérité. Un très puiffant Roi entouré d'une forte armée, qui a réduit Paris à lui demander miféricorde, eft tué d'un feul coup de couteau par un pauvre Religieux. Certes ce grand exemple a été donné, afin que chacun connaiffe la force des jugemens de* DIEU. Ce difcours du Pape parut horrible, en ce qu'il femblait regarder le crime d'un fcélerat infenfé comme une infpiration de la Providence.

Sixte était en droit de refufer les vains honneurs d'un fervice funèbre à *Henri III.* qu'il regardait comme exclus de la participation aux prières. Auffi dit-il dans le même Confiftoire ; *Je les dois au Roi de France, mais je ne les dois pas à Henri de Valois impénitent.*

Sixte-Quint refufe de fervir l'Efpagne & la Ligue contre Henri IV.

Tout céde à l'intérêt : ce même Pape qui avait privé fi fiérement *Elifabeth* & le Roi de Navarre de leurs Royaumes, qui avait fignifié au Roi *Henri III.* qu'il fallait venir répondre à Rome dans foixante jours, ou être excommunié, refufa pourtant à la fin de prendre le parti de la Ligue & de l'Efpagne contre *Henri IV.* alors hérétique. Il fentait que fi *Philippe II.* réuffiffait, ce Prince Maître à la fois

fois de la France, du Milanais, & de Naples, le ferait bientôt du St. Siége & de toute l'Italie. *Sixte-Quint* fit donc ce que tout homme fage eût fait à fa place; il aima mieux s'expofer à tous les reffentimens de *Philippe II.* que de fe ruiner lui-même en prêtant la main à la ruine de *Henri IV.* Il mourut dans ces inquiétudes, n'ofant fecourir *Henri IV.* & craignant *Philippe II.* Le peuple Romain qui gémiffait fous le fardeau des taxes, & qui haïffait un Gouvernement trifte & dur, éclata à la mort de *Sixte*; on eut beaucoup de peine à l'empêcher de troubler la pompe funèbre, & de déchirer en piéces celui qu'il avait adoré à genoux. Ses tréfors furent tous diffipés un an après fa mort, ainfi que ceux de *Henri IV.* Deftinée ordinaire qui fait voir affez la vanité des deffeins des hommes.

Ch. CLXXX.

26. Août 1590.

CH. CENT-QUATRE-VINGT-UNIEME.

DES SUCCESSEURS DE SIXTE-QUINT.

ON voit combien l'éducation, la patrie, tous les préjugés gouvernent les hommes. *Grégoire XIV.* né Milanais & fujet du Roi d'Efpagne, fut gouverné par la faction Efpagnole, à laquelle *Sixte* né fujet de Rome avait

Grégoire XIV.

Ch.
CLXXXI.

avait réſiſté. Il immola tout à *Philippe II.* Une armée d'Italiens fut levée pour aller ravager la France aux dépens de ce même Tréſor que *Sixte Quint* avait amaſſé pour défendre l'Italie; & cette armée ayant été battue & diſſipée, il ne reſta à *Grégoire XIV* que la honte de s'être apauvri pour *Philippe II.* & d'être dominé par lui.

Clément VIII.

Clément VIII. Aldobrandin, né Florentin, ſe conduiſit avec plus d'eſprit & d'adreſſe : il connut très-bien que l'intérêt du St. Siége était de tenir autant qu'il pouvait la balance entre la France & la Maiſon d'Autriche. Ce Pape accrut le Domaine Eccléſiaſtique du Duché de Ferrare. C'était encor un effet de ces Loix féodales ſi épineuſes & ſi conteſtées, & c'était une ſuite évidente de la faibleſſe de l'Empire. La Comteſſe *Matilde* dont nous avons tant parlé, avait donné aux Papes Ferrare, Modéne & Reggio, avec bien d'autres terres. Les Empereurs réclamèrent toûjours contre la donation de ces Domaines, qui étaient des Fiefs de la Couronne de Lombardie. Ils devinrent malgré l'Empire Fiefs du St. Siége, comme Naples qui relevait du Pape après avoir relevé des Empereurs. Ce n'eſt que de nos jours que Modéne & Reggio ont été enfin ſolemnellement déclarés Fiefs Impériaux. Mais depuis *Grégoire VII.* ils étaient, ainſi que Ferrare, dépendans de Rome; & la Maiſon de Modéne, autrefois propriétaire de ces terres, ne les poſſédait plus qu'à titre de Vicaire du St. Siége.

Siége. En vain la Cour de Vienne, & les Diètes Impériales prétendaient toûjours la fuzeraineté. Clément VIII. enleva Ferrare à la Maifon d'*Efte*, & ce qui pouvait produire une guerre violente ne produifit que des proteftations. Depuis ce tems Ferrare fut prefque déferte.

Ce Pape fit la cérémonie de donner l'abfolution & la difcipline à *Henri IV.* en la perfonne des Cardinaux *Du Perron* & *D'Offat*; mais on voit combien la Cour de Rome craignait toûjours *Philippe II.* par les ménagemens & les artifices dont ufa *Clément VIII.* pour parvenir à réconcilier *Henri IV.* avec l'Eglife. Ce Prince avait abjuré folemnellement la Religion Réformée; & cependant les deux tiers des Cardinaux perfiftèrent dans un Confiftoire à lui refufer l'abfolution. Les Ambaffadeurs du Roi eurent beaucoup de peine à empêcher que le Pape fe fervit de cette formule: *Nous réhabilitons Henri dans fa Royauté*. Le Miniftère de Rome voulait bien reconnaître *Henri* pour Roi de France, & oppofer ce Prince à la Maifon d'Autriche; mais en même tems elle foutenait autant qu'elle pouvait fon ancienne prétention de difpofer des Royaumes.

Sous *Borghefe Paul V.* renàquit l'ancienne querelle de la Jurifdiction Séculière & de l'Eccléfiaftique, qui avait fait verfer autrefois tant de fang. Le Senat de Venife avait défendu les nouvelles donations aux Eglifes faites fans fon concours, & furtout l'aliénation des biens-fonds en faveur des Moines. Il fe crut auffi en droit de

Сн. CLXXXI.

1597.

Clément donne la difcipline à Henri IV. fur le dos de Perron & Offat. 1595.

Paul V.

1605.

Cʜ. CLXXXI.

Querelle de Paul V. avec Venise.

de faire arrêter & de juger un Chanoine de Vicence, & un Abbé de Nervéſe, convaincus de rapines & de meurtres.

Le Pape écrivit à la République que les décrets & l'empriſonnement des deux Eccléſiaſtiques bleſſaient l'honneur de Dieu ; il exigea que les ordonnances du Sénat fuſſent remiſes à ſon Nonce, & qu'on lui rendit auſſi les deux coupables, qui ne devaient être juſticiables que de la Cour Romaine.

Paul V. qui peu de tems auparavant avait fait plier la République de Génes dans une occaſion pareille, crut que Veniſe aurait la même condeſcendance. Le Sénat envoya un Ambaſſadeur extraordinaire pour ſoutenir ſes droits. *Paul* répondit à l'Ambaſſadeur, que ni les droits ni les raiſons de Veniſe ne valaient

17. Avril 1606.

rien, & qu'il fallait obéir. Le Sénat n'obéit point. Le Doge & les Sénateurs furent excommuniés, & tout l'Etat de Veniſe mis en interdit ; c'eſt-à-dire, qu'il fut défendu au Clergé, ſous peine de damnation éternelle, de dire la Meſſe, de faire le Service, d'adminiſtrer aucun Sacrement, & de prêter ſon miniſtere à la ſépulture des morts. C'était ainſi que *Grégoire VII* & ſes ſucceſſeurs en avaient uſé envers pluſieurs Empereurs, bien ſûrs alors que les Peuples aimeraient mieux abandonner leurs Empereurs que leurs Egliſes, & comptant toûjours ſur des Princes prêts à envahir les domaines des excommuniés. Mais les tems étaient changés : *Paul V.* par cette violence hazardait

qu'on

qu'on lui obéit, que Venife fit fermer toutes les Eglifes, & renonçat à la Religion Catholique : elle pouvait aifément embraffer la Grecque, ou la Luthérienne, ou la Calvinifte; & on parlait en effet alors de fe féparer de la Communion du Pape. Le changement ne fe fût pas fait fans troubles ; le Roi d'Efpagne aurait pû en profiter. Le Sénat fe contenta de défendre la publication du Monitoire dans toute l'étendue de fes terres. Le grand Vicaire de l'Evêque de Padoue, à qui cette défenfe fut fignifiée, répondit au Podeftat, qu'il ferait ce que DIEU lui infpirerait; mais le Podeftat ayant repliqué que DIEU avait infpiré au Confeil des Dix de faire pendre quiconque défobeirait, l'Interdit ne fut publié nulle part ; & la Cour de Rome fut affez heureufe pour que tous les Vénitiens continuaffent à vivre en Catholiques malgré elle.

CH. CLXXXI

Il n'y eut que quelques Ordres Religieux qui obéirent. Les Jéfuites ne voulurent pas donner l'exemple les prémiers. Leurs Députés fe rendirent à l'Affemblée générale des Capucins ; ils leur dirent que *dans cette grande affaire l'Univers avait les yeux fur les Capucins, & qu'on attendait leur démarche pour favoir quel parti on devait prendre.* Les Capucins ne balancèrent pas à fermer leurs Eglifes. Les Jéfuites & les Théatins fermèrent alors les leurs. Le Sénat les fit tous embarquer pour Rome ; & les Jefuites furent bannis à perpétuité.

Moines chaffés de Venife.

Le Roi d'Efpagne excitait le Pape contre
les

Ch.
CLXXXI.

Henri IV médiateur entre Venise & Rome.

1607.

les Vénitiens, & le Roi *Henri IV.* se déclarait pour eux. Les Vénitiens armèrent à Vérone, à Padoue, à Bergame, à Brescia ; il levèrent quatre mille soldats en France. Le Pape de son côté ordonna la levée de quatre mille Corses, & de quelques Suisses Catholiques. Le Cardinal *Borghese* devait commander cette petite armée. Les Turcs remercièrent Dieu solemnellement de la discorde qui divisait le Pape & Venise. Le Roi *Henri IV.* eut la gloire, comme je l'ai déja dit, d'être l'arbitre du différend, & d'exclure *Philippe III.* de la médiation. *Paul V.* essuya la mortification de ne pouvoir même obtenir que l'accommodement se fit à Rome. Le Cardinal *d Joyeuse*, envoyé par le Roi de France à Venise, revoqua au nom du Pape l'Excommunication & l'Interdit. Le Pape abandonné par l'Espagne ne montra plus que de la modération, & les Jésuites restèrent bannis de la République pendant plus de cinquante ans: ils n'y ont été rappellés qu'en 1657. à la prière du Pape *Alexandre VII.* mais ils n'ont jamais pû y rétablir leur crédit.

Paul V. depuis ce tems ne voulut plus faire aucune décision qui pût compromettre son autorité ; on le pressa en vain de faire un article de foi de l'immaculée Conception de la *Ste. Vierge* : il se contenta de défendre d'enseigner le contraire en public, pour ne pas choquer les Dominicains, qui prétendent qu'elle a été conçue comme les autres dans le péché originel.

Paul V. Urbain VIII.

nel. Les Dominicains étaient alors très-puissans en Espagne & en Italie.

Il s'appliqua à embellir Rome, à rassembler les plus beaux ouvrages de sculpture & de peinture. Rome lui doit ses plus belles fontaines, surtout celle qui fait jaillir l'eau d'un vase antique tiré des Thermes de *Vespasien*, & celle qu'on appelle *l'Acqua Paola*, ancien ouvrage d'*Auguste* que *Paul V.* rétablit; il y fit conduire l'eau par un aqueduc de trente-cinq mille pas, à l'exemple de *Sixte-Quint*. C'était à qui laisserait dans Rome les plus nobles monumens. Il acheva le Palais de Monte-Cavallo. Le Palais *Borghese* est un des plus considérables. Rome sous chaque Pape devenait la plus belle ville du Monde. *Urbain VIII.* construisit ce grand Autel de *St. Pierre*, dont les colomnes & les ornemens paraîtraient partout ailleurs des ouvrages immenses, & qui n'ont là qu'une juste proportion: c'est le chef-d'œuvre du Florentin *Bernini*, digne de mêler ses ouvrages avec ceux de son compatriote *Michel-Ange*.

Cet *Urbain VIII.* dont le nom était *Barberino*, aimait tous les Arts: il réussissait dans la Poësie Latine. Les Romains dans une profonde paix jouïssaient de toutes les douceurs que les talens répandent dans la société, & de la gloire qui leur est attachée. *Urbain* réunit à l'État Ecclésiastique le Duché d'Urbino, Pesaro, Sinigaglia, après l'extinction de la Maison de la *Rovere*, qui tenait ces Principautés en Fief du St. Siége. La domination des Pontifes

URBAIN VIII.

Ch. CLXXXI.

Petite guerre.

tifes Romains devint donc toûjours plus puiſſante depuis *Alexandre VI*. Rien ne troubla plus la tranquillité publique ; à peine s'apperçut-on de la petite guerre qu'*Urbain VIII.*, ou plutôt ſes deux neveux, firent à *Edouard* Duc de Parme, pour l'argent que ce Duc devait à la Chambre Apoſtolique ſur ſon Duché de Caſtro. Ce fut une guerre peu ſanglante & paſſagère, telle qu'on la devait attendre de ces nouveaux Romains, dont les mœurs doivent être néceſſairement conformes à l'eſprit de leur Gouvernement. Le Cardinal *Barberin* auteur de ces troubles marchait à la tête de ſa petite armée avec des Indulgences. La plus forte bataille qui ſe donna fut entre quatre ou cinq cent hommes de chaque parti. La forterelle de Piégaia ſe rendit à diſcrétion, dès qu'elle vit aprocher l'artillerie : cette artillerie conſiſtait en deux coulevrines. Cependant il falut pour étouffer ces troubles, qui ne méritent point de place dans l'Hiſtoire, plus de négociations que s'il s'était agi de l'ancienne Rome & de Carthage. On ne raporte cet événement que pour faire connaître le génie de Rome moderne, qui finit tout par la négociation, comme l'ancienne Rome finiſſait tout par des victoires.

Petites occupations.

Les cérémonies de la Religion, celles des préſéances, les Arts, les Antiquités, les édifices, les jardins, la Muſique, les aſſemblées occupèrent le loiſir des Romains, tandis que la guerre de trente ans ruina l'Allemagne, que

le

le sang des Peuples & du Roi coulait en Angleterre, & que bientôt après la guerre civile de la Fronde désola la France.

Misére des Peuples.

Mais si Rome était heureuse par sa tranquillité, & illustre par ses monumens, le peuple au fonds était dans la misére. L'argent qui servit à élever tant de chefs-d'œuvre d'Architecture retournait aux autres Nations par le désavantage du Commerce.

Les Papes étaient obligés d'acheter des étrangers le bled dont manquent les Romains, & qu'on revendait en détail dans la ville. Cette coutume dure encor aujourd'hui : il y a des Etats que le luxe enrichit, il y en a d'autres qu'il apauvrit. La splendeur de quelques Cardinaux, & des parens des Papes, servait à faire mieux remarquer l'indigence des autres citoyens, qui pourtant à la vûe de tant de beaux édifices semblaient s'enorgueillir dans leur pauvreté d'etre habitans de Rome.

Les voyageurs qui allaient admirer cette ville étaient étonnés de ne voir d'Orviete à Terracine, dans l'espace de plus de cent milles, qu'un terrain dépeuplé d'hommes & de bestiaux. La Campagne de Rome, il est vrai, est un pays inhabitable, infecté par des marais croupissans, que les anciens Romains avaient desséchés. Rome d'ailleurs est dans un terrain ingrat, sur le bord d'un fleuve qui à peine est navigable. Sa situation entre sept montagnes était plutôt celle d'un repaire que d'une Ville. Ses prémiéres guerres furent les pillages d'un peu-

Сн.
CLXXXI.
peuple qui ne pouvait guères vivre que de rapine ; & lorſque le Dictateur *Camille* eut pris Veies, à quelques lieues de Rome dans l'Ombrie, tout le peuple Romain voulut quitter ſon territoire ſtérile, & ſes ſept montagnes, pour ſe tranſplanter au pays de Veies. On ne rendit depuis les environs de Rome fertiles qu'avec l'argent des Nations vaincues, & par le travail d'une foule d'eſclaves. Mais ce terrain fut plus couvert de Palais que de moiſſons. Il a repris enfin ſon prémier état de campagne déſerte.

Le Saint Siége poſſédait ailleurs de riches contrées, comme celle de Bologne. L'Evêque de Salisbury *Burnet*, attribue la miſére du peuple dans les meilleurs Cantons de ce pays aux taxes & à la forme du Gouvernement. Il a prétendu, avec preſque tous les Ecrivains, qu'un Prince électif qui régne peu d'années n'a ni le pouvoir, ni la volonté de faire de ces établiſſemens utiles qui ne peuvent devenir avantageux qu'avec le tems. Il a été plus aiſé de relever les Obéliſques, & de conſtruire des Palais & des Temples, que de rendre la Nation commerçante & opulente. Quoique Rome fût la Capitale des Peuples Catholiques, elle était cependant moins peuplée que Veniſe & Naples, & fort au-deſſous de Paris & de Londres ; elle n'aprochait pas d'Amſterdam pour l'opulence, & pour les Arts néceſſaires qui la produiſent. On ne comptait à la fin du dix-ſeptiéme ſiécle qu'environ cent vingt mille habitans

tans dans Rome par le dénombrement imprimé des familles, & ce calcul se trouvait encor vérifié par les régistres des naissances. Il naissait année commune trois mille six cent enfans : ce nombre des naissances multiplié par 34 donne toûjours à peu près la somme des habitans, & cette somme est ici de cent-vingt-deux mille quatre cent. *Paul Jove* dans son Histoire de *Léon X.* raporte que du tems de *Clément VII.* Rome ne possédait que trente-deux mille habitans. Quelle différence de ces tems avec ceux des *Trajans*, & des *Antonins* ! Environ huit mille Juifs établis à Rome n'étaient pas compris dans ce dénombrement : ces Juifs ont toûjours vécu paisiblement à Rome, ainsi qu'à Livourne. On n'a jamais exercé contre eux en Italie les cruautés qu'ils ont souffertes en Espagne & en Portugal. L'Italie était le pays de l'Europe où la Religion inspirait alors le plus de douceur.

Rome fut le seul centre des Arts & de la politesse jusqu'au siécle de *Louïs XIV.* & c'est ce qui détermina la Reine *Christine* à y fixer son séjour. Mais bientôt l'Italie fut égalée dans plus d'un genre par la France, & surpassée de beaucoup dans quelques-uns. Les Anglais eurent sur elle autant de supériorité par les Sciences que par le Commerce. Rome conserva la gloire de ses antiquités & des travaux qui la distinguèrent depuis *Jules II.*

CH. CLXXXI.

Dépopulation de Rome.

C.

C. CENT-QUATRE-VINGT-DEUXIEME.
SUITE DE L'ITALIE
AU DIX-SEPTIEME SIECLE.

DE LA TOSCANE.

LA Toscane était, comme l'Etat du Pape, depuis le seiziéme siécle, un pays tranquille & heureux. Florence rivale de Rome attirait chez elle la même foule d'étrangers qui venaient admirer les chefs-d'œuvres antiques & modernes dont elle était remplie. On y voyait cent soixante statues publiques. Les deux seules qui décoraient Paris, celle de *Henri IV.* & le cheval qui porte la statue de *Louis XIII.* avaient été fondues à Florence, & c'étaient des présens des Grands Ducs.

Le Commerce avait rendu la Toscane si florissante & ses Souverains si riches, que le Grand Duc *Cosme II.* fut en état d'envoyer vingt mille hommes au secours du Duc de Mantoue, contre le Duc de Savoye en 1613. sans mettre aucun impôt sur ses sujets : exemple rare chez les Nations plus puissantes.

DE VENISE.

La ville de Venise jouissait d'un avantage plus singulier; c'est que depuis le quatorziéme siécle sa tranquillité intérieure ne fut pas alterée un seul moment; nul trouble, nulle sedition,

tion, nul danger dans la Ville. Si on allait à Rome & à Florence pour y voir les grands monumens des beaux-Arts, les étrangers s'empreſſaient d'aller goûter dans Veniſe la liberté & les plaiſirs; & on y admirait encor, ainſi qu'à Rome, d'excellens morceaux de peinture. Les Arts de l'eſprit y étaient cultivés; les ſpectacles y attiraient les étrangers. Rome était la Ville des cérémonies, & Veniſe la Ville des divertiſſemens : elle avait fait la paix avec les Turcs après la bataille de Lépante, & ſon commerce quoique déchu était encor conſidérable dans le Levant: elle poſſédait Candie, & pluſieurs Iſles, l'Iſtrie, la Dalmatie, une partie de l'Albanie, & tout ce qu'elle conſerve de nos jours en Italie.

CH. CLXXXII.
Veniſe floriſſante.

Au milieu de ſes proſpérités elle fut ſur le point d'être détruite par une conſpiration qui n'avait point d'exemple depuis la fondation de la République. L'Abbé de *St. Réal*, qui a écrit cet événement célèbre avec le ſtile de *Salluſte*, y a mêlé quelques embelliſſemens de Roman, mais le fonds en eſt très vrai. Veniſe avait eu une petite guerre avec la Maiſon d'Autriche ſur les côtes de l'Iſtrie. Le Roi d'Eſpagne *Philippe III.* poſſeſſeur du Milanais, était toûjours l'ennemi ſecret des Vénitiens. Le Duc d'*Oſſone* Vice-Roi de Naples, *Don Pédre* de Toléde Gouverneur de Milan, & le Marquis de *Bedmar* Ambaſſadeur d'Eſpagne à Veniſe, depuis Cardinal *de la Cueva*, s'unirent tous trois pour anéantir la République; les meſures

Conjuration de Bedmar. 1618.

H. G. Tom. V.   P

Cʜ. CLXXXII.

res étaient si extraordinaires, & le projet si hors de vraisemblance, que le Sénat, tout vigilant & tout éclairé qu'il était, ne pouvait en concevoir de soupçon. Venise était gardée par sa situation, & par les lagunes qui l'environnent. La fange de ces lagunes, que les eaux portent tantôt d'un côté, tantôt d'un autre, ne laisse jamais le même chemin ouvert aux vaisseaux; il faut chaque jour indiquer une route nouvelle. Venise avait une flotte formidable sur les côtes d'Istrie, où elle faisait la guerre à l'Archiduc d'Autriche *Ferdinand*, qui fut depuis l'Empereur *Ferdinand II*. Il paraissait impossible d'entrer dans Venise: cependant le Marquis de *Bedmar* rassemble des étrangers dans la Ville, attirés les uns par les autres, jusqu'au nombre de cinq cent. Les principaux conjurés les engagent sous différens prétextes, & s'assurent de leur service avec l'argent que l'Ambassadeur fournit. On doit mettre le feu à la Ville en plusieurs endroits à la fois ; des troupes du Milanais doivent arriver par la Terre ferme: des matelots gagnés doivent montrer le chemin à des barques chargées de soldats que le Duc d'*Offone* a envoyées à quelques lieues de Venise ; le Capitaine *Jaques Pierre* un des conjurés, Officier de Marine au service de la République, & qui commandait douze vaisseaux pour elle, se charge de faire bruler ces vaisseaux, & d'empêcher par ce coup extraordinaire le reste de la flotte de venir à tems au secours de la Ville. Tous les conjurés

conjurés étant des étrangers de Nations différentes, il n'est pas surprenant que le complot fût découvert. Le Procurateur *Nani*, Historien célèbre de la République, dit que le Sénat fut instruit de tout par plusieurs personnes : il ne parle point de ce prétendu remords que sentit un des conjurés nommé *Jaffier*, quand *Renaud* leur Chef les harangua pour la derniére fois, & qu'il leur fit, dit-on, une peinture si vive des horreurs de leur entreprise, que ce *Jaffier* au lieu d'être encouragé se livra au repentir. Toutes ces harangues sont de l'imagination des Ecrivains : on doit s'en défier en lisant l'Histoire : il n'est ni dans la nature des choses, ni dans aucune vraisemblance, qu'un Chef de Conjurés leur fasse une description patétique des horreurs qu'ils vont commettre, & qu'il effraie les imaginations qu'il doit enhardir. Tout ce que le Sénat put trouver de Conjurés fut noyé incontinent dans les canaux de Venise. On respecta dans *Bedmar* le caractère d'Ambassadeur qu'on pouvait ne pas ménager ; & le Sénat le fit sortir secrétement de la Ville, pour le dérober à la fureur du peuple.

Venise échapée à ce danger fut dans un état florissant jusqu'à la prise de Candie. Cette République soutint seule la guerre contre l'Empire Turc pendant près de trente ans, depuis 1641. jusqu'à 1669. Le siége de Candie, le plus long & le plus mémorable dont l'Histoire fasse mention, dura près de vingt ans ; tantôt

tôt tourné en blocus, tantôt ralenti & abandonné, puis recommencé à plusieurs reprises, fait enfin dans les formes deux ans & demi sans relâche, jusqu'à ce que ce monceau de cendres fut rendu aux Turcs avec l'Isle presque toute entiére en 1669.

Avec quelle lenteur, avec quelle difficulté le Genre-humain se civilise, & la Société se perfectionne ! On voyait auprès de Venise, aux portes de cette Italie où tous les Arts étaient en honneur, des Peuples aussi peu policés que l'étaient alors ceux du Nord. L'Istrie, la Croatie, la Dalmatie étaient presque barbares : c'était pourtant cette même Dalmatie si fertile & si agréable sous l'Empire Romain ; c'était cette terre délicieuse, que *Dioclétien* avait choisie pour sa retraite, dans un tems où ni la Ville de Venise, ni ce nom, n'existaient pas encore. Voilà quelle est la vicissitude des choses humaines. Les Morlaques surtout passaient pour les Peuples les plus farouches de la Terre. C'est ainsi que la Sardaigne, la Corse ne se ressentaient ni des mœurs, ni de la culture de l'esprit, qui faisaient la gloire des autres Italiens. Il en était comme de l'ancienne Grèce, qui voyait auprès de ses limites des Nations encor sauvages.

DE MALTHE.

Les Chevaliers de Malthe se soutenaient dans cette Isle, que *Charles-Quint* leur donna après

que *Soliman* les eut chaſſés de Rhodes en 1523. **Ch.**
Le Grand Maître *Villiers L'Isle-Adam*, ſes Che- CLXXXII.
valiers & les Rhodiens attachés à eux, furent
d'abord errans de ville en ville, à Meſſine, à
Gallipoli, à Rome, à Viterbe. *L'Isle-Adam*
alla juſqu'à Madrid implorer *Charles-Quint*; il
paſſa en France, en Angleterre, tâchant de relever partout les débris de ſon Ordre qu'on
croyait entiérement ruiné. *Charles-Quint* fit
préſent de Malthe aux Chevaliers en 1525.
auſſi-bien que de Tripoli ; mais Tripoli leur
fut bientôt enlevé par les Amiraux de *Soliman*.
Malthe n'était qu'un rocher preſque ſtérile : le
travail y avait forcé autrefois la terre à être
féconde, quand ce pays était poſſédé par les
Carthaginois ; car les nouveaux poſſeſſeurs y
trouvèrent des débris de colomnes, de grands
édifices de marbre, avec des inſcriptions en Langue Punique. Ces reſtes de grandeur étaient des
témoignages que le pays avait été floriſſant. Les
Romains ne dédaignèrent pas de le prendre ſur
les Carthaginois ; les Arabes s'en emparèrent au
neuviéme ſiécle, & le Normand *Roger* Comte
de Sicile l'annexa à la Sicile vers la fin du douziéme ſiécle. Quand *Villiers L'Isle-Adam* eut
tranſporté le ſiége de ſon Ordre dans cette
Iſle, le même *Soliman* indigné de voir tous
les jours ſes vaiſſeaux expoſés aux courſes des
ennemis qu'il avait cru détruire, voulut prendre Malthe comme il avait pris Rhodes. Il envoya trente mille ſoldats devant cette petite 1565.
Place, qui n'était défendue que par ſept cent

P 3 Che-

CH. CLXXXII.

Siége de Malthe.

Chevaliers, & environ huit mille soldats étrangers. Le Grand Maître *Jean de la Valette* âgé de soixante & onze ans, soutint quatre mois le siége.

Les Turcs montèrent à l'assaut en plusieurs endroits différens : on les repoussait avec une machine d'une nouvelle invention ; c'étaient de grands cercles de bois couverts de laine enduite d'eau-de-vie, d'huile, de salpêtre & de poudre à canon, & on jettait ces cercles enflammés sur les assaillans. Enfin environ six mille hommes de secours étant arrivés de Sicile, les Turcs levèrent le siége. Le principal bourg de Malthe qui avait soutenu le plus d'assauts fut nommé *la Cité victorieuse*, nom qu'il conserve encor aujourd'hui. Le Grand Maître *de la Valette* fit bâtir une Cité nouvelle qui porte le nom de *la Valette*, & qui rendit Malthe imprenable. Cette petite Isle a toûjours depuis ce tems bravé toute la puissance Ottomane ; mais l'Ordre n'a jamais été assez riche pour tenter de grandes conquêtes, ni pour équiper des flottes nombreuses. Ce Monastère de Guerriers ne subsiste guères que des des Bénéfices qu'il posséde dans les Etats Catholiques, & il a fait bien moins de mal aux Turcs, que les Corsaires Algériens n'en ont fait aux Chrétiens.

C.

C. CENT-QUATRE-VINGT-TROISIEME.
DE LA HOLLANDE,
AU DIX-SEPTIEME SIECLE.

LA Hollande mérite d'autant plus d'atten- *Frugali-*
tion, que c'eſt un Etat d'une eſpèce toute *té, ſim-*
nouvelle, devenu puiſſant ſans poſſéder preſ- *plicité &*
que de terrain, riche en n'ayant pas de ſon *grandeur*
fonds de quoi nourrir la vingtiéme partie de
ſes habitans, & conſidérable en Europe par
ſes travaux au bout de l'Aſie. Vous voyez *1609.*
cette République reconnue libre & Souveraine
par le Roi d'Eſpagne ſon ancien Maître, après
avoir acheté ſa liberté par quarante ans de
guerre. Le travail & la ſobriété furent les prémiers gardiens de cette liberté. On raconte
que le Marquis de *Spinola* & le Préſident *Ri-
chardot* allant à la Haye en 1608. pour négocier chez les Hollandais mêmes cette prémiére trêve, ils virent ſur leur chemin ſortir
d'un petit bateau huit ou dix perſonnes, qui
s'aſſirent ſur l'herbe & firent un repas de pain,
de fromage, & de bierre, chacun portant ſoi-
même ce qui lui était néceſſaire. Les Ambaſſadeurs Eſpagnols demandèrent à un payſan,
qui étaient ces voyageurs? Le payſan répondit : *Ce ſont les Députés des Etats nos Souverains Seigneurs & Maîtres.* Les Ambaſſadeurs

Ch.
CLXXXIII

Espagnols s'écrièrent : *Voilà des gens qu'on ne pourra jamais vaincre, & avec lesquels il faut faire la paix.* C'est à peu près ce qui était arrivé autrefois à des Ambassadeurs de Lacédémone, & à ceux du Roi de Perse. Les mêmes mœurs peuvent avoir ramené la même avanture. En général les particuliers de ces Provinces étaient pauvres alors, & l'Etat riche; au lieu que depuis les citoyens sont devenus riches, & l'Etat pauvre. C'est qu'alors les prémiers fruits du Commerce avaient été consacrés à la défense publique.

Ce peuple ne possédait encor ni le Cap de Bonne Espérance dont il ne s'empara qu'en 1653. sur les Portugais, ni Cochin & ses dépendances, ni Malaca. Il ne trafiquait point encor directement à la Chine. Le Commerce du Japon, dont ils sont aujourd'hui les maîtres, leur fut interdit jusqu'en 1609. par les Portugais, ou plûtôt par l'Espagne, Maîtresse encor du Portugal. Mais ils avaient déja conquis les Moluques : ils commençaient à s'établir à Java ; & la Compagnie des Indes depuis 1602. jusqu'en 1609. avait déja gagné plus de deux fois son capital. Des Ambassadeurs de Siam avaient déja fait à ce peuple de Commerçans en 1608. le même honneur qu'ils firent depuis à *Louïs XIV.* Des Ambassadeurs du Japon vinrent en 1609. conclure aussi un Traité à la Haye. L'Empereur de Maroc & de Fez leur envoya demander un secours d'hommes & de vaisseaux. Ils augmentaient depuis

quarante

quarante ans leur fortune & leur gloire par le Commerce & par la guerre.

*[La douceur de ce Gouvernement, & la tolérance de toutes les maniéres d'adorer Dieu, dangereufe peut-être ailleurs, mais là néceffaire, peuplèrent la Hollande d'une foule d'étrangers, & furtout de Wallons que l'Inquifition perfécutait dans leur patrie, & qui d'efclaves devinrent citoyens.

La Religion Calvinifte, dominante dans la Hollande, fervit encor à fa puiffance. Ce Pays alors fi pauvre n'aurait pû ni fuffire à la magnificence des Prélats, ni nourrir des Ordres Religieux; & cette terre où il fallait des hommes, ne pouvait admettre ceux qui s'engagent par ferment à laiffer périr, autant qu'il eft en eux, l'efpèce humaine. On avait l'exemple de l'Angleterre, qui était d'un tiers plus peuplée, depuis que les Miniftres des Autels jouïffaient de la douceur du mariage, & que les efpérances des familles n'étaient point enfevelies dans le célibat du Cloître.

Amfterdam malgré les incommodités de fon port devint le Magazin du Monde. Toute la Hollande s'enrichit & s'embellit par des travaux immenfes. Les eaux de la Mer furent contenues par de doubles digues. Des canaux creufés dans toutes les villes, furent revêtus de

---

* Tout ce paffage, jufqu'à ces mots, *de la Campagne*, eft tiré de l'ancien avant-propos du Siécle de *Louis XIV.* & eft ici remis à fa véritable place.

Ch.
CLXXXIII

de pierre ; les rues devinrent de larges quais ornés de grands arbres. Les barques chargées de marchandifes abordèrent aux portes des particuliers, & les étrangers ne fe laffent point d'admirer ce mélange fingulier formé par les faîtes des maifons, les cimes des arbres, & les banderoles des vaiffeaux, qui donnent à la fois dans un même lieu, le fpectacle de la Mer, de la Ville & de la Campagne.]

Querelles Théologiques impertinentes & affreufes.

Mais le mal eft tellement mêlé avec le bien, les hommes s'éloignent fi fouvent de leurs principes, que cette République fut près de détruire elle-même la liberté pour laquelle elle avait combattu, & que l'intolérance fit couler le fang chez un peuple dont le bonheur & les loix étaient fondées fur la tolérance. Deux Docteurs Calviniftes firent ce que tant de Docteurs avaient fait ailleurs. *Gomar* & *Armin*

1609.
& fuiv.

difputèrent dans Leyde avec fureur fur ce qu'ils n'entendaient pas ; & ils divifèrent les Provinces-Unies. La querelle fut femblable en plufieurs points à celle des *Thomiftes* & des *Scotiftes*, des *Janfeniftes* & des *Moliniftes*, fur la prédeftination, fur la grace, fur la liberté, fur des queftions obfcures & frivoles, dans lefquelles on ne fait pas même définir les chofes dont on difpute. Le loifir dont on jouït pendant la trève donna la malheureufe facilité à un peuple ignorant de s'entêter de ces querelles ; & enfin d'une controverfe fcholaftique, il fe forma deux partis dans l'Etat. Le Prince d'Orange *Maurice* était à la tête des *Gomariftes* ; le Penfionnaire

naire *Barnevelt* favorisait les *Arminiens*. Du *Maurier* dit avoir apris de l'Ambaſſadeur ſon père, que *Maurice* ayant fait propoſer au Penſionnaire *Barnevelt* de concourir à donner au Prince un pouvoir Souverain, ce zélé Républicain ne fit voir que le danger & l'injuſtice, & que dès-lors la ruine de *Barnevelt* fut réſolue. Ce qui eſt avéré, c'eſt que le Stathouder prétendait accroitre ſon autorité par les *Gomariſtes*, & *Barnevelt* la reſtraindre par les *Arminiens* : c'eſt que pluſieurs villes levèrent des ſoldats qu'on appellait *Attendans*, parce qu'ils *attendaient* les ordres du Magiſtrat, & qu'ils ne prenaient point l'ordre du Stathouder ; c'eſt qu'il y eut des ſéditions ſanglantes dans quelques villes, & que le Prince *Maurice* pourſuivit ſans relâche le parti contraire à ſa puiſſance. Il fit enfin aſſembler un Concile Calviniſte à Dordrecht, compoſé de toutes les Egliſes Réformées de l'Europe, excepté de celle de France, qui n'avait pas la permiſſion de ſon Roi d'y envoyer des Députés. Les Péres de ce Synode, qui avaient tant crié contre la dureté des Péres de pluſieurs Conciles, & contre leur autorité, condamnèrent les *Arminiens*, comme ils avaient été eux-mêmes condamnés par le Concile de Trente. Plus de cent Miniſtres Arminiens furent bannis des ſept Provinces. Le Prince *Maurice* tira du corps de la Nobleſſe & des Magiſtrats vingt-ſix Commiſſaires pour juger le grand Penſionnaire *Barnevelt*, le célèbre *Grotius* & quelques autres du parti.

Ch. CLXXXIII

1618.

Cʜ. CLXXXIII

Meurtre du vieillard Barnevelt.

1619.

parti. On les avait retenus six mois en prison avant de leur faire leur procès.

L'un des grands motifs de la révolte des sept Provinces & des Princes d'Orange contre l'Espagne, fut d'abord, que le Duc d'*Albe* faisait languir longtems des prisonniers sans les juger, & qu'enfin il les faisait condamner par des Commissaires. Les mèmes griefs dont on s'était plaint sous la Monarchie Espagnole renâquirent dans le sein de la liberté. *Barnevelt* eut la tête tranchée dans la Haye, plus injustement encor que les Comtes d'*Egmont* & de *Horn* à Bruxelles. C'était un vieillard de soixante & dix ans, qui avait servi quarante ans sa République dans toutes les affaires politiques, avec autant de succès que *Maurice* & ses fréres en avaient eu par les armes. La sentence portait *qu'il avait contristé au possible l'Eglise de* Dieu. *Grotius* depuis Ambassadeur de Suéde en France, & plus illustre par ses ouvrages que par son Ambassade, fut condamné à une prison perpétuelle, dont sa femme eut la hardiesse & le bonheur de le tirer. Cette violence fit naître des conspirations qui attirèrent de nouveaux supplices. Un fils de *Barnevelt* résolut de venger le sang de son pére sur celui de *Maurice*. Le complot fut découvert. Ses complices à la tête desquels était un Ministre *Arminien*, périrent tous par la main du bourreau. Ce fils de *Barnevelt* eut le bonheur d'échaper, tandis qu'on saisissait les conjurés: mais son jeune frére eut la tête tranchée, uniquement

1623.

quement pour avoir sçû la conspiration. *De Thou* mourut en France précisément pour la même cause. La condamnation du jeune Hollandais était bien plus cruelle ; c'était le comble de l'injustice de le faire mourir parce qu'il n'avait pas été le délateur de son frére. Si ces tems d'atrocité eussent continué, les Hollandais libres eussent été plus malheureux que leurs ancêtres esclaves du Duc d'*Albe*.

Ch. CLXXXIII

Amsterdam quoique remplie de *Gomaristes* favorisa toûjours les *Arminiens*, & embrassa le parti de la tolérance. L'ambition & la cruauté du Prince *Maurice* laissèrent une profonde playe dans le cœur des Hollandais; & le souvenir de la mort de *Barnevelt* ne contribua pas peu dans la suite à faire exclure du Stathouderat le jeune Prince d'Orange *Guillaume III.* qui fut depuis Roi d'Angleterre. Il était encor au berceau lorsque le Pensionnaire *de Wit* stipula dans le Traité de paix des Etats-Généraux avec *Cromwell* en 1653. qu'il n'y aurait plus de Stathouder en Hollande. *Cromwell* poursuivait encor dans cet enfant le Roi *Charles I.* son grand-pére, & le Pensionnaire *de Wit* vengeait le sang d'un Pensionnaire. Cette manœuvre de *de Wit* fut enfin la cause funeste de sa mort, & de celle de son frére : mais voilà à peu près toutes les catastrophes sanglantes causées en Hollande par le combat de la liberté & de l'ambition. La Compagnie des Indes indépendante de ces factions n'en bâtit pas moins Batavia dès l'année 1618. malgré les

Rois

238 DE LA HOLLANDE

Ch. CLXXXIII

Grands établissemens des Hollandais.

Rois du Pays, & malgré les Anglais qui vinrent attaquer ce nouvel établissement. La Hollande marécageuse & stérile en plus d'un canton, se faisait sous le cinquiéme degré de latitude septentrionale un Royaume dans la contrée la plus fertile de la Terre, où les campagnes sont couvertes de ris, de poivre, de canelle, & où la vigne porte deux fois l'année. Elle s'empara depuis de Bantam dans la même Isle, & en chassa les Anglais. Cette seule Compagnie eut huit grands Gouvernemens dans les Indes, en y comptant le Cap de Bonne Espérance, quoiqu'à la pointe de l'Afrique, poste important qu'elle enleva aux Portugais en 1653.

Dans le même tems que les Hollandais s'établissaient ainsi aux extrémités de l'Orient, ils commencèrent à étendre leurs conquêtes du côté de l'Occident en Amérique, après l'expiration de la trêve de douze années avec l'Espagne. La Compagnie d'Occident se rendit Maîtresse de presque tout le Brésil depuis 1623. jusqu'en 1636. On vit avec étonnement par les régistres de cette Compagnie qu'elle avait dans ce court espace de tems équipé huit cent vaisseaux, tant pour la guerre, que pour le Commerce, & qu'elle en avait enlevé cinq cent quarante-cinq aux Espagnols. Cette Compagnie l'emportait alors sur celle des Indes Orientales; mais enfin, lorsque le Portugal eut secoué le joug des Rois d'Espagne, il défendit mieux qu'eux ses possessions, & regagna

...agna le Brésil, où il a trouvé des trésors nouveaux.

CH. CLXXXIII.
1628. Hollandais puissans sur mer.

La plus fructueuse des expéditions Hollandaises fut celle de l'Amiral *Pierre Hen*, qui enleva tous les gallions d'Espagne, revenans de la Havane, & raporta dans ce seul voyage vingt millions à sa patrie. Les trésors du Nouveau Monde conquis par les Espagnols servaient à fortifier contr'eux leurs anciens sujets devenus leurs ennemis redoutables. La République pendant quatre-vingt ans, si vous en exceptez une trêve de douze années, soutint cette guerre dans les Pays-Bas, dans les grandes Indes, & dans le Nouveau Monde; & elle fut assez puissante pour conclure une paix avantageuse à Munster en 1647. indépendamment de la France son Alliée, & long-tems sa Protectrice, sans laquelle elle avait promis de ne pas traiter. Bientôt après en 1652. & dans les années suivantes, elle ne craint point de rompre avec son Alliée l'Angleterre; elle a autant de vaisseaux qu'elle; son Amiral *Tromp* ne cède au fameux Amiral *Black*, qu'en mourant dans une bataille. Elle secourt ensuite le Roi de Dannemarck assiégé dans Copenhague par le Roi de Suède *Charles X*. Sa flotte commandée par l'Amiral *Obdam* bat la flotte Suédoise, & délivre Copenhague. Toûjours rivale du Commerce des Anglais, elle leur fait la guerre sous *Charles II.* comme sous *Cromwell*, & avec de bien plus grands succès. Elle devient l'Arbitre des Couronnes

en

CH.
CLXXXIII

en 1668. *Louïs XIV.* est obligé par elle de faire la paix avec l'Espagne. Cette même République, auparavant si attachée à la France, est depuis ce tems-là jusqu'à la fin du dix-septiéme siécle l'apui de l'Espagne contre la France même. Elle est longtems une des parties principales dans les affaires de l'Europe. Elle se relève de ses chutes : & enfin quoiqu'affaiblie elle subsiste par le seul Commerce, qui a servi à sa fondation, sans avoir fait en Europe aucune conquête que celle de Mastricht & d'un très-petit & mauvais pays, qui ne sert qu'à défendre ses frontiéres ; on ne l'a point vue s'agrandir depuis la paix de Munster ; en cela plus semblable à l'ancienne République de Tyr, puissante par le seul Commerce, qu'à celle de Carthage qui eut tant de possessions en Afrique, & à celle de Venise qui s'était trop étendue dans la Terre ferme.

C. CENT-QUATRE-VINGT-QUATRIEME.

DU DANNEMARCK,
DE LA SUEDE,
ET DE LA POLOGNE,
AU DIX-SEPTIEME SIECLE.

Vous ne voyez point le Dannemarck entrer dans le syftême de l'Europe au feiziéme fiécle. Il n'y a rien de mémorable qui attire les yeux des autres Nations depuis la dépofition folemnelle du Tyran *Chriftiern II*. Ce Royaume, compofé du Dannemarck & de la Norvège, fut longtems gouverné à peu près comme la Pologne : ce fut une Ariftocratie à laquelle préfidait un Roi électif. C'eft l'ancien Gouvernement de prefque toute l'Europe. Mais dans l'année 1660. les Etats affemblés déférent au Roi *Fréderic III*. le droit héréditaire & la Souveraineté abfolue. Le Dannemarck devient le feul Royaume de la Terre où les Peuples ayent établi le pouvoir arbitraire par un Acte folemnel. La Norvège, qui a fix cent lieues de long, ne rendait pas cet Etat puiffant : un terrain de rochers ftériles ne peut être beaucoup peuplé. Les Ifles qui compofent le Dannemarck font plus fertiles ;

Le Roi de Dannemarck defpotique par contract.

CH.
CLXXXIV

tiles; mais on n'en avait pas encor tiré les mêmes avantages qu'aujourd'hui. On ne s'attendait pas alors que les Danois auraient un jour une Compagnie des Indes, & un établissement à Tranquebar; que le Roi pourrait entretenir aisément trente vaisseaux de guerre, & une armée de vingt-cinq mille hommes. Les Gouvernemens sont comme les hommes: ils se forment tard. L'esprit de commerce, d'industrie, d'économie s'est communiqué de proche en proche. Je ne parlerai point ici des guerres que le Dannemarck a si souvent soutenues contre la Suéde; elles n'ont presque point laissé de grandes traces; & vous aimez mieux considérer les mœurs & la forme des Gouvernemens, que d'entrer dans le détail des meurtres qui n'ont point produit d'événemens dignes de la postérité.

Suéde tout au contraire.

Les Rois en Suéde n'étaient pas plus despotiques qu'en Dannemarck aux seiziéme & dix-septiéme siécles. Les quatre Etats composés de mille Gentilshommes, de cent Ecclésiastiques, de cent-cinquante Bourgeois, & d'environ deux cent cinquante paysans, faisaient les Loix du Royaume. On n'y connaissait non plus qu'en Dannemarck & dans le reste du Nord, aucun de ces titres de Comte, de Marquis, de Baron, si fréquens dans le reste de l'Europe. Ce fut le Roi *Eric* fils de *Gustave Vasa*, qui les introduisit vers l'an 1561. Cet *Eric* cependant était bien loin de régner avec un pouvoir absolu, & il laissa au Monde un nouvel

vel exemple des malheurs qui peuvent suivre le défir d'être defpotique & l'incapacité de l'ê tre. Le fils du reftaurateur de la Suéde fut accufé de plufieurs crimes par-devant les Etats affemblés, & dépofé par une fentence unanime, comme le Roi *Chriftiern II.* l'avait été en Dannemarck : on le condamna à une prifon perpétuelle, & on donna la Couronne à *Jean* fon frére.

<small>Ch. CLXXXIV</small>

<small>1569.</small>

Comme vôtre principal deffein dans cette foule d'événemens eft de porter la vue fur ceux qui tiennent aux mœurs & à l'efprit du tems, il faut favoir que ce Roi *Jean* qui était Catholique, craignant que les partifans de fon frére ne le tiraffent de la prifon, & ne le remiffent fur le Trône, lui envoya publiquement du poifon, comme le Sultan envoye un cordeau, & le fit enterrer avec folemnité le vifage découvert, afin que perfonne ne doutât de fa mort, & qu'on ne pût fe fervir de fon nom pour troubler le nouveau Régne.

<small>Crimes atroces.</small>

Le Jéfuite *Poffevin*, que le Pape *Grégoire XIII.* envoya dans la Suéde & dans tout le Nord en qualité de Nonce, impofa au Roi *Jean*, pour pénitence de cet empoifonnement, de ne faire qu'un repas tous les mécredis ; pénitence tournée en ridicule, mais qui montre au moins que le crime doit être expié. Ceux du Roi *Eric* avaient été punis plus rigoureufement.

<small>Péniten ce ridicule. 1580.</small>

Ni le Roi *Jean*, ni le Nonce *Poffevin*, ne purent réuffir à faire dominer la Religion Catholique.

Ch.
CLXXXIV

Usages
de la
Suéde.

tholique. Le Roi *Jean* qui ne s'accommodait pas de la Luthérienne, tenta de faire recevoir la Grecque; mais il n'y réuſſit pas davantage. Ce Roi avait quelque teinture des Lettres, & il était preſque le ſeul dans ſon Royaume qui ſe mêlât de Controverſe. Il y avait une Univerſité à Upſal, mais elle était réduite à deux ou trois Profeſſeurs ſans étudians. La Nation ne connaiſſait que les armes, ſans avoir pourtant fait encor de progrès dans l'Art militaire. On n'avait commencé à ſe ſervir d'artillerie que du tems de *Guſtave Vaſa*; les autres Arts étaient ſi inconnus, que quand ce Roi *Jean* tomba malade en 1592. il mourut ſans qu'on pût lui trouver un Médecin; tout au contraire des autres Rois, qui quelquefois en ſont trop environnés. Il n'y avait encor ni Médecin ni Chirurgien en Suéde. Quelques Epiciers vendaient ſeulement des drogues médicinales, qu'on prenait au hazard. On en uſait ainſi dans preſque tout le Nord. Les hommes bien loin d'y être expoſés à l'abus des Arts, n'avaient pas ſçû encor ſe procurer les Arts néceſſaires.

1600.

Cependant la Suéde pouvait alors devenir très-puiſſante. *Sigiſmond* fils du Roi *Jean* avait été élu Roi de Pologne huit ans avant la mort de ſon pére. La Suéde s'emparait alors de la Finlande & de l'Eſtonie. *Sigiſmond* Roi de Suéde & de Pologne pouvait conquérir toute la Moſcovie, qui n'était alors ni bien fortifiée, ni bien armée : mais *Sigiſmond* étant Catholique,

tholique, & la Suéde Luthérienne, il ne conquit rien, & perdit la Couronne de Suéde. Les mêmes Etats qui avaient dépofé fon oncle Eric, le dépofèrent auffi, & déclarèrent Roi un autre de fes oncles, qui fut *Charles IX.* pére du grand *Guftave Adolphe.* Tout cela ne fe paffa pas fans les troubles, les guerres, & les confpirations qui accompagnent de tels changemens. *Charles IX.* n'était regardé que comme un Ufurpateur par les Princes alliés de *Sigifmond*; mais en Suéde il était Roi légitime.

Guftave Adolphe fon fils lui fuccéda fans aucun obftacle, n'ayant pas encor dix-huit ans accomplis, qui eft l'âge de la majorité des Rois de Suéde & de Dannemarck, ainfi que des Princes de l'Empire. Les Suédois ne poffédaient point alors la Scanie, la plus belle de leurs Provinces; elle avait été cédée au Dannemarck dès le quatorziéme fiécle, de forte que le territoire de Suéde était prefque toûjours le théâtre de toutes les guerres entre les Suédois & les Danois. La prémiére chofe que fit *Guftave Adolphe*, ce fut d'entrer dans cette Province de Scanie; mais il ne put jamais la reprendre. Ses prémiéres guerres furent infructueufes: il fut obligé de faire la paix avec le Dannemarck. Il avait tant de panchant pour la guerre, qu'il alla attaquer les Mofcovites au-delà de Nerva, dès qu'il fut délivré des Danois. Enfuite il fe jetta fur la Livonie, qui appartenait alors aux Polonais; & attaquant

Ch. CLXXXIV

1604.

1611.
Guftave
Adolphe.

1613.

1620.

partout

Cʜ. CLXXXIV

partout *Sigismond* son cousin, il pénétra jusqu'en Lithuanie. L'Empereur *Ferdinand II.* était allié de *Sigismond* & craignait *Gustave Adolphe*. Il envoya quelques troupes contre lui On peut juger de la que le Ministère de France n'eut pas grande peine à faire venir *Gustave* en Allemagne. Il fit avec *Sigismond* & la Pologne une trêve, pendant laquelle il garda ses conquêtes. Vous savez comme il ébranla le Trône de *Ferdinand II.* & comme il mourut à la fleur de son âge au milieu de ses victoires.

1622.
Christine

Christine sa fille, non moins célèbre que lui, ayant régné aussi glorieusement que son père avait combattu, & ayant présidé aux Traités de Vestphalie qui pacifierent l'Allemagne, étonna l'Europe par l'abdication de sa Couronne à l'âge de vingt-sept ans. *Puffendorff* dit qu'elle fut obligée de se démettre : mais en même tems il avoue que lorsque cette Reine communiqua pour la prémière fois sa résolution au Sénat en 1651. des Sénateurs en larmes la conjurèrent de ne pas abandonner le Royaume ; qu'elle n'en fut pas moins ferme dans le mépris de son Trône, & qu'enfin ayant

21. Mai
N. S.
1654.

assemblé les Etats, elle quitta la Suéde malgré les priéres de tous ses sujets. Elle n'avait jamais paru incapable de porter le poids de la Couronne, mais elle aimait les beaux Arts. Si elle avait été Reine en Italie, où elle se retira, elle n'eût point abdiqué. C'est le plus grand exemple de la supériorité réelle des Arts, de la politesse, & de la société perfectionnée,

sur

sur la grandeur qui n'est que grandeur.

Charles X. son cousin Duc des Deux-Ponts, fut choisi par les Etats pour son successeur. Ce Prince ne connaissait que la guerre. Il marcha en Pologne, & la conquit avec la même rapidité que nous avons vû *Charles XII* son petit-fils la subjuguer, & il la perdit de même. Les Danois alors défenseurs de la Pologne, parce qu'ils étaient toûjours ennemis de la Suéde, tombèrent sur elle; mais *Charles X.* quoique chassé de la Pologne, marcha sur la Mer glacée, d'isle en Isle, jusqu'à Copenhague. Cet événement prodigieux fit enfin conclure une paix, qui rendit à la Suéde la Scanie, perdue depuis trois siécles.

Son fils *Charles XI.* fut le prémier Roi absolu, & son petit-fils *Charles XII* fut le dernier. Je n'observerai ici qu'une seule chose, qui montre combien l'esprit du Gouvernement a changé dans le Nord, & combien il a fallu de tems pour le changer. Ce n'est qu'après la mort de *Charles XII.* que la Suéde toûjours guerriére s'est enfin tournée à l'Agriculture & au Commerce, autant qu'un terrain ingrat, & la médiocrité de ses richesses le peut permettre. Les Suédois ont eu enfin une Compagnie des Indes, & leur fer dont ils ne se servaient autrefois que pour combattre, a été porté avec avantage sur leurs vaisseaux, du port de Gottembourg aux Provinces Méridionales du Mogol & de la Chine.

Voici une nouvelle vicissitude, & un nouveau

Ch. CLXXXIV

1658.

Gouvernement de la Suede bien changé.

Cʜ. CLXXXIV

veau contraste dans le Nord. Cette Suéde despotiquement gouvernée est devenuë de nos jours le Royaume de la Terre le plus libre, & celui où les Rois sont les plus dépendans. Le Dannemarck au contraire, où le Roi n'était qu'un Doge, où la Noblesse était Souveraine, & le Peuple esclave, devint dès l'an 1661. un Royaume entiérement Monarchique. Le Clergé & les Bourgeois aimèrent mieux un Souverain absolu que cent Nobles qui voulaient tous commander ; ils forcèrent ces Nobles à être sujets comme eux, & à déférer au Roi *Fréderic III.* une autorité sans bornes. Ce Monarque fut le seul dans l'Univers, qui par un consentement formel de tous les Ordres de l'Etat fut reconnu pour Souverain absolu des hommes & des Loix, *pouvant les faire, les abroger, & les négliger à sa volonté.* On lui donna juridiquement ces armes terribles contre lesquelles il n'y a point de bouclier. Ses successeurs n'en ont point abusé. Ils ont senti que leur grandeur consistait à rendre heureux leurs Peuples. La Suéde & le Dannemarck sont parvenues à cultiver le Commerce par des routes diamétralement opposées, la Suéde en se rendant libre, & le Dannemarck en cessant de l'être.

C. CENT-QUATRE-VINGT-CINQUIEME.

DE LA POLOGNE
AU DIX-SEPTIEME SIECLE,
ET DES SOCINIENS OU UNITAIRES.

LA Pologne était le feul pays, qui joignant le nom de République à celui de la Monarchie, fe donnât toûjours un Roi étranger, comme les Vénitiens choififfent un Général de Terre. C'eft encor le feul Royaume qui n'ait point eu l'efprit de conquête, occupé feulement de défendre fes frontiéres contre les Turcs & contre les Mofcovites.

Pologne fage, non conquérante.

Les Factions Catholique & Proteftante, qui avaient troublé tant d'Etats, pénétrèrent enfin chez cette Nation. Les Proteftans furent affez confidérables pour fe faire accorder la liberté de confcience en 1587. & leur parti était déja fi fort, que le Nonce du Pape, *Annibal de Capoue*, n'employa qu'eux pour tâcher de donner la Couronne à l'Archiduc *Maximilien*, frére de l'Empereur *Rodolphe II*. En effet les Proteftans Polonais élurent ce Prince Autrichien, tandis que la faction oppofée choififfait le Suédois *Sigifmond*, petit-fils de *Guftave Vafa*, dont nous avons parlé. *Sigifmond* devait être Roi de Suéde, fi les droits du fang avaient été

CH.
CLXXXV

été consultés : mais vous avez vû que les Etats de la Suéde disposaient du Trône. Il était si loin de régner en Suéde, que *Gustave Adolphe* son cousin fut sur le point de le détrôner en Pologne, & ne renonça à cette entreprise que pour aller tenter de détrôner l'Empereur.

Suédois plus dangereux à la Pologne que les Turcs.

C'est une chose étonnante que les Suédois ayent souvent parcouru la Pologne en vainqueurs, & que les Turcs bien plus puissans n'ayent jamais pénétré beaucoup au delà de ses frontiéres. Le Sultan *Osman* attaqua les Polonais avec deux cent mille hommes, du tems de *Sigismond*, du côté de la Moldavie : les Cosaques, seuls Peuples alors attachés à la République & sous sa protection, rendirent par une résistance opiniâtre l'irruption des Turcs inutile. Que peut-on conclure du mauvais succès d'un tel armement, sinon que les Capitaines d'*Osman* ne savaient pas faire la guerre ?

1632.

Sigismond mourut la même année que *Gustave Adolphe*. Son fils *Ladislas* qui lui succéda,

Cosaques

vit commencer la fatale défection de ces Cosaques, qui ayant été si longtems le rempart de la République, se sont enfin donné aux Russes & aux Turcs. Ces Peuples, qu'il faut distinguer des Cosaques du Tanaïs, habitent les deux rives du Boristène : leur vie est entiérement semblable à celle des anciens Scythes & des Tartares des bords du Pont-Euxin. Au Nord & à l'Orient de l'Europe, toute cette partie du Monde était encor agreste : c'est l'image

mage de ces prétendus Siécles héroïques où les hommes se bornant au néceſſaire pillaient ce néceſſaire chez leurs voiſins. Les Seigneurs Polonais des Palatinats qui touchent à l'Ukraine, voulurent traiter quelques Coſaques comme leurs vaſſaux, c'eſt-à-dire, comme des ſerfs. Toute la Nation, qui n'avait de bien que ſa liberté, ſe ſouleva unanimément, & déſola longtems les Terres de la Pologne. Ces Coſaques étaient de la Religion Grecque, & ce fut encor une raiſon de plus pour les rendre irréconciliables avec les Polonais. Les uns ſe donnèrent aux Ruſſes, les autres aux Turcs, à condition toûjours de vivre dans leur libre Anarchie. Ils ont conſervé le peu qu'ils ont de la Religion des Grecs, & ils ont enfin perdu preſque entiérement leur liberté, ſous l'Empire de la Ruſſie, qui après avoir été policé de nos jours a voulu les policer auſſi.

Ch. CLXXXV

Le Roi *Ladislas* mourut ſans laiſſer d'enfans de ſa femme *Marie Louiſe de Gonzague*, la mème qui avait aimé le grand Ecuyer *Cinq-Mars*. *Ladislas* avait deux frères, tous deux dans les Ordres, l'un Jéſuite & Cardinal, nommé *Jean-Caſimir*; l'autre Evêque de Breſlau & de Kiovie. Le Cardinal & l'Evêque diſputèrent le Trône. *Caſimir* fut élu. Il renvoya ſon Chapeau, & prit la Couronne de Pologne. Mais après avoir vû pendant vingt années ſon Royaume toûjours troublé par des factions, dévaſté tantôt par le Roi de Suéde *Charles X.*, tantôt par les Moſcovites & par les Coſaques, il ſuivit

Jéſuite devenu Roi.

1648.

l'exem-

Cʜ. CLXXXV

1668.

1672.

1674.

Sobieski.

l'exemple de la Reine *Chriſtine* : il abdiqua comme elle, mais avec moins de gloire, & alla mourir à Paris, Abbé de *St. Germain* des Prés.

La Pologne ne fut pas plus heureuſe ſous ſon ſucceſſeur *Michel Coribut*. Tout ce qu'elle a perdu en divers tems compoſerait un Royaume immenſe. Les Suédois lui avaient enlevé la Livonie, que les Ruſſes poſſédent encor aujourd'hui. Ces mêmes Ruſſes, après leur avoir pris autrefois les Provinces de Pleskou & de Smolenskou, s'emparèrent encor de preſque toute la Kiovie, & de l'Ukraine. Les Turcs prirent ſous le Régne de *Michel* la Podolie & la Volhinie. La Pologne ne put ſe conſerver qu'en ſe rendant tributaire de la Porte Ottomane. Le Grand Maréchal de la Couronne *Jean Sobieski* lava cette honte à la vérité dans le ſang des Turcs à la bataille de Chokzim : cette célèbre bataille délivra la Pologne du tribut, & valut à *Sobieski* la Couronne ; mais apparemment cette victoire ſi célèbre ne fut pas auſſi ſanglante & auſſi déciſive qu'on le dit, puiſque les Turcs gardèrent alors la Podolie, & une partie de l'Ukraine, avec l'importante Forteresse de Kaminiek qu'ils avaient priſe.

Il eſt vrai que *Sobieski* devenu Roi rendit depuis ſon nom immortel par la délivrance de Vienne : mais il ne put jamais reprendre Kaminiek, & les Turcs ne l'ont rendu qu'après ſa mort à la paix de Carlowitz, en 1699. La Pologne dans toutes ces ſecouſſes ne chan‑

gea

gea jamais ni de Gouvernement, ni de Loix, ni de mœurs ; ne devint ni plus riche ni plus pauvre ; mais sa discipline militaire ne s'étant point perfectionnée, & le Czar *Pierre* ayant enfin par le moyen des étrangers introduit chez lui cette discipline si avantageuse, il est arrivé que les Russes, autrefois méprisés de la Pologne, l'ont forcée en 1633. à recevoir le Roi qu'ils ont voulu lui donner, & que dix mille Russes ont imposé des Loix à la Noblesse Polonaise assemblée.

Ch. CLXXXV

Quant à la Religion, elle causa peu de troubles dans cette partie du Monde. Les Unitaires eurent quelque tems des Eglises dans la Pologne, dans la Lithuanie, au commencement du dix-septiéme siécle. Ces Unitaires, qu'on appelle tantôt *Sociniens*, tantôt *Ariens*, prétendaient soutenir la cause de DIEU même, en le regardant comme un Etre unique, incommunicable, qui n'avait un fils que par adoption. Ce n'était pas entiérement le dogme des anciens *Eusébeïens*. Ils prétendaient ramener sur la Terre la pureté des prémiers âges du Christianisme, renonçant à la Magistrature & à la profession des armes. Des citoyens qui se faisaient un scrupule de combattre ne semblaient pas propres pour un pays où l'on était sans cesse en armes contre les Turcs. Cependant cette Religion fut assez florissante en Pologne jusqu'à l'année 1658. On la proscrivit dans ce tems-là, parce que ces Sectaires, qui avaient renoncé à la guerre, n'avaient pas renoncé

Religion. Sociniens.

Ch. CLXXXV

noncé à l'intrigue. Ils étaient liés avec *Ragotski* Prince de Transilvanie, alors ennemi de la République. Cependant ils sont encor en grand nombre en Pologne, quoiqu'ils y ayent perdu la liberté de faire une profession ouverte de leurs sentimens.

Une des erreurs de Maimbourg.

Le Déclamateur *Maimbourg* prétend qu'ils se réfugièrent en Hollande, où *il n'y a*, dit-il, *que la Religion Catholique qu'on ne tolère pas*. Le Déclamateur *Maimbourg* se trompe sur cet article comme sur bien d'autres. Les Catholiques sont si tolérés dans les Provinces-Unies, qu'ils y composent le tiers de la Nation; & jamais les Unitaires ou les *Sociniens* n'y ont eu d'assemblée publique. Cette Religion est étendue sourdement en Hollande, en Transilvanie, en Silésie, en Pologne, mais surtout en Angleterre. On peut compter parmi les révolutions de l'esprit humain, que cette Religion, qui a dominé dans l'Eglise pendant trois cent cinquante années depuis *Constantin*, se soit reproduite dans l'Europe depuis deux siècles, & soit répandue dans tant de Provinces sans avoir aujourd'hui de Temple en aucun endroit du Monde. Il semble qu'on ait craint d'admettre parmi les Communions du Christianisme une Secte qui avait autrefois triomphé si longtems de toutes les autres Communions.

CH.

CH. CENT-QUATRE-VINGT-SIXIEME.

DE LA RUSSIE,

AUX SEIZIEME ET DIX-SEPTIEME SIECLES.

Nous ne donnions point alors le nom de Ruſſie à la Moſcovie, & nous n'avions qu'une idée vague de ce pays ; la ville de Moſcou, plus connue en Europe que le reſte de ce vaſte Empire, lui faiſait donner le nom de Moſcovie. Le Souverain prend le titre d'Empereur de toutes les Ruſſies, parce qu'en effet il y a pluſieurs Provinces de ce nom qui lui apartiennent, ou ſur leſquelles il a des prétentions. *

La Moſcovie ou Ruſſie ſe gouvernait au ſeiziéme ſiécle à peu près comme la Pologne. Les Boyards ainſi que les Nobles Polonais comptaient pour toute leur richeſſe les habitans de leurs terres. Les cultivateurs étaient leurs eſclaves. Le Czar était quelquefois choiſi par ces Boyards ; mais auſſi ce Czar nommait ſouvent ſon Succeſſeur ; ce qui n'eſt jamais arrivé en Pologne. L'artillerie était très peu en uſage au ſeiziéme ſiécle dans toute cette partie du Monde, la diſcipline militaire inconnue ; chaque Boyard amenait ſes payſans au rendez-vous des troupes,

* Voyez l'Hiſtoire de *Pierre le Grand*.

Ch. CLXXXVI

pes, & les armait de fléches, de fabres, de bâtons ferrés en forme de piques, & de quelques fufils. Jamais d'opérations réguliéres en campagne, nuls magazins, point d'hôpitaux : tout fe faifait par incurfion ; & quand il n'y avait plus rien à piller, le Boyard, ainfi que le Starofte Polonais, & le Mirza Tartare, ramenait fa troupe.

Labourer fes champs, conduire fes troupeaux & combattre, voila la vie des Ruffes jufqu'au tems de *Pierre le Grand*, & c'eft la vie des trois quarts des habitans de la Terre.

Les Ruffes conquirent aifément au milieu du feiziéme fiécle les Royaumes de Cazan & d'Aftracan fur les Tartares affaiblis, & plus mal difciplinés qu'eux encore. Mais jufqu'à *Pierre le Grand*, ils ne purent fe foutenir contre la Suéde du côté de la Finlande ; des troupes réguliéres devaient néceffairement l'emporter fur eux. Depuis *Jean Bafilowits*, ou *Bafilides*, qui conquit Aftracan & Cazan, une partie de la Livonie, Pleskou, Novogorod, jufqu'au Czar Pierre, il n'y a rien eu de confidérable.

Ce *Bafilide* eut une étrange reffemblance avec Pierre I. C'eft que tous deux firent mourir leurs fils. *Jean Bafilide* foupçonnant fon fils d'une confpiration pendant le fiége de Pleskou, le tua d'un coup de pique ; & *Pierre* ayant fait condamner le fien à la mort, ce jeune Prince ne furvécut pas à fa condamnation & à fa grace.

L'Hiftoire ne fournit guères d'événement plus

Des faux Demetrius.

plus extraordinaire que celui des faux Démétrius, qui agita si longtems la Russie après la mort de *Jean Basilides*. Ce Czar laissa deux fils, l'un nommé *Fédor* ou *Théodor*, l'autre *Demetri* ou *Demetrius*. *Fédor* régna ; *Demetri* fut confiné dans un village nommé Uglis avec la Czarine sa mére. Jusques-là les mœurs de cette Cour n'avaient point encor adopté la politique des Sultans, & des anciens Empereurs Grecs, de sacrifier les Princes du Sang à la sûreté du Trône. Un prémier Ministre nommé *Boris-Gudenou*, dont *Fédor* avait épousé la sœur, persuada au Czar *Fédor*, qu'on ne pouvait bien régner qu'en imitant les Turcs, & en assassinant son frére. Ce prémier Ministre *Boris* envoya un Officier dans le village où était élevé le jeune *Demetri*, avec ordre de le tuer. L'Officier de retour dit qu'il avait exécuté sa commission, & demanda la récompense qu'on lui avait promise. *Boris* pour toute récompense fit tuer le meurtrier, afin de supprimer les preuves du crime. On prétend que *Boris* quelque tems après empoisonna le Czar *Fédor* ; & quoiqu'il en fût soupçonné, il n'en monta pas moins sur le Trône.

Il parut alors dans la Lithuanie un jeune homme qui prétendait être le Prince *Demetri* échapé à l'assassin. Plusieurs personnes qui l'avaient vû auprès de sa mére, le reconnaissaient à des marques certaines. Il ressemblait parfaitement au Prince ; il montrait la croix d'or enrichie de pierreries qu'on avait attachée au

Ch. CLXXXVI

1584.

1597.

Prémier Demetri imposteur.

Cн.
cLXXXVI
cou de *Demetri* à fon batême. Un Palatin de Sandomir le reconnut d'abord pour le fils de *Jean Bafilide*, & pour le véritable Czar. Une Diète de Pologne examina folemnellement les preuves de fa naiffance, & les ayant trouvées inconteftables, lui fournit une armée pour chaffer l'ufurpateur *Boris*, & pour reprendre la Couronne de fes Ancêtres.

Cependant on traitait en Ruffie *Demetri* d'Impofteur, & même de Magicien. Les Ruffes ne pouvaient croire que *Demetri* préfenté par des Polonais Catholiques, & ayant deux Jéfuites pour confeil, pût être leur véritable Roi. Les Boyards le regardaient tellement comme un impofteur, que le Czar *Boris* étant mort, ils mirent fans difficulté fur le Trône le fils de *Boris* âgé de quinze ans.

1605. Cependant *Demetri* s'avançait en Ruffie avec l'armée Polonaife. Ceux qui étaient mécontens alors du Gouvernement Mofcovite, fe déclarèrent en fa faveur. Un Général Ruffe étant en préfence de l'armée de *Demetri*, s'écria, *Il eft le feul légitime héritier de l'Empire*, & paffa de fon côté avec les troupes qu'il commandait. La révolution fut bientôt pleine & entiére; *Demetri* ne fût plus un Magicien. Le peuple de Mofcou courut au Château, & traina en prifon le fils de *Boris* & fa mére. *De-*
1605. *metri* fut proclamé Czar, fans aucune contradiction. On publia que le jeune *Boris* & fa mére s'étaient tués en prifon: il eft plus vraifemblable que *Demetri* les fit mourir.

La

La veuve de *Jean Basilide*, mère du vrai ou faux *Demetri*, était depuis longtems reléguée dans le Nord de la Russie; le nouveau Czar l'envoya chercher dans une espèce de carosse aussi magnifique qu'on en pouvait avoir alors. Il alla plusieurs milles au-devant d'elle: tous deux se reconnurent avec des transports & des larmes en présence d'une foule innombrable; personne alors dans l'Empire ne douta que *Demetri* ne fût le véritable Empereur. Il épousa la fille du Palatin de Sandomir son prémier protecteur, & ce fut ce qui le perdit. Le peuple vit avec horreur une Impératrice Catholique, une Cour composée d'étrangers, & surtout une Eglise qu'on bâtissait pour des Jésuites. *Demetri* dès-lors ne passa plus pour un Russe.

CH. CLXXXVI

1606.

Un Boyard nommé *Zuski* se mit à la tête de plusieurs conjurés, au milieu des fêtes qu'on donnait pour le mariage du Czar: il entre dans le palais le sabre dans une main, & une croix dans l'autre; on égorge la Garde Polonaise. *Demetri* est chargé de chaines. Les conjurés amènent devant lui la Czarine veuve de *Jean Basilide*, qui l'avait reconnu si solemnellement pour son fils. Le Clergé l'obligea de jurer sur la croix, & de déclarer enfin si *Demetri* était son fils ou non. Alors soit que la crainte de la mort forçât cette Princesse à un faux serment, & l'emportât sur la nature, soit qu'en effet elle rendît gloire à la vérité, elle déclara en pleurant que le Czar n'était point son fils; que le véritable *Demetri* avait été en effet assassiné dans son enfance, & qu'elle n'avait reconnu le nouveau Czar qu'à l'exemple de tout le peuple, & pour venger le sang de son fils sur la famille des assassins. On prétendit alors que *Demetri* était un homme du peuple nommé *Grifka Utropoya*, qui avait été quelque tems Moine dans un Couvent de Russie. On lui avait reproché auparavant de n'ètre pas du rite Grec, & de n'avoir rien des mœurs de son pays ; & alors on lui reprochait d'être à la fois un paysan Russe & un Moine Grec. Quel qu'il fût, le Chef des conjurés *Zuski* le tua de sa main, & se mit à sa place.

Ce nouveau Czar monté en un moment sur le Trône, renvoya dans leur pays le peu de Polonais échapés au carnage. Comme il n'avait d'autre droit au Trône, ni d'autre mérite que d'avoir assassiné *Demetri*, les autres Boyards, qui de ses égaux devenaient ses sujets, prétendirent bientôt que le Czar assassiné n'était point un imposteur, qu'il était le véritable *Demetri*, & que son meurtrier n'était pas digne de la Couronne. Ce nom de *Demetri* devint cher aux Russes. Le Chancelier de celui qu'on venait de tuer s'avisa de dire qu'il n'était pas mort, qu'il guérirait bientôt de ses blessures, & qu'il reparaîtrait à la tête de ses fidéles sujets.

Ce Chancelier parcourut la Moscovie, menant avec lui dans une litiére un jeune homme auquel il donnait le nom de *Demetri*, & qu'il qu'il traitait en Souverain. A ce nom seul les Peuples se soulevèrent; il se donna des batailles au nom de ce *Demetri* qu'on ne voyait pas; mais le parti du Chancelier ayant été battu, ce second *Demetri* disparut bientôt. Les imaginations étaient si frappées de ce nom, qu'un troisiéme *Demetri* se présenta en Pologne. Celui-là fut plus heureux que les autres : il fut soutenu par le Roi de Pologne *Sigismond*, & vint assiéger le Tyran *Zuski* dans Moscou même. *Zuski* enfermé dans Moscou tenait encor en sa puissance la veuve du prémier *Demetri*, & le Palatin de Sandomir, pére de cette veuve. Le troisiéme redemanda la Princesse comme sa femme. *Zuski* rendit la fille & le pére, espérant peut-être adoucir le Roi de Pologne, ou se flattant que la Palatine ne reconnaitrait pas son mari dans un imposteur; mais cet imposteur était victorieux. La veuve du prémier *Demetri* ne manqua pas de reconnaître ce troisiéme pour son véritable époux; & si le prémier trouva une mére, le troisiéme trouva aussi aisément une épouse. Le beau-pére jura que c'était-là son gendre, & les peuples ne doutèrent plus. Les Boyards partagés entre l'Usurpateur *Zuski*, & l'Imposteur, ne reconnurent ni l'un ni l'autre. Ils déposèrent *Zuski*, & le mirent dans un Couvent. C'était encor une superstition des Russes, comme de l'ancienne Eglise Grecque, qu'un Prince qu'on avait fait Moine ne pouvait plus régner : ce même usage s'était insensiblement établi autre-

Cʜ. CLXXXVI

Troisiéme Demetri imposteur.

Ch.
CLXXXVI

Quatriéme Demetri imposteur.

Cinquiéme Demetri imposteur.

1610.

fois dans l'Eglife Latine. *Zuski* ne reparut plus; & *Demetri* fut affaffiné dans un feftin par des Tartares.

Les Boyards alors offrirent leur Couronne au Prince *Ladislas* fils de *Sigifmond* Roi de Pologne. *Ladislas* fe préparait à venir la recevoir, lorfqu'il parut encor un quatriéme *Demetri* pour la lui difputer. Celui-ci publia que Dieu l'avait toûjours confervé, quoiqu'il eût été affaffiné à Uglis par le Tyran *Boris*, à Mofcou par l'Ufurpateur *Zuski*, & enfuite par des Tartares. Il trouva des partifans qui crurent ces trois miracles. La Ville de Pleskou le reconnut pour Czar ; il y établit fa Cour quelques années, pendant que les Ruffes fe repentant d'avoir appellé les Polonais, les chaffaient de tous côtés, & que *Sigifmond* renonçait à voir fon fils *Ladislas* fur le Trône des Czars. Au milieu de ces troubles on mit fur le Trône le fils du Patriarche *Fédor Romanow*. Ce Patriarche était parent par les femmes du Czar *Jean Bafilide*. Son fils *Michel Féderowitz*, c'eft-à-dire fils de *Fédor*, fut élu à l'âge de dix-fept ans par le crédit du pére. Toute la Ruffie reconnut ce *Michel*, & la Ville de Pleskou lui livra le quatriéme *Demetri*, qui finit par être pendu.

Il en reftait un cinquiéme ; c'était le fils du prémier qui avait régné en effet, de celui-là même qui avait époufé la fille du Palatin de Sandomir : fa mére l'enleva de Mofcou, lorfqu'elle alla trouver le troifiéme *Demetri*, & qu'elle feignit

feignit de le reconnaître pour son véritable mari. Elle se retira ensuite chez les Cosaques avec cet enfant, qu'on regardait comme le petit-fils de *Jean Basilide*, & qui en effet pouvait bien l'être. Mais dès que *Michel Féderowitz* fut sur le Trône, il força les Cosaques à lui livrer la mére & l'enfant, & les fit noyer l'un & l'autre.

On ne s'attendait pas à un sixiéme *Demetri*. Cependant, sous l'Empire de *Michel Fédérowitz* en Russie, & sous le régne de *Ladislas* en Pologne, on vit encor un nouveau prétendant de ce nom à la Cour de Russie. Quelques jeunes gens en se baignant avec un Cosaque de leur âge, aperçurent sur son dos des caractères Russes, imprimés avec une aiguille ; on y lisait, *Demetri fils du Czar Demetri*. Celui-ci passa pour ce même fils de la Palatine de Sandomir, que le Czar *Féderowitz* avait fait noyer dans un étang glacé. DIEU avait opéré un miracle pour le sauver ; il fut traité en fils du Czar à la Cour de *Ladislas*, & on prétendait bien se servir de lui pour exciter de nouveaux troubles en Russie. La mort de *Ladislas* son protecteur lui ôta toute espérance. Il se retira en Suéde, & de là dans le Holstein ; mais malheureusement pour lui, le Duc de *Holstein* ayant envoyé en Moscovie une Ambassade pour établir un Commerce de soye de Perse, & son Ambassadeur n'ayant réussi qu'à faire des dettes à Moscou, le Duc de *Holstein* obtint quittance de la dette en livrant ce dernier *Demetri*.

Ch. CLXXXVI
Mœurs de la Russie en ce tems là.

tri, qui fut mis en quartiers.

Toutes ces avantures qui tiennent du fabuleux, & qui font pourtant très-vrayes, n'arrivent point chez les Peuples policés, qui ont une forme de Gouvernement réguliére. Le Czar *Alexis*, fils de *Michel Féderowitz*, & petit-fils du Patriarche *Fédor Romanow* couronné en 1645. n'est guère connu dans l'Europe que pour avoir été le pére de *Pierre le Grand*. La Russie jusqu'au Czar *Pierre* resta presque inconnue aux Peuples Méridionaux de l'Europe, ensevelie sous un Despotisme malheureux du Prince sur les Boyards, & des Boyards sur les cultivateurs. Les abus dont se plaignent aujourd'hui les Nations policées, auraient été des Loix Divines pour les Russes. Il y a quelques réglemens parmi nous qui excitent les murmures des Commerçans & des Manufacturiers ; mais dans tous ces pays du Nord il était très-rare d'avoir un lit ; on couchait sur des planches, que les moins pauvres couvraient d'un gros drap acheté aux Foires éloignées, ou bien d'une peau d'animal, soit domestique, soit sauvage. Lorsque le Comte de *Carlile*, Ambassadeur de *Charles II*. d'Angleterre à Moscou, traversa tout l'Empire Russe d'Archangel en Pologne en 1663. il trouva partout cet usage, & la pauvreté générale que cet usage suppose, tandis que l'or & les pierreries brillaient à la Cour au milieu d'une pompe grossiére.

Un Tartare de la Crimée, un Cosaque du Tanaïs,

Tanaïs, réduit à la vie sauvage du Citoyen Russe, était bien plus heureux que ce Citoyen, puisqu'il était libre d'aller où il voulait, & qu'il était défendu au Russe de sortir de son pays. Vous connaissez par l'Histoire de *Charles XII.* & par celle de *Pierre I.* qui s'y trouve renfermée, quelle différence immense un demi-siécle a produite dans cet Empire. Trente siécles n'auraient pû faire ce qu'a fait *Pierre* en voyageant quelques années.

CH. CENT-QUATRE-VINGT-SEPTIEME.

DE L'EMPIRE OTTOMAN
AU DIX-SEPTIEME SIECLE.

SIEGE DE CANDIE. FAUX MESSIE.

Après la mort de *Sélim II.* les Ottomans conservèrent leur supériorité dans l'Europe & dans l'Asie. Ils étendirent encor leurs frontiéres sous le régne d'*Amurath III.* Ses Généraux prirent d'un côté Raab en Hongrie, & de l'autre Tibris en Perse. Les Janissaires redoutables aux ennemis l'étaient toûjours à leurs Maîtres : mais *Amurath III.* leur fit voir qu'il était digne de leur commander. Ils vinrent un jour lui demander la tête du Testerdar, c'est-à-dire, du Grand Trésorier. Ils étaient répandus en tumulte à la porte intérieure

Ch.
CLXXXVII

1593.

rieure du Serrail, & menaçaient le Sultan même ; il leur fait ouvrir la porte suivi de tous les Officiers du Serrail ; il fond sur eux le sabre à la main ; il en tue plusieurs ; le reste se dissipe & obéit. Cette Milice si fière souffre qu'on exécute à ses yeux les principaux auteurs de l'émeute : mais quelle Milice que des soldats que leur Maître était obligé de combattre ! On pouvait quelquefois la reprimer, mais on ne pouvait ni l'accoutumer au joug, ni la discipliner, ni l'abolir, & elle disposa souvent de l'Empire.

Dix-neuf fréres étranglés.

Mahomet III. fils d'*Amurath* méritait plus qu'aucun Sultan que ses Janissaires usassent contre lui du droit qu'ils s'arrogeaient de juger leurs Maîtres. Il commença son régne, à ce qu'on dit, par faire étrangler dix-neuf de ses fréres, & par faire noyer douze femmes de son pére qu'on croyait enceintes. On murmura à peine. Il n'y a que les faibles de punis. Ce Barbare gouverna avec splendeur. Il protégea la Transilvanie contre l'Empereur *Rodolphe II.* qui abandonnait le soin de ses Etats &

1596.

de l'Empire ; il dévasta la Hongrie : il prit Agria en personne à la vue de l'Archiduc *Mathias*, & son régne affreux ne laissa pas de maintenir la grandeur Ottomane.

Perses vainqueurs des Turcs
1603.

Pendant le régne d'*Achmet I.* son fils, depuis 1603. jusqu'en 1631. tout dégénère. *Sha-Abas le Grand*, Roi de Perse, est toûjours vainqueur des Turcs. Il reprend sur eux Tauris, ancien théatre de la guerre entre les Turcs

Turcs & les Perſans ; il les chaſſe de toutes leurs conquêtes, & par-là il délivre *Rodolphe*, *Mathias*, & *Ferdinand II.* d'inquiétude. Il combat pour les Chrétiens ſans le ſavoir. *Achmet* conclut en 1615. une paix honteuſe avec l'Empereur *Mathias* : il lui rend Agria, Caniſe, Peſt, Albe-Royale, conquiſe par ſes Ancêtres. Tel eſt le contrepoids de la fortune. C'eſt ainſi que vous avez vû *Uſſum Caſſan*, *Iſmael Sophi*, arrêter les progrès des Turcs contre l'Allemagne & contre Veniſe, & dans les tems antérieurs *Tamerlan* ſauver Conſtantinople.

Ce qui ſe paſſe après la mort d'*Achmet* nous prouve bien que le Gouvernement Turc n'était pas cette Monarchie abſolue que nos Hiſtoriens nous ont repréſentée comme la loi du Deſpotiſme établie ſans contradiction. Ce pouvoir était entre les mains du Sultan, comme un glaive à deux tranchans qui bleſſait ſon Maître quand il était manié d'une main faible. L'Empire était ſouvent, comme le dit le Comte *Marſigli*, une Démocratie militaire pire encor que le pouvoir arbitraire. L'ordre de ſucceſſion n'était point établi ; les Janiſſaires & le Divan ne choiſirent point pour leur Empereur le fils d'*Achmet* qui s'appellait *Oſman*, mais *Muſtapha* frére d'*Achmet*. Ils ſe dégoutèrent au bout de deux mois de *Muſtapha*, qu'on diſait incapable de régner : ils le mirent en priſon, & proclamèrent le jeune *Oſman* ſon neveu âgé de douze ans : ils régnèrent en effet ſous ſon nom.

Cн. CLXXXVII

Gouvernement Turc pas ſi deſpotique qu'on croit.

1617.

Muſta-

Ch.
CLXXXVII

Ofman
égorgé.
1622.

Muſtapha
étranglé.

Amurath
IV. conquérant.
1628.
12. Déc.
1638.

Muſtapha du fond de ſa priſon avait encor un parti. Sa faction perſuada aux Janiſſaires que le jeune *Oſman* avait deſſein de diminuer leur nombre pour affaiblir leur pouvoir. On dépoſa *Oſman* ſur ce prétexte; on l'enferma aux ſept Tours; & le grand Viſir *Daout* alla lui-même égorger ſon Empereur. *Muſtapha* fut tiré de la priſon pour la ſeconde fois, reconnu Sultan, & au bout d'un an dépoſé encor par les mêmes Janiſſaires qui l'avaient deux fois élû. Jamais Prince depuis *Vitellius* ne fut traité avec plus d'ignominie. Il fut promené dans les rues de Conſtantinople monté ſur un âne, expoſé aux outrages de la populace, puis conduit aux ſept Tours, & étranglé dans ſa priſon.

Tout change ſous *Amurat IV.* ſurnommé *Gaſi*, *l'Intrépide*. Il ſe fait reſpecter des Janiſſaires, en les occupant contre les Perſans, & en les conduiſant lui-même. Il enlève Erzerom à la Perſe. Dix ans après il prend d'aſſaut Bagdat, cette ancienne Séleucie capitale de la Meſopotamie, que nous appellons *Diarbekir*, & qui eſt demeurée aux Turcs ainſi qu'Erzerom. Les Perſans n'ont cru depuis pouvoir mettre leurs frontières en ſureté qu'en dévaſtant trente lieues de leur propre pays par-delà Bagdat, & en faiſant une ſolitude ſtérile de la plus fertile contrée de la Perſe. Les autres Peuples défendent leurs frontières par des citadelles; les Perſans ont défendu les leurs par des déſerts.

Dans

Dans le même tems qu'il prenait Bagdat, il envoyait quarante mille hommes au fecours du Grand Mogol *Cha-Gean* contre fon fils *Aurengzeb*. Si ce torrent qui fe débordait en Afie fût tombé fur l'Allemagne, occupée alors par les Suédois & les Français, & déchirée par elle-même, l'Allemagne était en rifque de perdre la gloire de n'avoir jamais été entièrement fubjuguée.

CH.
CLXXXVII

Les Turcs avouent que ce Conquérant n'avait de mérite que la valeur, qu'il était cruel, & que la débauche augmentait encor fa cruauté. Un excès de vin termina fes jours & deshonora fa mémoire.

1639.

Ibrahim fon fils eut les mêmes vices, avec plus de faibleffe, & nul courage. Cependant c'eft fous ce Régne que les Turcs conquirent l'Ifle de Candie, & qu'il ne leur refta plus à prendre que la Capitale & quelques fortereffes qui fe défendirent vingt-quatre années. Cette Ifle de Crète fi célèbre dans l'Antiquité par fes Loix, par fes Arts, & même par fes fables, avait déja été conquife par les Mahométans Arabes au commencement du neuviéme fiécle. Ils y avaient bâti Candie, qui depuis ce tems donna fon nom à l'Ifle entière. Les Empereurs Grecs les en avaient chaffés au bout de quatre-vingt ans; mais lorfque du tems des Croifades, les Princes Latins ligués pour fecourir Conftantinople envahirent l'Empire Grec au lieu de le défendre, Venife fut affez riche pour acheter l'Ifle de Candie, & affez heureufe pour la conferver.

Ibrahim.

Une

Ch.
CLXXXVII

Le Révérend Pére Ottoman Jacobin, fils d'Ibrahim.

Une avanture singuliére, & qui tient du roman, attira les armes Ottomanes sur Candie. Six galéres de Malthe s'emparèrent d'un grand vaisseau Turc, & vinrent avec leur prise mouiller dans un petit port de l'Isle nommée Calismène. On prétendit que le vaisseau Turc portait un fils du Grand-Seigneur. Ce qui le fit croire, c'est que le Kislar-Aga Chef des Eunuques noirs, avec plusieurs Officiers du Serrail, était dans le navire, & que cet enfant était élevé par lui avec des soins & des respects. Cet Eunuque ayant été tué dans le combat, les Officiers assurèrent que l'enfant appartenait à *Ibrahim*, & que sa mére l'envoyait en Egypte. Il fut longtems traité à Malthe comme fils du Sultan, dans l'espérance d'une rançon proportionnée à sa naissance. Le Sultan dédaigna de proposer la rançon, soit qu'il ne voulût point traiter avec les Chevaliers de Malthe, soit que le prisonnier ne fût point en effet son fils. Ce prétendu Prince négligé enfin par les Malthois se fit Dominicain : on l'a connu longtems sous le nom du *Pére Ottoman*; & les Dominicains se sont toûjours vantés d'avoir le fils d'un Sultan dans leur Ordre.

La Porte ne pouvant se venger sur Malthe, qui de son rocher inaccessible brave la puissance Turque, fit tomber sa colère sur les Vénitiens; elle leur reprochait d'avoir, malgré les Traités de paix, reçu dans leur port

1645. la prise faite par les galères de Malthe. La
flotte

flotte Turque aborda en Candie. On prit la Canée, & en peu de tems presque toute l'Isle.

Ibrahim n'eut aucune part à cet événement. On a fait quelquefois les plus grandes choses sous les Princes les plus faibles. Les Janissaires furent absolument les Maîtres du tems d'Ibrahim : s'ils firent des conquêtes, ce ne fut pas pour lui, mais pour eux, & pour l'Empire. Enfin il fut déposé sur une décision du Muphti, & sur un arrêt du Divan. L'Empire Turc fut alors une véritable Démocratie ; car après avoir enfermé le Sultan dans l'appartement de ses femmes, on ne proclama point d'Empereur ; l'administration continua au nom du Sultan, qui ne régnait plus.

Nos Historiens prétendent qu'*Ibrahim* fut enfin étranglé par quatre muets, dans la fausse supposition que les muets sont employés à l'exécution des ordres sanguinaires qui se donnent dans le Serrail ; mais ils n'ont jamais été que sur le pied des boufons & des nains ; on ne les employe à rien de sérieux. Il ne faut regarder que comme un Roman la rélation de la mort de ce Prince étranglé par quatre muets ; les Annales Turques ne disent point comment il mourut : ce fut un secret du Serrail. Toutes les faussetés qu'on nous a débitées sur le Gouvernement des Turcs dont nous sommes si voisins, doivent bien redoubler nôtre défiance sur l'Histoire ancienne. Comment peut-on espérer de nous faire connaître les Scythes, les Gomérites, & les Celtes, quand on nous instruit

CH. CLXXXVII.
Ibrahim déposé.

1648.

1649.

Mensonges historiques sur les Turcs.

Ch.
CLXXXVII

instruit si mal de ce qui se passe autour de nous ? Tout nous confirme que nous devons nous en tenir aux événemens publics dans l'Histoire des Nations, & qu'on perd son tems à vouloir approfondir les détails secrets, quand ils ne nous ont pas été transmis par des témoins oculaires & accrédités.

Par une fatalité singuliére, ce tems funeste à *Ibrahim* l'était à tous les Rois. Le Trône de l'Empire d'Allemagne était ébranlé par la fameuse guerre de trente ans. La guerre civile désolait la France, & forçait la mére de *Louis XIV.* à fuir de sa Capitale avec ses enfans. *Charles I.* à Londres était condamné à mort par ses sujets. *Philippe IV.* Roi d'Espagne, après avoir perdu presque toutes ses possessions en Asie, avait perdu encor le Portugal. Le commencement du dix-septiéme siécle était le tems des Usurpateurs presque d'un bout du Monde à l'autre. *Cromwell* subjuguait l'Angleterre, l'Ecosse, & l'Irlande. Un rebelle nommé *Listching* forçait le dernier Empereur de la race Chinoise à s'étrangler avec sa femme & ses enfans, & ouvrait l'Empire de la Chine aux Conquérans Tartares. *Aurengzeb* dans le Mogol se révoltait contre son pére ; il le fit languir en prison, & jouït paisiblement du fruit de ses crimes. Le plus grand des Tyrans *Muleï-Ismaël* exerçait dans l'Empire de Maroc de plus horribles cruautés. Ces deux Usurpateurs, *Aurengzeb,* & *Muleï-Ismaël*, furent de tous les Rois de la Terre ceux qui vécurent le plus

L'Univers souffre ; cela revient souvent.

GUERRE DE CANDIE. 273

plus heureusement & le plus longtems. La vie de l'un & de l'autre a passé cent années. *Cromwell* aussi méchant qu'eux, vécut moins, mais régna & mourut tranquille. Si on parcourt l'Histoire du Monde, on voit les faiblesses punies, mais les grands crimes heureux, & l'Univers est une vaste scène de brigandage abandonnée à la fortune.

Cependant la guerre de Candie était semblable à celle de Troye. Quelquefois les Turcs menaçaient la Ville, quelquefois ils étaient assiégés eux-mêmes dans la Canée dont ils avaient fait leur place-d'armes. Jamais les Vénitiens ne montrèrent plus de résolution & de courage; ils battirent souvent les flottes Turques. Le trésor de *St. Marc* fut épuisé à lever des soldats. Les troubles du Serrail, les irruptions des Turcs en Hongrie firent languir l'entreprise sur Candie quelques années, mais jamais elle ne fut interrompue. Enfin en 1667. *Achmet Cuprogli*, ou *Kiuperli*, Grand Visir de *Mahomet IV.* & fils d'un grand Visir, assiégea réguliérement Candie, défendue par le Capitaine-Général *Francesco Morosini*, & par *St. André Montbrun* Officier Français, à qui le Sénat donna le Commandement des troupes de terre.

Cette ville ne devait jamais être prise, pour peu que les Princes Chrétiens eussent imité *Louis XIV.* qui en 1669. envoya six à sept mille hommes au secours de la ville sous le commandement du Duc de *Beaufort*, & du

CH. CLXXXVII

Siége de Candie plus long que celui de Troye, pas si fameux.

Ch.
CLXXXVII

Duc de *Navailles*. Le port de Candie fut toûjours libre; il ne fallait qu'y tranſporter aſſez de ſoldats pour réſiſter aux Janiſſaires. La République ne fut pas aſſez puiſſante pour lever des troupes ſuffiſantes. Le Duc de *Beaufort*, le même qui avait joué du tems de la Fronde un perſonnage plus étrange qu'illuſtre, alla attaquer & renverſer les Turcs dans leurs tranchées, ſuivi de la Nobleſſe de France. Mais un magazin de poudre & de grenades ayant ſauté dans ces tranchées, tout le fruit de cette action fut perdu. Les Français croyant marcher ſur un terrain miné, ſe retirèrent en deſordre pourſuivis par les Turcs, & le Duc de *Beaufort* fut tué dans cette action avec beaucoup d'Officiers Français.

Le Duc de Beaufort tué devant Candie.

Louïs XIV. allié de l'Empire Ottoman ſecourut ainſi ouvertement Veniſe, & enſuite l'Allemagne contre cet Empire, ſans que les Turcs paruſſent en avoir beaucoup de reſſentiment. On ne ſait point pourquoi ce Monarque rappella bientôt après ſes troupes de Candie. Le Duc de *Navailles* qui les commandait après la mort du Duc de *Beaufort*, était perſuadé que la Place ne pouvait plus tenir contre les Turcs. Le Capitaine-Général *Franceſco Moroſini*, qui ſoutint ſi longtems ce fameux ſiége, pouvait abandonner des ruines ſans capituler, & ſe retirer par la mer dont il fut toûjours le Maître. Mais en capitulant il conſervait encor quelques Places dans l'Iſle à la République, & la capitulation était un Traité

de

de paix. Le Vifir *Achmet Cuprogli* mettait toute fa gloire & celle de l'Empire Ottoman à prendre Candie.

Ce Vifir & *Morofini* firent donc la paix, dont le prix fut la ville de Candie réduite en cendres, & où il ne refta qu'une vingtaine de Chrétiens malades. Jamais les Chrétiens ne firent avec les Turcs de capitulation plus honorable, ni de mieux obfervée par les vainqueurs. Il fut permis à *Morofini* de faire embarquer tout le canon amené à Candie pendant la guerre. Le Vifir prêta des chaloupes pour conduire des citoyens qui ne pouvaient trouver place fur les vaiffeaux Vénitiens. Il donna cinq-cent fequins au Bourgeois qui lui préfenta les clefs, & deux cent à chacun de ceux qui l'accompagnaient. Les Turcs & les Vénitiens fe vifitèrent comme des Peuples amis jufqu'au jour de l'embarquement.

Le vainqueur de Candie *Cuprogli* était un des meilleurs Généraux de l'Europe, un des plus grands Miniftres, & en même tems jufte & humain. Il acquit une gloire immortelle dans cette longue guerre, où de l'aveu des Turcs il périt deux cent mille de leurs foldats.

Les *Morofini*, (car il y en avait quatre de ce nom dans la ville affiégée) les *Cornaro*, les *Giuftiniani*, les *Benzoni*, le Marquis de *St. André Montbrun*, le Marquis de *Frontenac*, rendirent leurs noms célèbres dans l'Europe. Ce n'eft pas fans raifon qu'on a comparé cette guerre à celle de Troye. Le Grand Vifir avait

C*h.* CLXXXVII

Candie prife.

1669. Septemb.

Cн. CLXXXVII

Candie prise comme Troye, par le ftratagême d'un Grec.

un Grec auprès de lui qui mérita le furnom d'*Uliffe*; il s'appellait *Payanotos*. Le Prince *Cantemir* prétend que ce Grec détermina le Confeil de Candie à capituler, par un ftratagême digne d'*Uliffe*. Quelques vaiffeaux Français chargés de provifions pour Candie étaient en route. *Payanotos* fit arborer le pavillon Français à plufieurs vaiffeaux Turcs, qui ayant pris le large pendant la nuit, entrèrent le jour à la rade occupée par la flotte Ottomane, & furent reçus avec des cris d'allegreffe. *Payanotos* qui négocia avec le Confeil de guerre de Candie, leur perfuada que le Roi de France abandonnait les intérêts de la République en faveur des Turcs, dont il était l'allié ; & cette feinte hâta la capitulation. Le Capitaine-Général *Morofini* fut accufé en plein Sénat d'avoir trahi Venife. Il fut défendu avec autant de véhémence qu'on en mit à l'accufer. C'eft encor une reffemblance avec les anciennes Républiques Grecques, & furtout avec la Romaine. *Morofini* fe juftifia depuis en faifant fur les Turcs la conquête du Péloponnèfe, qu'on nomme aujourd'hui *Morée*, conquête dont Venife a joui trop peu de tems. Ce grand homme mourut Doge, & laiffa après lui une réputation qui durera autant que Venife.

DE SABATEI-SEVI,
QUI PRIT LA QUALITÉ DE MESSIE.

PEndant la guerre de Candie il arriva chez les Turcs un événement qui fut l'objet de l'attention de l'Europe & de l'Asie. Il s'était répandu un bruit général, fondé sur la vaine curiosité, que l'année 1666. devait être l'époque d'une grande révolution sur la Terre. Le nombre mystique de 666. qui se trouve dans l'Apocalypse était la source de cette opinion. Jamais l'attente de l'*Ante-Christ* ne fut si universelle. Les Juifs de leur côté prétendirent que leur Messie devait naître cette année.

Un Juif de Smyrne nommé *Sabatei-Sevi*, homme assez savant, fils d'un riche courtier de la factorerie Anglaise, profita de cette opinion générale, & s'annonça pour le Messie. Il était éloquent, & d'une figure avantageuse, affectant de la modestie, recommandant la justice, parlant en Oracle, disant partout que les tems étaient accomplis. Il voyagea d'abord en Grèce & en Italie. Il enleva une fille à Livourne, & la mena à Jérusalem, où il commença à prêcher ses frères.

C'est chez les Juifs une tradition constante, que leur *Shilo*, leur *Messiah*, leur vengeur & leur Roi, ne doit venir qu'avec *Elie*. Ils se persuadent qu'ils ont eu un *Eliah* qui doit reparaître

Elie annonce ce Messie nouveau

paraître au renouvellement de la Terre. Cet *Eliah*, que nous nommons *Elie*, a été pris par quelques Savans pour le Soleil, à cause de la conformité du mot *Elios* qui signifie le Soleil chez les Grecs, & parce qu'*Elie* ayant été transporté hors de la Terre dans un char de feu attelé de quatre chevaux ailés, a beaucoup de ressemblance avec le char du Soleil, & ses quatre chevaux inventés par les Poëtes. Mais sans nous arrêter à ces recherches, & sans examiner si les livres Hébreux ont été écrits après *Alexandre*, & après que les Facteurs Juifs eurent appris quelque chose de la Mythologie Grecque dans Alexandrie, c'est assez de remarquer que les Juifs attendent *Elie* de tems immémorial. Aujourd'hui même encor, quand ces malheureux circoncisent un enfant avec cérémonie, ils mettent dans la salle un fauteuil pour *Elie*, en cas qu'il veuille les honorer de sa présence. *Elie* doit amener le grand *Sabat*, le grand *Messie*, & la révolution universelle. Cette idée même a passé chez les Chrétiens. *Elie* doit venir annoncer la fin de ce Monde, & un nouvel ordre de choses. Presque tous les fanatiques attendent un *Elie*. Les Prophètes des Cevennes qui allèrent à Londres ressusciter des morts en 1707. avaient vû *Elie*; ils lui avaient parlé; il devait se montrer au peuple. Aujourd'hui même ce ramas de Convulsionnaires qui a infecté Paris pendant quelques années, annonçait *Elie* à la populace des fauxbourgs. Le Magistrat de la Police fit en 1724.

1724. enfermer à Bissêtre deux *Elies* qui se battaient à qui serait reconnu pour le véritable. Il fallait donc absolument que *Sabatei Sevi* fût annoncé chez ses frères par un *Elie*, sans quoi sa mission aurait été traitée de chimérique.

Il trouva un Rabin nommé *Nathan*, qui crut qu'il y aurait assez à gagner à jouer ce second rôle. *Sabatei* déclara aux Juifs de l'Asie Mineure & de Syrie, que *Nathan* était *Elie*, & *Nathan* assura que *Sabatei* était le Messie, le *Shilo*, l'attente du Peuple saint.

Ils firent de grandes œuvres tous deux à Jérusalem, & y réformèrent la Synagogue. *Nathan* expliquait les Prophètes, & faisait voir clairement qu'au bout de l'année le Sultan devait être détrôné, & que Jérusalem devait devenir la Maîtresse du Monde. Tous les Juifs de la Syrie furent persuadés. Les Synagogues retentissaient des anciennes prédictions. On se fondait sur ces paroles d'Isaïe : *Levez-vous, Jérusalem, levez-vous dans votre force & dans votre gloire ; il n'y aura plus d'incirconcis ni d'impurs au milieu de vous.* Tous les Rabins avaient à la bouche ce passage : *Ils feront venir vos frères de tous les climats à la montagne sainte de Jérusalem, sur des chars, sur des litières, sur des mulets, sur des charettes.* Enfin cent passages que les femmes & les enfans répétaient, nourrissaient leur espérance. Il n'y avait point de Juif qui ne se préparât à loger quelqu'un des dix anciennes Tribus dispersées. La persuasion fut si forte, que les Juifs abandon-

Cʜ.
CLXXXVII

Douze
Envoyés
de Saba-
tei.

donnaient partout leur Commerce, & le tenaient prêts pour le voyage de Jérusalem.

Nathan choisit à Damas douze hommes pour
présider aux douze Tribus. *Sabatei-Sevi* alla
se montrer à ses frères de Smyrne; & *Nathan*
lui écrivait; *Roi des Rois, Seigneur des Seigneurs, quand serons-nous dignes d'être à l'om-
bre de vôtre âne ? Je me prosterne pour être
foulé sous la plante de vos pieds*. *Sabatei* déposa
dans Smyrne quelques Docteurs de la Loi qui
ne le reconnaissaient pas, & en établit de plus
dociles. Un de ses plus violens ennemis, nommé *Samuel Pennia*, se convertit à lui publiquement, & l'annonça comme le fils de Dɪᴇᴜ.
Sabatei s'étant un jour présenté devant le Cadi
de Smyrne avec une foule de ses suivans, tous
assurèrent qu'ils voyaient une colomne de feu
entre lui & le Cadi. Quelques autres miracles de cette espèce mirent le sceau à la certi-
tude de sa Mission. Plusieurs Juifs même s'em-
pressaient de porter à ses pieds leur or & leurs
pierreries.

Sabatei
en prison

Le Bacha de Smyrne voulut le faire arrêter.
Sabatei partit pour Constantinople avec les
plus zélés de ses disciples. Le grand Visir *Achmet Cuprogli*, qui partait alors pour le siège
de Candie, l'envoya prendre dans le vaisseau
qui le portait à Constantinople, & le fit mettre
en prison. Tous les Juifs obtenaient aisément
l'entrée dans la prison pour de l'argent, comme c'est l'usage en Turquie : ils vinrent se
prosterner à ses pieds & baiser ses fers. Il les
prê-

prêchait, les exhortait, les bénissait, & ne se plaignait jamais. Les Juifs de Constantinople persuadés que la venue d'un Messie abolissait toutes les dettes, ne payaient plus leurs créanciers. Les Marchands Anglais de Galata s'avisèrent d'aller trouver *Sabatei* dans sa prison : ils lui dirent qu'en qualité de Roi des Juifs il devait ordonner à ses sujets de payer leurs dettes. *Sabatei* écrivit en ces mots à ceux dont on se plaignait : *A vous qui attendez le salut d'Israël &c... satisfaites à vos dettes légitimes ; si vous le refusez, vous n'entrerez point avec nous dans notre joye & dans notre Empire.*

La prison de *Sabatei* était toûjours remplie d'adorateurs. Les Juifs commençaient à exciter quelques tumultes dans Constantinople. Le peuple était alors très-mécontent de *Mahomet IV.* On craignait que la prédiction des Juifs ne causât des troubles. Il semblait qu'un Gouvernement aussi sévère que celui des Turcs dût faire mourir celui qui se disait *Roi d'Israël* : cependant on se contenta de le transférer au château des Dardanelles. Les Juifs alors s'écrièrent qu'il n'était pas au pouvoir des hommes de le faire mourir.

Sa réputation s'étant étendue dans tous les pays de l'Europe, il reçut aux Dardanelles les députations des Juifs de Pologne, d'Allemagne, de Livourne, de Venise, d'Amsterdam : ils payaient chèrement la permission de lui baiser les pieds, & c'est probablement ce qui lui conserva la vie. Les partages de la Terre

Sabatei devant le Sultan.

Сн.
CLXXXVII

Ce Mef-
fie fe fait
Turc.

re fainte fe faifaient tranquillement dans le château des Dardanelles. Enfin le bruit de fes miracles fut fi grand, que le Sultan *Mahomet* eut la curiofité de voir cet homme, & de l'interroger lui-même. On amena le Roi des Juifs au Serrail. Le Sultan lui demanda en Turc, *s'il était le Meffie.* Sabatei répondit modeftement *qu'il l'était* ; mais comme il s'exprimait incorrectement en Turc ; *Tu parles bien mal*, lui dit Mahomet, *pour un Meffie qui devrait avoir le don des langues. Fais-tu des miracles? Quelquefois*, répondit l'autre. *Eh bien*, dit le Sultan, *qu'on le dépouille tout nud ; il fervira de but aux flèches de mes Icoglans, & s'il eft invulnérable, nous le reconnaitrons pour le Meffie.* Sabatei fe jetta à genoux, & avoua que c'était un miracle qui était au-deffus de fes forces. On lui propofa alors d'être empalé, ou de fe faire Mufulman, & d'aller publiquement à la Mofquée. Il ne balança pas ; & il embraffa la Religion Turque dans le moment. Il prêcha alors qu'il n'avait été envoyé que pour fubftituer la Religion Turque à la Juive, felon les anciennes Prophéties. Cependant les Juifs des pays éloignés crurent encor longtems en lui ; & cette fcène qui ne fut point fanglante augmenta partout leur confufion & leur opprobre.

Quelque tems après que les Juifs eurent effuïé cette honte dans l'Empire Ottoman, les Chrétiens de l'Eglife Latine eurent une autre mortification : ils avaient toûjours jufqu'alors

con-

conservé la garde du St. Sépulchre à Jérusalem, avec les secours d'argent que fournissaient plusieurs Princes de leur Communion, & surtout le Roi d'Espagne. Mais ce même *Payanotos* qui avait conclu le Traité de la reddition de Candie, obtint du grand Visir *Achmet Cuprogli*, que l'Eglise Grecque aurait désormais la garde de tous les lieux saints de Jérusalem. Les Religieux du rite Latin formèrent une opposition juridique. L'affaire fut plaidée d'abord devant le Cadi de Jérusalem, & ensuite au grand Divan de Constantinople. On décida que l'Eglise Grecque ayant compté Jérusalem dans son district avant le tems des Croisades, sa prétention était juste. Cette peine que prenaient les Turcs d'examiner les droits de leurs sujets Chrétiens, cette permission qu'ils leur donnaient d'exercer leur Religion dans le lieu même qui en fut le berceau, est un exemple bien frapant d'un Gouvernement à la fois sanguinaire & tolérant. Quand les Grecs voulurent en vertu de l'arrêt du Divan se mettre en possession, les mêmes Latins résistèrent, & il y eut du sang répandu. Le Gouvernement ne punit personne de mort : nouvelle preuve de l'humanité du Visir *Achmet Cuprogli*, dont les exemples ont été rarement imités. Un de ses prédécesseurs en 1638. avait fait étrangler *Cyrille* fameux Patriarche Grec de Constantinople, sur les accusations réitérées de son Eglise. Le caractère de ceux qui gouvernent, fait en tout lieu les tems de douceur ou de cruauté.

C.

C. CENT-QUATRE-VINGT-HUITIEME.

PROGRÈS DES TURCS.

SIEGE DE VIENNE.

LE torrent de la puissance Ottomane ne se répandait pas seulement en Candie & dans les îles de la République Vénitienne ; il pénétrait souvent en Pologne & en Hongrie. Le même *Mahomet IV.* dont le Grand Visir avait pris Candie, marcha en personne contre les Polonais, sous prétexte de protéger les Cosaques maltraités par eux. Il enleva aux Polonais l'Ukraine, la Podolie, la Volhinie, la

1672. Ville de Kaminieck, & ne leur donna la paix qu'en leur imposant ce tribut annuel de vingt mille écus, dont *Jean Sobieski* les délivra bientôt.

Les Turcs avaient laissé respirer la Hongrie pendant la guerre de trente ans qui bouleversa l'Allemagne. Ils possédaient depuis 1541. les deux bords du Danube à peu de chose près, jusqu'à Bude inclusivement. Les conquêtes d'*Amurath IV.* en Perse l'avaient empêché de porter ses armes vers l'Allemagne. La Transilvanie entière appartenait à des Princes que les Empereurs *Ferdinand II.* & *Ferdinand III.* étaient obligés de ménager, & qui étaient tributaires

butaires des Turcs. Ce qui reſtait de la Hon- gric jouïſſait de la liberté. Il n'en fut pas de même du tems de l'Empereur *Léopold* : la haute Hongrie & la Tranſilvanie furent le théatre des révolutions, des guerres, des dé- vaſtations.

CH. CLXXXVIII

De tous les Peuples qui ont paſſé ſous nos yeux dans cette Hiſtoire, il n'y en a point eu de plus malheureux que les Hongrois. Leur pays dépeuplé, pauvre, partagé entre la fac- tion Catholique & la Proteſtante, & entre plu- ſieurs partis, fut à la fois occupé par les ar- mées Turques & Allemandes. On dit que *Ra- gotski*, Prince de la Tranſilvanie, fut la pré- miére cauſe de tous ces malheurs. Il était tri- butaire de la Porte ; le refus de payer le tri- but attira ſur lui les armes Ottomanes. L'Em- pereur *Léopold* envoya contre les Turcs ce *Montecuculi*, qui depuis fut l'Emule de *Turenne*. Loüis *XIV*. fit marcher ſix mille hommes au ſecours de l'Empereur d'Allemagne ſon ennemi naturel. Ils eurent part à la célèbre bataille de S. Gothard, où *Montecuculi* battit les Turcs. Mais malgré cette victoire l'Empire Ottoman fit une paix avantageuſe, par laquelle il gar- da Bude, Neuhauſel même, & la Tranſilva- nie.

Mal- heurs des Hon- grois.

1663.

1664.

Les Hongrois délivrés des Turcs voulurent alors défendre leur liberté contre *Léopold*; & cet Empereur ne connut que les droits de ſa Cou- ronne. De nouveaux troubles éclatèrent. Le jeune *Emerick Tekéli* Seigneur Hongrois qui avait

avait à venger le sang de ses amis & de ses parens, répandu par la Cour de Vienne, souleva la partie de la Hongrie qui obéissait à l'Empereur *Léopold*. Il se donna à l'Empereur *Mahomet IV.* qui le déclara Roi de la haute Hongrie. La Porte Ottomane donnait alors quatre Couronnes à des Princes Chrétiens, celles de la haute Hongrie, de la Transilvanie, de la Valachie & de la Moldavie.

Il s'en fallut peu que le sang des Seigneurs Hongrois du parti de *Tekéli* répandu à Vienne par la main des bourreaux, ne coutât Vienne & l'Autriche à *Léopold* & à sa Maison. Le Grand Visir *Cara Mustapha* successeur d'*Achmet Cuprogli*, fut chargé par *Mahomet IV.* d'attaquer l'Empereur d'Allemagne, sous prétexte de venger *Tekéli*. Le Sultan *Mahomet* vint assembler son armée dans les plaines d'Andrinople. Jamais les Turcs n'en levèrent une plus nombreuse: elle était de plus de cent quarante mille hommes de troupes réguliéres; les Tartares de Crimée étaient au nombre de trente mille; les volontaires, ceux qui servent l'Artillerie, qui ont soin des bagages & des vivres, les ouvriers en tout genre, les domestiques, composaient avec l'armée environ trois cent mille hommes. Il fallut épuiser toute la Hongrie pour fournir des provisions à cette multitude. Rien ne mit obstacle à la marche de *Cara Mustapha*. Il avança sans résistance jusqu'aux portes de Vienne, & en forma aussitôt le siége.

Le Comte de *Staremberg*, Gouverneur de la Ville, avait une garnison dont le fonds était de seize mille hommes, mais qui n'en composait pas en effet plus de huit mille. On arma les Bourgeois qui étaient restés dans Vienne; on arma jusqu'à l'Université. Les Professeurs, les écoliers montèrent la garde, & ils eurent un Médecin pour Major. La retraite de l'Empereur *Léopold* augmentait encor la terreur. Il avait quitté Vienne dès le 7me Juillet avec l'Impératrice sa belle-mére, l'Impératrice sa femme, & toute sa famille. Vienne mal fortifiée ne devait pas tenir longtems. Les Annales Turques prétendent que *Cara Mustapha* avait dessein de se former dans Vienne & dans la Hongrie un Empire indépendant du Sultan. Il s'était figuré que la résidence des Empereurs d'Allemagne devait contenir des trésors immenses. En effet de Constantinople jusqu'aux bornes de l'Asie, c'est l'usage que les Souverains ayent toûjours un trésor qui fait leur ressource en tems de guerre. On ne connait chez eux ni les levées extraordinaires, dont les Traitans avancent l'argent, ni les créations & les ventes de Charges, ni les rentes fonciéres & viagéres sur l'État. La circulation des espèces, le crédit public sont ignorés; les Potentats ne savent qu'accumuler l'or, l'argent & les pierreries; c'est ainsi qu'on en use depuis le tems de *Cyrus*. Le Visir pensait qu'il en était de même chez l'Empereur d'Allemagne; & dans cette idée il ne poussa pas le siége assez vivement,

Ch. CLXXXVIII

L'Empereur Léopold s'enfuit.

de

C II.
CLXXXVIII

de peur que la Ville étant prise d'assaut, le pillage ne le privât de ces trésors imaginaires. Il ne fit jamais donner d'assaut général, quoiqu'il y eût de très-grandes bréches au corps de la Place, & que la Ville fût sans ressource. Cet aveuglement du Grand Visir, son luxe, & sa mollesse sauvèrent Vienne qui devait périr. Il laissa au Roi de Pologne *Jean Sobieski* le tems de venir au secours, au Duc de Lorraine *Charles V.* & aux Princes de l'Empire celui d'assembler une armée. Les Janissaires murmuraient ; le découragement succéda à leur indignation : ils s'écriaient, *Venez, infidéles, la seule vue de vos chapeaux nous fera fuir.*

Vienne délivrée.
12. Sept. 1683.

En effet, dès que le Roi de Pologne & le Duc de Lorraine descendirent de la montagne de Calemberg, les Turcs prirent la fuite presque sans combattre. *Cara Mustapha* qui avait compté trouver tant de trésors dans Vienne, laissa tous les siens au pouvoir de *Sobieski*, & bientôt après il fut étranglé. *Tekeli* que ce Visir avait fait Roi, soupçonné bientôt après par la Porte Ottomanne de négocier avec l'Empereur d'Allemagne, fut arrêté par le nouveau Visir, & envoyé les fers aux pieds & aux mains à Constantinople. Les Turcs perdirent presque toute la Hongrie.

1685.

1687.

Le Régne de *Mahomet IV.* ne fut plus fameux que par des disgraces. *Morosini* prit tout le Péloponnèse qui valait mieux que Candie. Les bombes de l'armée Vénitienne détruisirent

rent dans cette conquête plus d'un ancien monument que les Turcs avaient épargnés, & entr'autres le fameux Temple d'Athènes dédié *aux Dieux Inconnus*. Les Janissaires qui attribuaient tant de malheurs à l'indolence du Sultan, résolurent de le déposer. Le Caimacan Gouverneur de Constantinople, *Mustapha Kuprogli*, le Shérif de la Mosquée de *Ste. Sophie*, & le Nakif Garde de l'Etendart de *Mahomet*, vinrent signifier au Sultan qu'il fallait quitter le Trône, & que telle était la volonté de la Nation. Le Sultan leur parla longtems pour se justifier. Le Nakif lui repliqua qu'il était venu pour lui commander de la part du peuple d'abdiquer l'Empire, & de le laisser à son frére *Soliman*. *Mahomet IV.* répondit : *La volonté de* DIEU *soit faite; puisque sa colère doit tomber sur ma tête, allez dire à mon frère que* DIEU *déclare sa volonté par la bouche du peuple*.

La plûpart de nos Historiens prétendent que *Mahomet IV.* fut égorgé par les Janissaires; mais les Annales Turques font foi qu'il vécut encor cinq ans renfermé dans le Serrail. Le même *Mustapha Kuprogli* qui avait déposé *Mahomet IV.*, fut Grand Visir sous *Soliman III*. Il reprit une partie de la Hongrie, & rétablit la réputation de l'Empire Turc. Mais depuis ce tems les limites de cet Empire ne passerent jamais Belgrade ou Temiswar. Les Sultans conservèrent Candie; mais ils ne sont rentrés dans le Péloponnèse qu'en 1715. Les célebres

Ch.
LXXXVIII

Preuves du non-despotisme des Empereurs Turcs.

lèbres batailles que le Prince *Eugène* a données contre les Turcs, ont fait voir qu'on pouvait les vaincre, mais non pas qu'on pût faire fur eux beaucoup de conquêtes.

Ce Gouvernement qu'on nous peint si despotique, si arbitraire, parait ne l'avoir jamais été que sous *Mahomet II*, *Soliman*, & *Selim II*. qui firent tout plier sous leur volonté. Mais sous presque tous les autres Padishas ou Empereurs, & surtout dans nos derniers tems, vous retrouvez dans Constantinople le Gouvernement d'Alger & de Tunis ; vous voyez en 1703. le Padisha *Mustapha II*. juridiquement déposé par la Milice & par les citoyens de Constantinople. On ne choisit point un de ses enfans pour lui succéder, mais son frère *Achmet III*. Ce même Empereur *Achmet* est condamné en 1730. par les Janissaires & par le Peuple à résigner le Trône à son neveu *Mahmoud*, & il obéit sans résistance, après avoir inutilement sacrifié son Grand Visir & ses principaux Officiers au ressentiment de la Nation. Voila ces Souverains si absolus. On s'imagine qu'un homme est par les Loix le Maître arbitraire d'une grande partie de la Terre, parce qu'il peut faire impunément quelques crimes dans sa maison, & ordonner le meurtre de quelques esclaves ; mais il ne peut persécuter sa Nation, & il est plus souvent opprimé qu'oppresseur.

Les mœurs des Turcs font un grand contraste ; ils sont à la fois féroces & charitables,

inté-

intéressés & ne commettant presque jamais de larcin ; leur oisiveté ne les porte ni au jeu ni à l'intempérance ; très peu usent du privilège d'épouser plusieurs femmes, & de jouir de plusieurs esclaves ; & il n'y a pas de grande Ville en Europe où il y ait moins de femmes publiques qu'à Constantinople. Invinciblement attachés à leur Religion, ils haïssent, ils méprisent les Chrétiens : ils les regardent comme des idolâtres ; & cependant ils les souffrent, ils les protègent dans tout leur Empire, & dans la capitale : on permet aux Chrétiens de faire leurs processions dans le vaste quartier qu'ils ont à Constantinople, & on voit quatre Janissaires précéder ces processions dans les ruës.

Les Turcs sont fiers, & ne connaissent point la Noblesse : ils sont braves, & n'ont point l'usage du duel ; c'est une vertu qui leur est commune avec tous les Peuples de l'Asie, & cette vertu vient de la coutume de n'être armés que quand ils vont à la guerre. C'était aussi l'usage des Grecs & des Romains ; & l'usage contraire ne s'introduisit chez les Chrétiens que dans les tems de barbarie & de Chevalerie, où l'on se fit un devoir & un honneur de marcher à pied avec des éperons aux talons, & de se mettre à table ou de prier Dieu avec une longue épée au côté. La Noblesse Chrétienne se distingua par cette coutume ; bientôt suivie, comme on l'a déja dit, par le plus vil peuple, & mise au rang de ces ridicules dont on ne s'aperçoit point, parce qu'on les voit tous les jours.

C. CENT-QUATRE-VINGT-NEUVIEME.

DE LA PERSE,
DE SES MOEURS,
DE SA DERNIERE REVOLUTION,
ET DE THAMAS KOULI-KAN,
OU SCHA-NADIR.

Perfans autrefois éclairés. LA Perfe était alors plus civilifée que la Turquie; les Arts y étaient plus en honneur, les mœurs plus douces, la police générale bien mieux obfervée. Ce n'eft pas feulement un effet du climat; les Arabes y avaient cultivé les Arts cinq fiécles entiers. Ce furent ces Arabes qui bâtirent Ifpahan, Chiras, Casbin, Cachan, & plufieurs autres grandes villes: les Turcs au contraire n'en ont bâti aucune, & en ont laiffé plufieurs tomber en ruine. Les Tartares fubjuguèrent deux fois la Perfe après le régne des Califes Arabes, mais ils n'y abolirent point les Arts; & quand la famille des *Sophis* régna, elle y aporta les mœurs douces de l'Arménie, où cette famille avait habité longtems. Les ouvrages de la main paffaient pour être mieux travaillés, plus finis, en Perfe qu'en Turquie. Les Sciences y avaient de bien plus grands encouragemens; point de ville dans

la

laquelle il n'y eût plusieurs Colléges fondés où l'on enseignait les Belles-Lettres. La Langue Persane plus douce & plus harmonieuse que la Turque, a été féconde en Poësies agréables. Les anciens Grecs qui ont été les prémiers Précepteurs de l'Europe, sont encor ceux des Persans. Ainsi leur Philosophie était au seiziéme & au dix-septiéme siécles à peu près au même état que la notre. Il tenaient l'Astrologie de leur propre pays, & ils s'y attachaient plus qu'aucun peuple de la Terre, comme nous l'avons déja indiqué. La coutume de marquer de blanc les jours heureux, & de noir les jours funestes, s'est conservée chez eux avec scrupule. Elle était très-familiére aux Romains, qui l'avaient prise des Nations Asiatiques. Les paysans de nos Provinces ont moins de foi aux jours propres à semer & à planter indiqués dans leurs almanacs, que les Courtisans d'Ispahan n'en avaient aux heures favorables ou dangereuses pour les affaires. Les Persans étaient, comme plusieurs de nos Nations, pleins d'esprit & d'erreurs. Quelques Voyageurs ont assuré que ce pays n'était pas aussi peuplé qu'il pourrait l'être. Il est très-vraisemblable que du tems des Mages il était plus peuplé & plus fertile. L'Agriculture était alors un point de Religion : c'est de toutes les professions celle qui a le plus de besoin d'une nombreuse famille, & qui en conservant la santé & la force met le plus aisément l'homme en état de former & d'entretenir plusieurs enfans.

Ch.
CLXXXIX

Perse bien peuplée.

Cepeudant Ispahan avant les dernières révolutions, était auſſi grand & auſſi peuplé que Londres. On comptait dans Tauris plus de cinq cent mille habitans. On comparait Cachan à Lyon. Il eſt impoſſible qu'une ville ſoit bien peuplée, ſi les campagnes ne le ſont pas, à moins que cette ville ne ſubſiſte uniquement du Commerce étranger. On n'a que des idées bien vagues ſur la population de la Turquie, de la Perſe, & de tous les Etats de l'Aſie, excepté de la Chine : mais il eſt indubitable que tout pays policé qui met ſur pied de grandes armées, & qui a beaucoup de manufactures, poſſéde le nombre d'hommes néceſſaire.

Cour ou Porte magnifique.

La Cour de Perſe étalait plus de magnificence que la Porte Ottomane. On croit lire une rélation du tems de *Xerxès*, quand on voit dans nos Voyageurs ces chevaux couverts de riches brocards, leurs harnois brillans d'or & de pierreries, & ces quatre mille vaſes d'or dont parle *Chardin*, leſquels ſervaient pour la table du Roi de Perſe. Les choſes communes, & ſurtout les comeſtibles, était à trois fois meilleur marché à Iſpahan & à Conſtantinople que parmi nous. Ce prix eſt la démonſtration de l'abondance. Les Voyageurs, comme *Chardin*, qui ont bien connu la Perſe, ne nous diſent pas au moins que toutes les terres appartiennent au Roi. Ils avouent qu'il y a, comme partout ailleurs, des Domaines Royaux, des terres données au Clergé, & des fonds que

les

les particuliers possèdent de droit, lesquels leur sont transmis de pére en fils.

Tout ce qu'on nous dit de la Perse, nous persuade qu'il n'y avait point de pays Monarchique où l'on jouît plus des droits de l'humanité. On s'y était procuré plus qu'en aucun pays de l'Orient des ressources contre l'ennui, qui est partout le poison de la vie. On se rassemblait dans des salles immenses qu'on appellait les maisons à caffé, où les uns prenaient de cette liqueur, qui n'est en usage parmi nous que depuis la fin du dix-septiéme siécle; les autres jouaient, ou lisaient, ou écoutaient des faiseurs de contes, tandis qu'à un bout de la salle un Ecclésiastique prêchait pour quelque argent, & qu'à un autre bout ces espèces d'hommes qui se sont fait un art de l'amusement des autres déployaient tous leurs talens. Tout cela annonce un peuple sociable, & tout nous dit qu'il méritait d'être heureux. Il le fut, à ce qu'on prétend, sous le régne de *Scha-Abas* qu'on a appellé *le Grand*. Ce prétendu grand homme était très-cruel; mais il y a des exemples que des hommes féroces ont aimé l'ordre & le bien public. La cruauté ne s'exerce que sur des particuliers exposés sans cesse à la vue du Tyran, & ce Tyran est quelquefois par ses loix le bienfaiteur de la patrie.

Scha-Abas descendant d'*Ismaël Sophi*, se rendit despotique en détruisant une Milice telle à peu près que celle des Janissaires, & que les

Ch. CLXXXIX

Mœurs douces.

Ch. CLXXXIX

Gardes Prétoriennes. C'est ainsi que le Czar Pierre a détruit la Milice des Strelits pour établir sa puissance. Nous voyons dans toute la Terre les troupes divisées en plusieurs petits Corps affermir le Trône, & les troupes réunies en un grand Corps disposer du Trône & le renverser. *Scha Abas* transporta des peuples d'un pays dans un autre ; c'est ce que les Turcs n'ont jamais fait. Ces Colonies réussissent rarement De trente mille familles Chrétiennes que *Scha-Abas* transporta de l'Arménie & de la Georgie dans le Mezanderan vers la Mer Caspienne, il n'en est resté que quatre à cinq cent : mais il construisit des édifices publics, il rebâtit des villes, il fit d'utiles fondations. Il reprit sur les Turcs tout ce que *Soliman* & *Selim* avaient conquis sur la Perse. Il chassa les Portugais d'Ormus ; & toutes ces actions lui méritèrent le nom de *Grand*. Il mourut en 1629. Son fils *Scha-Sophi*, plus cruel que *Scha-Abas*, mais moins guerrier, moins politique, abruti par la débauche, eut un régne malheureux. Le Grand Mogol *Scha-Gean* enleva Candahar à la Perse, & le Sultan *Amurat IV*. prit d'assaut Bagdat en 1638.

Décadence.

Depuis ce tems vous voyez la Monarchie Persane décliner sensiblement, jusqu'à ce qu'enfin la mollesse de la Dynastie des Sophis a causé sa ruine entiére. Les Eunuques gouvernaient le Serrail & l'Empire sous *Muza-Sophi*, & sous *Hussein* le dernier de cette race. C'est le comble de l'avilissement dans la Nature

Nature humaine, & l'oprobre de l'Orient, de dépouiller les hommes de leur virilité: & c'est le dernier attentat du Despotisme, de confier le gouvernement à ces malheureux. Partout où leur pouvoir a été excessif, la décadence & la ruine sont arrivées. La faiblesse de *Scha-Hussein* faisait tellement languir l'Empire, & la confusion le troublait si violemment par les factions des Eunuques noirs & des Eunuques blancs, que si *Myri-Weis* & ses Aguans n'avaient pas détruit cette Dynastie, elle l'eût été par elle-même. C'est le sort de la Perse, que toutes ses Dynasties commencent par la force, & finissent par la faiblesse. Presque toutes ces familles ont eu le sort de *Serdan-pull*, que nous nommons *Sardanapale*.

Ch. CLXXXIX

Ces Aguans qui ont bouleversé la Perse au commencement du siécle où nous sommes, étaient une ancienne Colonie de Tartares habitans les montagnes de Candahar entre l'Inde & la Perse. Presque toutes les révolutions qui ont changé le sort de ces pays-là, sont arrivées par des Tartares. Les Persans avaient reconquis Candahar sur le Mogol vers l'an 1650. sous *Scha-Abas II.* & ce fut pour leur malheur. Le Ministère de *Scha-Hussein*, petit-fils de *Scha-Abas II.* traita mal les Aguans. *Myri-Weis* qui n'était qu'un particulier, mais un particulier courageux & entreprenant, se mit à leur tête.

Révolte.

C'est encor ici une de ces révolutions où le caractère des Peuples qui la firent, eut plus
de

CH.
CLXXXIX

Guerre civile.

de part que le caractère de leurs Chefs: car *Myri-Weis* ayant été assassiné & remplacé par un autre Barbare nommé *Maghmud*, son propre neveu, qui n'était âgé que de dix-huit ans, il n'y avait pas d'apparence que ce jeune homme pût faire beaucoup par lui-même, & qu'il conduisît ces troupes indisciplinées de montagnards féroces, comme nos Généraux conduisent des armées réglées. Le Gouvernementi de *Hussein* était méprisé, & la Province de Candahar ayant commencé les troubles, les Provinces du Caucase du côté de la Georgie se révoltèrent aussi. Enfin *Maghmud* assiégea Ispahan en 1722. *Scha-Hussein* lui remit cette capitale, abdiqua le Royaume à ses pieds, & le reconnut pour son Maître, trop heureux que *Maghmud* daignât épouser sa fille.

Malheurs horribles

Tous les tableaux des cruautés & des malheurs des hommes que nous examinons depuis le tems de *Charlemagne*, n'ont rien de plus horrible que les suites de la révolution d'Ispahan. *Maghmud* crut ne pouvoir s'affermir qu'en faisant égorger les familles des principaux Citoyens. La Perse entière a été trente années ce qu'avait été l'Allemagne avant la paix de Vestphalie, ce que fut la France du tems de *Charles VI.*, l'Angleterre dans les guerres de la *Rose rouge* & de la *Rose blanche*. Mais la Perse est tombée d'un état plus florissant dans un plus grand abîme de malheurs.

La Religion s'en mêle.

La Religion eut encor part à ces désolations. Les Aguans tenaient pour *Omar*, comme me les Persans pour *Ali* ; & ce *Maghmud* Chef des Aguans mêlait les plus lâches superstitions aux plus détestables cruautés. Il mourut en démence en 1725. après avoir défolé la Perse. Un nouvel Usurpateur de la nation des Aguans lui succéda; il s'appellait *Asraf*. La désolation de la Perse redoublait de tous côtés. Les Turcs l'inondaient du côté de la Georgie, l'ancienne Colchide. Les Russes fondaient sur ses Provinces du Nord à l'Occident de la Mer Caspienne, vers les portes de Derbent dans le Shirvan, qui était autrefois l'Ibérie & l'Albanie. On ne nous dit point ce que devint parmi tant de troubles le Roi détrôné *Scha Hussein*. Ce Prince n'est connu que pour avoir servi d'époque au malheur de son pays.

Un des fils de cet Empereur nommé *Thamas*, échapé au massacre de la famille Impériale, avait encor des sujets fidéles qui se rassemblèrent autour de sa personne vers Tauris. Les guerres civiles & les tems de malheur produisent toûjours des hommes extraordinaires qui eussent été ignorés dans des tems paisibles. Le fils d'un berger devint le protecteur du Prince *Thamas*, & le soutien du Trône dont il fut ensuite l'Usurpateur. Cet homme qui s'est placé au rang des plus grands Conquérans, s'appellait *Nadir*. Il gardait les moutons de son pére dans les plaines du Corassan partie de l'ancienne Hircanie & de la Bactriane. Il ne faut pas se figurer ces bergers comme les nôtres. La vie pastorale qui s'est conser-

Cʜ. CLXXXIX

Commencemens de Scha-Nadir.

vée dans plus d'une contrée de l'Asie, n'est pas sans opulence : les tentes de ces riches bergers valent beaucoup mieux que les maisons de nos cultivateurs. *Nadir* vendit plusieurs grands troupeaux de son pére, & se mit à la tête d'une troupe de bandits, chose encor fort commune dans ces pays où les Peuples ont gardé les mœurs des tems antiques. Il se donna avec sa troupe au Prince *Thamas*; & à force d'ambition, de courage, & d'activité, il fut à la tête d'une armée. Il se fit appeller alors *Thamas Kouli-Kan, le Kan esclave de Thamas.* Mais l'esclave était le Maître sous un Prince aussi faible & aussi efféminé que son pére *Hussein.* Il reprit Ispahan & toute la Perse, poursuivit le nouveau Roi *Asraf* jusqu'à Candahar, le vainquit, le prit prisonnier, & lui fit couper la tête après lui avoir arraché les yeux.

1729.

Kouli-Kan ayant ainsi rétabli le Prince *Thamas* sur le Trône de ses ayeux, & l'ayant mis en état d'ètre ingrat, voulut l'empêcher de l'ètre. Il l'enferma dans la Capitale du Corassan, & agissant toûjours au nom de ce Prince prisonnier, il alla faire la guerre au Turc, sachant bien qu'il ne pouvait affermir sa puissance que par la même voye qu'il l'avait acquise. Il battit les Turcs à Erivan, reprit tout ce pays & assûra ses conquètes en faisant la paix avec les Russes. Ce fut alors qu'il se fit déclarer Roi de Perse sous le nom de *Scha-Nadir.* Il n'oublia pas l'ancienne coutume de crever

1736.

crever les yeux à ceux qui peuvent avoir droit au Trône. Cette cruauté fut exercée fur son Souverain *Thamas*. Les mêmes armées qui avaient fervi à défoler la Perfe, fervirent auffi à la rendre redoutable à fes voifins. *Kouli-Kan* mit les Turcs plufieurs fois en fuite. Il fit enfin avec eux une paix honorable, par laquelle ils rendirent tout ce qu'ils avaient jamais pris aux Perfans, excepté Bagdat & fon territoire.

Kouli-Kan chargé de crimes & de gloire alla enfuite conquérir l'Inde, comme nous le verrons au Chapitre du Mogol. De retour dans fa patrie, il trouva un parti formé en faveur des Princes de la Maifon Royale qui exiftaient encore, & au milieu de ces nouveaux troubles il fut affaffiné par fon propre neveu, ainfi que l'avait été *Myri-Weis* le prémier auteur de la révolution. La Perfe alors eft devenue encor le théatre des guerres civiles. Tant de dévaftations y ont détruit le Commerce & les Arts, en détruifant une partie du peuple ; mais quand le terrain eft fertile & la nation induftrieufe, tout fe répare à la longue.

CH. CENT-QUATRE-VINGT-DIXIEME.

DU MOGOL.

CEtte prodigieuse varieté de Mœurs, de Coutumes, de Loix, de Révolutions, qui ont toutes le même principe, l'intérêt, forme le tableau de l'Univers. Nous n'avons vu ni en Perse, ni en Turquie, de fils révolté contre son pére. Vous voyez dans l'Inde les deux fils du Grand Mogol *Gean-Guir* lui faire la guerre l'un après l'autre au commencement du dix-septiéme siécle. L'un de ces deux Princes nommé *Scha-Gean*, s'empare de l'Empire en 1627. après la mort de son pére *Gean-Guir*, au préjudice d'un petit-fils, à qui *Gean-Guir* avait laissé le Trône. L'ordre de succession n'était point dans l'Asie une loi reconnue comme dans les Nations de l'Europe. Ces Peuples avaient une source de malheurs de plus que nous.

<small>Grand Mogol rarement absolu.</small>

Scha-Gean qui s'était révolté contre son pére, vit aussi dans la suite ses enfans soulevés contre lui. Il est difficile de comprendre comment des Souverains, qui ne pouvaient empêcher leurs propres enfans de lever contre eux des armées, étaient aussi absolus qu'on veut nous le faire croire. Il parait que l'Inde était gouvernée à-peu-près comme l'étaient les Royaumes de l'Europe du tems des grands
Fiefs.

Fiefs. Les Gouverneurs des Provinces de l'Indouſtan étaient les Maîtres dans leurs Gouvernemens, & on donnait des Viceroyautés aux enfans des Empereurs. C'était manifeſtement un ſujet éternel de guerres civiles : auſſi dès que la ſanté de l'Empereur *Scha-Gean* devint languiſſante, ſes quatre enfans, qui avaient chacun le commandement d'une Province, armèrent pour lui ſuccéder. Ils s'accordaient pour détrôner leur pére, & ſe faiſaient la guerre entre eux ; c'était préciſément l'avanture de *Louïs le Débonnaire*, ou *le Faible*. *Aureng-Zeb*, le plus ſcélérat des quatre fréres, fut le plus heureux.

La même hypocriſie que nous avons vue dans *Cromwell*, ſe retrouve dans ce Prince Indien ; la même diſſimulation & la même cruauté, avec un cœur plus dénaturé. Il ſe ligua d'abord avec un de ſes fréres, & ſe rendit maître de la perſonne de ſon pére *Scha-Gean*, qu'il tint toûjours en priſon ; enſuite il aſſaſſina ce même frére, dont il s'était ſervi comme d'un inſtrument dangereux, qu'il fallait exterminer ; il pourſuit ſes deux autres fréres, dont il triomphe, & qu'il fait enfin étrangler l'un après l'autre.

Cependant le pére d'*Aureng-Zeb* vivait encore. Son fils le retenait dans la priſon la plus dure ; & le nom du vieil Empereur était ſouvent le prétexte des conſpirations contre le Tyran. Il envoya enfin un Médécin à ſon pére attaqué d'une indiſpoſition légère, & le vieillard

Ch. CXC

Aureng-Zeb le prémier des hypocrites.

Parricide & dévot.

1666.

Ch. CXC vieillard mourut. *Aureng-Zeb* passa dans toute l'Asie pour l'avoir empoisonné. Nul homme n'a mieux montré que le bonheur n'est pas le prix de la vertu. Cet homme souillé du sang de ses fréres, & coupable de la mort de son pére, réussit dans toutes ses entreprises. Il ne mourut qu'en 1707. âgé d'environ cent-trois ans. Jamais Prince n'eut une carriére si longue & si fortunée. Il ajouta à l'Empire des Mogols les Royaumes de Visapour & de Golconde, tout le pays de Carnate, & presque toute cette grande presqu'isle que bordent les Côtes de Coromandel & de Malabar. Cet homme qui eût péri par le dernier supplice s'il eût pû être jugé par les Loix ordinaires des Nations, a été sans contredit le plus puissant Prince de l'Univers. La magnificence des Rois de Perse, toute éblouïssante qu'elle nous a paru, n'était que l'effort d'une Cour médiocre qui étale quelque faste, en comparaison des richesses d'*Aureng-Zeb*.

Trésor du Grand Mogol. De tout tems les Princes Asiatiques ont accumulé des trésors ; ils ont été riches de tout ce qu'ils entassaient ; au lieu que dans l'Europe les Princes sont riches de l'argent qui circule dans leurs Etats. Le trésor de *Tamerlan* subsistait encor, & tous ses successeurs l'avaient augmenté. *Aureng-Zeb* y ajouta des richesses étonnantes : un seul de ses Trônes a été estimé par *Tavernier* cent soixante millions de son tems, qui en font plus de trois cent du nôtre. Douze colomnes d'or qui soutenaient le dais

dais de ce Trône, étaient entourées de grof- **Ch. CXC**
fes perles : le dais était de perles & de diamans, furmonté d'un paon qui étalait une
queue de pierreries ; tout le refte était propor-
tionné à cette étrange magnificence. Le jour
le plus folemnel de l'année était celui où l'on
pefait l'Empereur dans des balances d'or en
préfence du Peuple, & ce jour-là il recevait
pour plus de cinquante millions de préfens.

Si jamais le climat a influé fur les hommes, Le cli-
c'eft affurément dans l'Inde ; les Empereurs y mat de
étalaient le même luxe, vivaient dans la mê- l'Inde
me molleffe que les Rois Indiens dont parle énerva.
Quinte-Curce ; & les vainqueurs Tartares prirent infenfiblement ces mêmes mœurs & devinrent Indiens.

Tout cet excès d'opulence & de luxe n'a
fervi qu'au malheur de l'Indouftan. Il eft arrivé en 1739. au petit-fils d'*Aureng-Zeb*, *Mahamad Scha*, la même chofe qu'à *Créfus*. On
avait dit à ce Roi de Lydie, ,, Vous avez beau-
,, coup d'or, mais celui qui fe fervira du fer
,, mieux que vous, vous enlévera tout cet or.
Thamas Kouli-Kan élevé au Trône de Perfe,
après avoir détrôné fon Maître, vaincu les
Aguans, & pris Candahar, eft venu jufqu'à
la capitale des Indes, fans autre raifon que
l'envie d'arracher au Mogol tous ces tréfors,
que les Mogols avaient pris aux Indiens. Il
n'y a guères d'exemple, ni d'une plus grande
armée que celle du Grand Mogol *Mahamad* levée contre *Thamas Kouli-Kan*, ni d'une plus

grande

Cʜ. CXC grande faibleſſe. Il oppoſa douze cent mille hommes, dix mille piéces de canon, & deux mille éléphans armés en guerre, au vainqueur de la Perſe, qui n'avait pas avec lui ſoixante mille combattans. *Darius* n'avait pas armé tant de forces contre *Alexandre*.

On ajoute encor que cette multitude d'Indiens était couverte par des retranchemens de ſix lieues d'étendue du côté que *Thamas Kouli-Kan* pouvait attaquer; c'était bien ſentir ſa faibleſſe. Cette armée innombrable devait entourer les ennemis, leur couper la communication, & les faire périr par la diſerte dans un pays qui leur était étranger. Ce fut au contraire la petite armée Perſane qui aſſiégea la grande, lui coupa les vivres, & la détruiſit en détail. Le Grand Mogol *Mahamad* ſemblait n'ètre venu que pour étaler ſa vaine grandeur, & pour la ſoumettre à des brigands aguerris.

Grand Mogol humilié devant Scha-Nadir.

Il vint s'humilier devant *Thamas Kouli Kan*, qui lui parla en Maître, & le traita en ſujet. Le vainqueur entra dans Déli, ville qu'on nous repréſente plus grande & plus peuplée que Paris & Londres. Il trainait à ſa ſuite ce riche & miſérable Empereur. Il l'enferma d'abord dans une tour, & ſe fit proclamer lui-même Empereur des Indes.

Quelques Officiers Mogols eſſayèrent de profiter d'une nuit, où les Perſans s'étaient livrés à la débauche, pour prendre les armes contre leurs vainqueurs. *Thamas Kouli-Kan* livra la ville au pillage; preſque tout fut mis à feu &

Déli au pillage.

à

à fang. Il emporta beaucoup plus de tréfors de Déli, que les Espagnols n'en prirent à la conquête du Mexique. Ces richesses amassées par un brigandage de quatre siécles ont été aportées en Perse par un autre brigandage, & n'ont pas empêché les Persans d'être long-tems le plus malheureux Peuple de la Terre : elles y sont dispersées ou ensevelies pendant les guerres civiles jusqu'au tems où quelque Tyran les rassemblera.

Kouli-Kan en partant des Indes pour retourner en Perse, eut la vanité de laisser le nom d'Empereur à ce *Mahamad-Scha* qu'il avait détrôné; mais il laissa le Gouvernement à un Vice-Roi qui avait élevé le Grand Mogol, & qui s'était rendu indépendant de lui. Il détacha trois Royaumes de ce vaste Empire, Cachemire, Cabou & Multan, pour les incorporer à la Perse, & imposa à l'Indoustan un tribut de quelques millions.

L'Indoustan fut gouverné alors par le Vice-Roi, & par un Conseil que *Thamas Kouli Kan* avait établi. Le petit-fils d'*Aureng-Zeb* garda le titre de Roi des Rois, & de Souverain du Monde, & ne fut plus qu'un fantôme. Tout est rentré ensuite dans l'ordre ordinaire, quand *Kouli-Kan* a été assassiné en Perse au milieu de ses triomphes : le Mogol n'a plus payé de tribut ; les Provinces enlevées par le vainqueur Persan sont retournées à l'Empire.

Il ne faut pas croire que ce *Mahamad* Roi des Rois ait été despotique avant son malheur;

Ch. CXC.

Examen du Despotisme.

Aureng-Zeb l'avait été à force de soins, de victoires & de cruautés. Le Despotisme est un état violent qui semble ne pouvoir durer. Il est impossible que dans un Empire où des Vice-Rois soudoyent des armées de vingt mille hommes, ces Vice-Rois obéissent longtems & aveuglément. Les terres que l'Empereur donne à ces Vice-Rois deviennent dès-là même indépendantes de lui. Gardons-nous donc bien de croire que dans l'Inde le fruit de tous les travaux des hommes appartienne à un seul homme. Plusieurs Castes Indiennes ont conservé leurs anciennes possessions. Les autres terres ont été données aux Grands de l'Empire, aux Rayas, aux Nabab, aux Omras. Ces terres sont cultivées comme ailleurs par des Fermiers qui s'y enrichissent, & par des Colons qui travaillent pour leurs Maîtres. Le petit peuple est pauvre dans le riche pays de l'Inde, ainsi que dans presque tous les pays du Monde ; mais il n'est point serf & attaché à la glèbe, ainsi qu'il l'a été dans notre Europe, & qu'il l'est encor en Pologne, en Bohème & dans plusieurs pays de l'Allemagne. Le paysan dans toute l'Asie peut sortir de son pays quand il en est mécontent, & en aller chercher un meilleur, s'il en trouve.

Ce qu'on peut résumer de l'Inde en général, c'est qu'elle est gouvernée comme un pays de conquête par trente Tyrans qui reconnaissent un Empereur amolli comme eux dans les délices, & qui dévorent la substance du du peuple. Il n'y a point là de ces grands Tribunaux permanens dépositaires des Loix, qui protègent le faible contre le fort.

C'est un problème qui parait d'abord difficile à résoudre, que l'or & l'argent venu de l'Amérique en Europe, aille s'engloutir continuellement dans l'Indoustan pour n'en plus sortir, & que cependant le peuple y soit si pauvre qu'il y travaille presque pour rien : mais la raison en est que cet argent ne va pas au peuple ; il va aux Marchands, qui payent des droits immenses aux Gouverneurs ; ces Gouverneurs en rendent beaucoup au Grand Mogol, & enfouissent le reste. La peine des hommes est moins payée que partout ailleurs dans ce pays le plus riche de la Terre ; parce que dans tout pays le prix des Journaliers ne passe guères leur subsistance & leur vêtement. L'extrême fertilité de la terre des Indes, & la chaleur du climat, font que cette subsistance & ce vêtement ne coûtent presque rien. L'ouvrier qui cherche les diamans dans les mines, gagne de quoi acheter un peu de ris & une chemise de coton : partout la pauvreté sert à peu de frais la richesse.

Je ne répéterai point ce que j'ai dit des idolâtres qui sont encor dans l'Inde en grand nombre : leurs superstitions sont les mêmes que du tems d'*Alexandre* ; les Bramins y enseignent la même Religion ; les femmes se jettent encor dans des buchers allumés sur le corps de leurs maris : nos voyageurs, nos négocians

Ch. CXC

Mœurs.

gocians en ont vû plufieurs exemples. Les difciples fe font fait auffi quelquefois un point d'honneur de ne pas furvivre à leurs maîtres. *Tavernier* rapporte qu'il fut témoin dans Agra même, l'une des Capitales de l'Inde, que le grand Bramin étant mort, un négociant, qui avait étudié fous lui, vint à la loge des Hollandais, arrêta fes comptes, leur dit qu'il était réfolu d'aller trouver fon maître dans l'autre Monde, & fe laiffa mourir de faim, quelque effort qu'on fit pour lui perfuader de vivre.

Une chofe digne d'obfervation, c'eft que les Arts ne fortent prefque jamais des familles où ils font cultivés : les filles des artifans ne prennent des maris que du métier de leurs péres ; c'eft une coutume très-ancienne en Afie, & qui avait paffé autrefois en loi dans l'Egypte.

Polygamie.
Eunuques.

La loi de l'Afie & de l'Afrique, qui a toûjours permis la pluralité des femmes, n'eft pas une loi dont le peuple toûjours pauvre puiffe faire ufage ; les riches ont toûjours compté les femmes au nombre de leurs biens, & ils ont pris des Eunuques pour les garder ; c'eft un ufage immémorial établi dans l'Inde comme dans toute l'Afie. Lorfque les Juifs voulurent avoir un Roi, il y a plus de trois mille ans, *Samuel* leur Magiftrat & leur Prètre, qui s'oppofait à l'établiffement de la Royauté, remontra aux Juifs que ce Roi leur impoferait des tributs pour avoir de quoi donner à fes Eunuques. Il fallait que les hommes fuffent

dès

dès longtems bien pliés à l'esclavage, pour qu'une telle coutume ne parût point extraordinaire.

Lorsqu'on finissait ce Chapitre, une nouvelle révolution a bouleversé l'Indoustan. Les Princes Tributaires, les Vice-Rois, ont tous secoué le joug. Les peuples de l'intérieur ont détroné le Souverain. L'Inde est devenue comme la Perse le théatre des guerres civiles. Ces désastres font voir que le Gouvernement était très-mauvais, & en même tems, que ce prétendu despotisme n'existait pas. L'Empereur n'était pas assez puissant pour se faire obéir d'un Raya.

Nos voyageurs ont cru que le pouvoir arbitraire résidait essentiellement dans la personne des Grands Mogols, parce qu'*Aureng-Zeb* avait tout asservi. Ils n'ont pas considéré que cette puissance uniquement fondée sur le droit des armes, ne dure qu'autant qu'on est à la tête d'une armée, & que ce Despotisme qui détruit tout, se détruit enfin lui-même. Il n'est pas une forme de Gouvernement, mais une subversion de tout Gouvernement; il admet le caprice pour toute régle; il ne s'apuye point sur des loix qui assurent sa durée; & ce colosse tombe par terre, dès qu'il n'a plus le bras levé: il se forme de ses débris plusieurs petites Tyrannies, & l'Etat ne reprend une forme constante que quand les Loix régnent.

CH. CENT-QUATRE-VINGT-ONZIEME.

DE LA CHINE,

AU DIX-SEPTIEME SIECLE,

ET AU

COMMENCEMENT DU DIX-HUITIEME.

Tribunaux gardiens des Loix. IL vous est fort inutile sans doute de savoir que dans la Dynastie Chinoise qui régnait après la Dynastie des Tartares de *Gengis-Kan*, l'Empereur *Quancum* succéda à *Kinkum*, & *Kicum* à *Quancum*. Il est bon que ces noms se trouvent dans les Tables Chronologiques ; mais vous attachant toûjours aux événemens & aux mœurs, vous franchissez tous ces espaces vuides, pour venir aux tems marqués par de grandes choses. Cette même mollesse qui a perdu la Perse & l'Inde, fit à la Chine dans le siécle passé une révolution plus complette que celle de *Gengis-Kan*, & de ses petits-fils. L'Empire Chinois était au commencement du dix-septiéme siécle bien plus heureux que l'Inde, la Perse, & la Turquie. L'esprit humain ne peut certainement imaginer un Gouvernement meilleur que celui où tout se décide par de grands Tribunaux, subordonnés les uns aux autres, dont les Membres ne sont reçus qu'après plusieurs examens sévères. Tout se régle à la Chine

Chine par ces Tribunaux. Six Cours souveraines sont à la tête de toutes les Cours de l'Empire. La prémiére veille sur tous les Mandarins des Provinces; la seconde dirige les finances; la troisiéme a l'intendance des Rites, des Sciences & des Arts; la quatriéme a l'intendance de la guerre; la cinquiéme préside aux Jurisdictions chargées des affaires criminelles; la sixiéme a soin des ouvrages publics. Le résultat de toutes les affaires décidées à ces Tribunaux est porté à un Tribunal Suprême. Sous ces Tribunaux il y en a quarante-quatre subalternes, qui résident à Pékin. Chaque Mandarin dans sa Province, dans sa Ville, est assisté d'un Tribunal. Il est impossible que dans une telle administration l'Empereur exerce un pouvoir arbitraire. Les Loix générales émanent de lui: mais par la constitution du Gouvernement il ne peut rien faire sans avoir consulté des hommes élevés dans les Loix, & élus par les suffrages. Que l'on se prosterne devant l'Empereur comme devant un Dieu, que le moindre manque de respect à sa personne soit puni selon la loi comme un sacrilége, cela ne prouve certainement pas un Gouvernement despotique & arbitraire. Le Gouvernement despotique serait celui où le Prince pourrait, sans contrevenir à la loi, ôter à un citoyen les biens, ou la vie, sans forme, & sans autre raison que sa volonté. Or s'il y eut jamais un Etat dans lequel la vie, l'honneur, & les biens des hommes ayent été protégés

par

Cʜ. CXCI.

Avec Tribunaux peu de deſpotiſme.

par les Loix, c'eſt l'Empire de la Chine. Plus il y a de grands Corps dépoſitaires de ces Loix, moins l'adminiſtration eſt arbitraire ; & ſi quelquefois le Souverain abuſe de ſon pouvoir contre le petit nombre d'hommes qui s'expoſe à être connu de lui, il ne peut en abuſer contre la multitude qui lui eſt inconnue & qui vit ſous la protection des Loix.

La culture des terres pouſſée à un point de perfection dont on n'a pas encor aproché en Europe, fait aſſez voir que le peuple n'était pas accablé de ces impôts qui gênent le cultivateur : le grand nombre d'hommes occupés de donner des plaiſirs aux autres montre que les Villes étaient floriſſantes autant que les Campagnes étaient fertiles. Il n'y avait point de Cité dans l'Empire où les feſtins ne fuſſent accompagnés de ſpectacles. On n'allait point au Théâtre, on faiſait venir les Théâtres dans ſa maiſon ; l'art de la Tragédie, de la Comédie était commun ſans être perfectionné ; car les Chinois n'ont perfectionné aucun des Arts de l'eſprit, excepté la Morale ; mais ils jouiſſaient avec profuſion de ce qu'ils connaiſſaient : & enfin ils étaient heureux autant que la Nature humaine le comporte.

Conquête de la Chine.

Ce bonheur fut ſuivi vers l'an 1630. de la plus terrible cataſtrophe, & de la déſolation la plus générale. La famille des Conquérans Tartares deſcendans de *Gengis-Kan* avait fait ce que tous les Conquérans ont tâché de faire ; elle avait affaibli la nation des vainqueurs, afin

de

de ne pas craindre fur le Trône des vaincus la même révolution qu'elle y avait faite. Cette Dynaftie des *Iven* ayant été enfin dépoffedée par la Dynaftie *Ming*, les Tartares qui habitèrent au Nord de la grande muraille ne furent plus regardés que comme des efpèces de Sauvages, dont il n'y avait rien ni à efpérer ni à craindre. Au delà de la grande muraille eft le Royaume de Leaotong, incorporé par la famille de *Gengis-Kan* à l'Empire de la Chine, & devenu entiérement Chinois. Au Nord-Eft de Leaotong, étaient quelques hordes de Tartares Mantchoux, que le Vice-Roi de Leaotong traita durement. Ils firent des repréfentations hardies, telles qu'on nous dit que les Scythes en firent de tout tems depuis l'invafion de *Cyrus*; car le génie des Peuples eft toûjours le même, jufqu'à ce qu'une longue oppreffion les faffe dégénérer. Le Gouverneur pour toute réponfe fit bruler leurs cabanes, enleva leurs troupeaux, & voulut tranfplanter les habitans. Alors ces Tartares qui étaient libres fe choifirent un Chef pour faire la guerre. Ce Chef nommé *Taitfou* fe fit bientôt Roi; il battit les Chinois, entra victorieux dans le Leaotong, & prit d'affaut la Capitale.

Cette guerre fe fit comme toutes celles des tems les plus reculés. Les armes à feu étaient inconnues dans cette partie du Monde. Les anciennes armes, comme la fléche, la lance, la maffue, le cimeterre, étaient en ufage: on fe

Cн. CXCI.

1622.

Sans armes à feu.

fervait

Ch. CXCI.

Le Capitaine d'une Horde vainqueur de la Chine.

servait peu de boucliers & de casques, encor moins de brassards & de botines de métal. Les fortifications consistaient en un fossé, un mur, des tours ; on sappait le mur, ou on montait à l'escalade. La seule force du corps devait donner la victoire ; & les Tartares accoutumés à dormir en plein champ, devaient avoir l'avantage sur un Peuple élevé dans une vie moins dure.

Taitsou ce prémier Chef des Hordes Tartares étant mort en 1626. dans le commencement de ses conquêtes, son fils *Taitsong* prit tout d'un coup le titre d'Empereur des Tartares, & s'égala à l'Empereur de la Chine. On dit qu'il savait lire & écrire, & il parait qu'il reconnaissait un seul DIEU, comme les Lettrés Chinois ; il l'appellait *Tien* comme eux. Il s'exprime ainsi dans une de ses lettres circulaires aux Magistrats des Provinces Chinoises : *Le Tien éléve qui lui plait ; il m'a peut-être choisi pour devenir vôtre Maitre.* En effet depuis l'année 1628. le *Tien* lui fit remporter victoire sur victoire. C'était un homme très-habile ; il policait son peuple féroce pour le rendre obéïssant, & établissait des Loix au milieu de la guerre. Il était toûjours à la tête de ses troupes ; & l'Empereur de la Chine dont le nom est devenu obscur, & qui s'appellait *Hoaitsang*, restait dans son Palais avec ses femmes & ses Eunuques : aussi fut-il le dernier Empereur du sang Chinois ; il n'avait pas sçu empêcher que *Taitsong* & ses Tartares lui prissent

Ch. CXCI.

prissent ses Provinces du Nord ; il n'empêcha pas davantage qu'un Mandarin rebelle nommé *Liftching* lui prit celles du Midi. Tandis que les Tartares ravageaient l'Orient & le Septentrion de la Chine, ce *Liftching* s'emparait de presque tout le reste. On prétend qu'il avait six cent mille hommes de Cavalerie, & quatre cent mille d'Infanterie. Il vint avec l'élite de ses troupes aux portes de Pékin, & l'Empereur ne sortit jamais de son Palais ; il ignorait une partie de ce qui se passait. *Liftching* le rebelle (on l'appelle ainsi parce qu'il ne réussit pas) renvoya à l'Empereur deux de ses principaux Eunuques faits prisonniers, avec une lettre fort courte par laquelle il l'exhortait à abdiquer l'Empire.

Exemple d'orgueil

C'est ici qu'on voit bien ce que c'est que l'orgueil Asiatique, & combien il s'accorde avec la mollesse. L'Empereur ordonna qu'on coupât la tête aux deux Eunuques, pour lui avoir aporté une lettre dans laquelle on lui manquait de respect. On eut beaucoup de peine à lui faire entendre que les têtes des Princes du sang & d'une foule de Mandarins que *Liftching* avait entre ses mains, répondraient de celles de ses deux Eunuques.

Pendant que l'Empereur délibérait sur la réponse, *Liftching* était déja entré dans Pekin. L'Impératrice eut le tems de faire sauver quelques-uns de ses enfans mâles ; après quoi elle s'enferma dans sa chambre, & se pendit. L'Empereur y accourut, & ayant fort approuvé cet exemple

Ch. CXCI.

Un Empereur faible finit la Dynastie Chinoise.

exemple de fidélité, il exhorta quarante autres femmes qu'il avait à l'imiter. Le Pére *de Mailla* Jésuite, qui a écrit cette histoire dans Pékin même au siécle passé, prétend que toutes ces femmes obéirent sans replique ; mais il se peut qu'il y en eût quelques-unes qu'il falut aider. L'Empereur qu'il nous dépeint comme un très-bon Prince, aperçut après cette exécution sa fille unique âgée de quinze ans, que l'Impératrice n'avait pas jugé à propos d'exposer à sortir du Palais ; il l'exhorta à se pendre comme sa mére, & ses belles-méres ; mais la Princesse n'en voulant rien faire, ce bon Prince, ainsi que le dit *Mailla*, lui donna un grand coup de sabre, & la laissa pour morte. On s'attend qu'un tel pére & un tel époux se tuera sur le corps de ses femmes & de sa fille ; mais il alla dans un pavillon hors de la ville pour attendre des nouvelles ; & enfin ayant appris que tout était desespéré, & que *Listching* était dans son Palais, il s'étrangla, & mit fin à un Empire & à une vie qu'il n'avait pas osé défendre. Cet étrange événement arriva l'année 1641. C'est sous ce dernier Empereur de la race Chinoise que les Jésuites avaient enfin pénétré dans la Cour de Pékin. Le Pére *Adam Shall*, natif de Cologne, avait tellement réussi auprès de cet Empereur par ses connaissances en Physique & en Mathématique, qu'il était devenu Mandarin. C'était lui qui le prémier avait fondu du canon de bronze à la Chine : mais le peu qu'il y

en

en avait à Pékin, & qu'on ne favait pas employer, ne fauva pas l'Empire. Le Mandarin *Shall* quitta Pékin avant la révolution.

Après la mort de l'Empereur, les Tartares & les rebelles fe difputèrent la Chine. Les Tartares étaient unis & aguerris ; les Chinois étaient divifés & indifciplinés. Il falut petit-à-petit céder tout aux Tartares. Leur Nation avait pris un caractere de fupériorité qui ne dépendait pas de la conduite de leur Chef. Il en était comme des Arabes de *Mahomet*, qui furent pendant plus de trois cent ans fi redoutables par eux-mêmes.

La mort de l'Empereur *Taitfong*, que les Tartares perdirent en ce tems-là, ne les empêcha pas de pourfuivre leurs conquêtes. Ils élurent un de fes neveux encor enfant ; c'eft *Chang-ti* pére du célèbre *Cam-hi*, fous lequel la Religion Chrétienne a fait des progrès à la Chine. Ces Peuples qui avaient d'abord pris les armes pour défendre leur liberté, ne connaiffaient pas le droit héréditaire. Nous voyons que tous les Peuples commencent par élire des Chefs pour la guerre ; enfuite ces Chefs deviennent abfolus, excepté chez quelques Nations d'Europe. Le droit héréditaire s'établit & devient facré avec le tems.

Une minorité ruine prefque toûjours des Conquérans, & ce fut pendant cette minorité de *Chang-ti* que les Tartares acheverent de fubjuguer la Chine. L'Ufurpateur *Liftchang* fut tué par un autre Ufurpateur Chinois, qui prétendait

Ch.
CXCI.

Suite de la conquête.

Ch. CXCI.

tendait venger le dernier Empereur. On reconnut dans plusieurs Provinces des enfans vrais ou faux du dernier Prince détroné & étranglé, comme on avait produit des *Demetri* en Russie. Des Mandarins Chinois tâchèrent d'usurper des Provinces, & les grands Usurpateurs Tartares vinrent enfin à bout de tous les petits. Il y eut un Général Chinois qui arrêta quelque tems leurs progrès, parce qu'il avait quelques canons, soit qu'il les eût des Portugais de Macao, soit que le Jésuite *Shall* les eût fait fondre. Il est très remarquable que les Tartares dépourvûs d'Artillerie l'emportèrent à la fin sur ceux qui en avaient ; c'était le contraire de ce qui était arrivé dans le Nouveau Monde, & une preuve de la supériorité des Peuples du Nord sur ceux du Midi.

Ce qu'il y a de plus surprenant, c'est que les Tartares conquirent pié à pié tout ce vaste Empire de la Chine sous deux minorités ; car leur jeune Empereur *Chang-ti* étant mort en 1661. à l'âge de vingt-quatre ans, avant que leur domination fût entièrement affermie, ils élurent son fils *Cam-hi* au même âge de huit ans auquel ils avaient élu son pére, & ce *Cam-hi* a rétabli l'Empire de la Chine, ayant été assez sage & assez heureux pour se faire également obéir des Chinois & des Tartares. Les Missionnaires qu'il fit Mandarins l'ont loué comme un Prince parfait. Quelques voyageurs, & surtout *Le Gentil*, qui n'ont point été Mandarins, disent qu'il était d'une avarice sordide & plein de caprices : mais ces détails perſonnels n'entrent point dans cette peinture générale du Monde ; il ſuffit que l'Empire ait été heureux ſous ce Prince ; c'eſt par-là qu'il faut regarder & juger les Rois.

Ch. CXCI.

Pendant le cours de cette révolution qui dura plus de trente ans, une des plus grandes mortifications que les Chinois éprouvèrent, fut que leurs vainqueurs les obligeaient à ſe couper les cheveux à la maniére Tartare. Il y en eut qui aimèrent mieux mourir que de renoncer à leur chevelure. Nous avons vû les Moſcovites exciter quelques ſéditions, quand le Czar *Pierre I.* les a obligés à ſe couper leurs barbes, tant la coutume a de force ſur le vulgaire.

Suite de la conquête.

Le tems n'a pas encor confondu la Nation conquérante avec le Peuple vaincu, comme il eſt arrivé dans nos Gaules, dans l'Angleterre, & ailleurs. Mais les Tartares ayant adopté les Loix, les uſages & la Religion des Chinois, les deux Nations n'en compoſeront bientôt qu'une ſeule.

Sous le régne de ce *Cam-hi* les Miſſionnaires d'Europe joüirent d'une grande conſidération ; pluſieurs furent logés dans le Palais Impérial : ils bâtirent des Egliſes ; ils eurent des maiſons opulentes. Ils avaient réuſſi en Amérique, en enſeignant à des Sauvages les Arts néceſſaires : ils réuſſirent à la Chine, en enſeignant les Arts les plus relevés à une Nation ſpirituelle. Mais bientôt la jalouſie corrompit les fruits de leur ſageſſe,

H. G. Tom. V. X

Ch. CXCI.

Querelles scandaleuses des Missionnaires d'Europe à la Chine.

sagesse, & cet esprit d'inquiétude & de contention, attaché en Europe aux connaissances & aux talens, renversa les plus grands desseins.

On fut étonné à la Chine de voir des Sages qui n'étaient pas d'accord sur ce qu'ils venaient enseigner, qui se persécutaient & s'anathématisaient réciproquement, qui s'intentaient des procès criminels à Rome, * & qui faisaient décider dans des Congrégations de Cardinaux, si l'Empereur de la Chine entendait aussi-bien sa langue que des Missionnaires venus d'Italie & de France.

Ces querelles allèrent si loin, que l'on craignit dans la Chine, ou qu'on feignit de craindre les mêmes troubles qu'on avait essuyés au Japon. † Le successeur de *Cam-hi* défendit l'exercice de la Religion Chrétienne, tandis qu'on permettait la Musulmane & les différentes sortes de Bonzes. Mais cette même Cour, sentant le besoin des Mathématiques autant que le prétendu danger d'une Religion nouvelle, conserva les Mathématiciens, en leur imposant silence sur le reste, & en chassant les Missionnaires. Cet Empereur, nommé *Yont-chin*, leur dit ces propres paroles, qu'ils ont eu la bonne foi de raporter dans leurs lettres intitulées *curieuses & édifiantes*.

„ Que

* Voyez le Chapitre *des Cérémonies Chinoises* à la fin du siécle de *Louis XIV*.
† Voyez le Chapitre suivant concernant le Japon.

,, Que diriez-vous si j'envoyais une trou-
,, pe de Bonzes & de Lamas dans vôtre pays?
,, comment les recevriez-vous? Si vous avez
,, sçû tromper mon pére, n'espérez pas me trom-
,, per de même. Vous voulez que les Chinois
,, embrassent vôtre Loi. Vôtre culte n'en to-
,, lère pas d'autre, je le sçai : en ce cas que
,, deviendrons-nous? les sujets de vos Prin-
,, ces. Les disciples que vous faites ne connais-
,, sent que vous. Dans un tems de trouble
,, ils n'écouteraient d'autre voix que la vôtre.
,, Je sçai bien qu'à présent il n'y a rien à
,, craindre ; mais quand les vaisseaux viendront
,, par milliers, il pourrait y avoir du désordre.

Ch. CXCI.

Belles paroles de l'Empereur aux Jésuites.

Les mêmes Jésuites qui rendent compte de ces paroles, avoüent avec tous les autres que cet Empereur était un des plus sages & des plus généreux Princes qui ayent jamais régné ; toûjours occupé du soin de soulager les pauvres & de les faire travailler, exact observateur des Loix, reprimant l'ambition & le manège des Bonzes, entretenant la paix & l'abondance, encourageant tous les Arts utiles, & surtout la culture des terres. De son tems les édifices publics, les grands chemins, les canaux qui joignent tous les fleuves de ce grand Empire furent entretenus avec une magnificence & une économie qui n'a rien d'égal, que chez les anciens Romains.

Ce qui mérite bien nôtre attention, c'est le tremblement de Terre que la Chine essuya en 1699. sous l'Empereur *Cam-hi*. Ce phénomène fut plus funeste que celui qui de nos jours a détruit Lima & Lisbonne ; il fit périr, dit-on, environ quatre cent mille hommes. Ces secousses ont dû être fréquentes dans notre Globe : la quantité de volcans qui vomissent la fumée & la flamme, font penser que la prémiére écorce de la Terre porte sur des gouffres, & qu'elle est remplie de matiére inflammable. Il est vraisemblable que nôtre habitation a éprouvé autant de révolutions en Physique que la rapacité & l'ambition en a causé parmi les Peuples.

C. CENT-QUATRE-VINGT-DOUZIEME.

DU JAPON
AU DIX-SEPTIEME SIECLE,

Et de l'extinction de la Religion Chrétienne en ce pays.

Dans la foule des révolutions que nous avons vûes d'un bout de l'Univers à l'autre, il parait un enchaînement fatal de causes qui entrainent les hommes comme les vents poussent les sables & les flots. Ce qui s'est passé au Japon en est une nouvelle preuve. Un Prince Portugais sans puissance, sans richesses, imagine au quinziéme siécle, d'envoyer quelques

ques vaisseaux sur les Côtes d'Afrique. Bientôt après les Portugais découvrent l'Empire du Japon. L'Espagne devenue pour un tems Souveraine du Portugal, fait au Japon un commerce immense. La Religion Chrétienne y est portée à la faveur de ce commerce, & à la faveur de cette tolérance de toutes les Sectes admises si généralement dans l'Asie, elle s'y introduit, elle s'y établit. Trois Princes Japonois Chrétiens viennent à Rome baiser les pieds du Pape *Grégoire XIII.* Le Christianisme allait devenir au Japon la Religion dominante, & bientôt l'unique, lorsque sa puissance même servit à la détruire. Nous avons déja remarqué que les Missionnaires y avaient beaucoup d'ennemis; mais aussi ils s'y étaient fait un parti très-puissant. Les Bonzes craignirent pour leurs anciennes possessions, & l'Empereur enfin craignit pour l'Etat. Les Espagnols s'étaient rendus Maîtres des Philippines voisines du Japon. On savait ce qu'ils avaient fait en Amérique; il n'est pas étonnant que les Japonois fussent allarmés.

L'Empereur du Japon dès l'an 1586. proscrivit la Religion Chrétienne; l'exercice en fut défendu aux Japonois sous peine de mort : mais comme on permettait toûjours le Commerce aux Portugais & aux Espagnols, leurs Missionnaires faisaient dans le peuple autant de prosélites qu'on en condamnait aux supplices. Le Gouvernement défendit aux Marchands étrangers d'introduire des Prêtres Chrétiens dans le pays :

Cн. CXCII.

Le Japon presque Chrétien

Christianisme proscrit.

Ch.
CXCII.

pays : malgré cette défense le Gouverneur des Isles Philippines envoya des Cordeliers en Ambassade à l'Empereur Japonois. Ces Ambassadeurs commencèrent par faire construire une Chapelle publique dans la Ville capitale nommée Méaco ; ils furent chassés, & la persécution redoubla. Il y eut longtems des alternatives de cruauté & d'indulgence. Il est évident que la raison d'Etat fut la seule cause des persécutions, & qu'on ne se déclara contre la Religion Chrétienne que par la crainte de la voir servir d'instrument aux entreprises des Espagnols. Car jamais on ne persécuta au Japon la Religion de *Confucius*, quoiqu'apportée par un peuple dont les Japonois sont jaloux, & auquel ils ont souvent fait la guerre.

Toutes les Sectes en paix au Japon.

Le savant & judicieux observateur *Kempfer*, qui a si longtems été sur les lieux, nous dit que l'an 1674. on fit le dénombrement des habitans de Méaco. Il y avait douze Religions dans cette Capitale, qui vivaient toutes en paix ; & ces douze Sectes composaient plus de quatre cent mille habitans, sans compter la Cour nombreuse du Daïri Souverain Pontife. Il paraît que si les Portugais & les Espagnols s'étaient contentés de la liberté de conscience, ils auraient été aussi paisibles dans le Japon que ces douze Religions. Ils y faisaient encor en 1636. le Commerce le plus avantageux ; *Kempfer* dit qu'ils en raportèrent à Macao deux mille trois cent cinquante caisses d'argent.

Les Hollandais qui trafiquaient au Japon depuis

depuis 1600. étaient jaloux du Commerce des Espagnols. Ils prirent en 1637. vers le Cap de Bonne Espérance un vaisseau Espagnol qui faisait voile du Japon à Lisbonne: ils y trouvèrent des lettres d'un Officier Portugais nommé *Moro*, espèce de Consul de la Nation; ces lettres renfermaient le plan d'une conspiration des Chrétiens du Japon contre l'Empereur; on spécifiait le nombre des vaisseaux & des soldats qu'on attendait de l'Europe, & des établissemens d'Asie, pour faire réussir le projet. Les lettres furent envoyées à la Cour du Japon: *Moro* reconnut son écriture, & fut brulé publiquement.

<small>Ch. CXCII.

Conspirations des mauvais Chrétiens.</small>

Alors le Gouvernement aima mieux renoncer à tout commerce avec les étrangers que se voir exposé à de telles entreprises. L'Empereur *Jemits* dans une assemblée de tous les Grands porta ce fameux Edit, que désormais aucun Japonois ne pourrait sortir du pays sous peine de mort, qu'aucun étranger ne serait reçu dans l'Empire, que tous les Espagnols ou Portugais seraient renvoyés, que tous les Chrétiens du pays seraient mis en prison, & qu'on donnerait environ mille écus à quiconque découvrirait un Prêtre Chrétien. Ce parti extrême de se séparer tout d'un coup du reste du Monde, & de renoncer à tous les avantages du Commerce, ne permet pas de douter que la conspiration n'ait été véritable: mais ce qui rend la preuve complette, c'est qu'en effet les Chrétiens du pays, avec quelques Portugais à leur tête,

<small>Le Japon fermé aux étrangers.</small>

Ch. CXCII.

Chrétiens battus.

s'assemblèrent en armes au nombre de plus de trente mille. Ils furent battus en 1638. & se retirèrent dans une forteresse sur le bord de la Mer, dans le voisinage du port de Nangazaki.

Cependant toutes les Nations étrangères étaient alors chassées du Japon; les Chinois mêmes étaient compris dans cette loi générale, parce que quelques Missionnaires d'Europe s'étaient vantés au Japon d'être sur le point de convertir la Chine au Christianisme. Les Hollandais eux-mêmes qui avaient découvert la conspiration, étaient chassés comme les autres : on avait déja démoli le Comptoir qu'ils avaient à Firando ; leurs vaisseaux étaient déja partis : il en restait un que le Gouvernement somma de tirer son canon contre la Forteresse où les Chrétiens étaient réfugiés. Le Capitaine Hollandais nommé *Kokbeker* rendit ce funeste service : les Chrétiens furent bientôt forcés, & périrent dans d'affreux supplices. Encor une fois, quand on se représente un Capitaine Portugais nommé *Moro*, & un Capitaine Hollandais nommé *Kokbeker*, suscitans dans le Japon de si étranges événemens, on reste convaincu de l'esprit remuant des Européans, & de cette fatalité qui dispose des Nations.

Hollandais seuls commercent au Japon.

Le service odieux qu'avaient rendu les Hollandais au Japon, ne leur attira pas la grace qu'ils espéraient, d'y commercer & de s'y établir librement ; mais ils obtinrent au moins la per-

permission d'aborder dans une petite Isle nommée Désima, près du port de Nangazaki; c'est là qu'il leur est permis d'apporter une quantité déterminée de marchandises.

Il fallut d'abord marcher sur la croix, renoncer à toutes les marques du Christianisme, & jurer qu'ils n'étaient pas de la Religion des Portugais, pour obtenir d'être reçus dans cette petite Isle, qui leur sert de prison dès qu'ils y arrivent; on s'empare de leurs vaisseaux & de leurs marchandises, auxquelles on met le prix. Ils viennent chaque année subir cette prison pour gagner de l'argent: ceux qui sont Rois à Batavia & dans les Moluques, se laissent ainsi traiter en esclaves: on les conduit, il est vrai, de la petite Isle où ils sont retenus, jusqu'à la Cour de l'Empereur; & ils sont partout reçus avec civilité & avec honneur, mais gardés à vue, & observés: leurs conducteurs & leurs gardes font un serment par écrit signé de leur sang, qu'ils observeront toutes les démarches des Hollandais, & qu'ils en rendront un compte fidéle.

On a imprimé dans plusieurs livres qu'ils abjuraient le Christianisme au Japon: cette opinion a sa source dans l'avanture d'un Hollandais, qui s'étant échapé & vivant parmi les naturels du pays, fut bientôt reconnu; il dit pour sauver sa vie qu'il n'était pas Chrétien, mais Hollandais. Le Gouvernement Japonois a défendu depuis ce tems qu'on bâtit des vaisseaux qui pussent aller en haute Mer.

Ils

Ch. CXCII.

Hollandais obligés de marcher sur la croix.

Ch. CXCII.

Ils ne veulent avoir que de longues barques à voiles & à rames, pour le commerce de leurs Isles. La fréquentation des étrangers est devenue chez eux le plus grand des crimes; il semble qu'ils les craignent encor après le danger qu'ils ont couru. Cette terreur ne s'accorde ni avec le courage de la Nation, ni avec la grandeur de l'Empire; mais l'horreur du passé a plus agi en eux que la crainte de l'avenir. Toute la conduite des Japonois a été celle d'un peuple généreux, facile, fier & extrême dans ses résolutions; ils reçurent d'abord les étrangers avec cordialité, & quand ils se sont crus outragés & trahis par eux, ils ont rompu avec eux sans retour.

Les Français veulent en vain commercer au Japon.

Lorsque le Ministre *Colbert*, d'éternelle mémoire, établit le prémier une Compagnie des Indes en France, il voulut essayer d'introduire le commerce des Français au Japon, comptant se servir des seuls Protestans, qui pouvaient jurer qu'ils n'étaient pas de la Religion des Portugais; mais les Hollandais s'opposèrent à ce dessein, & les Japonois contens de recevoir tous les ans chez eux une Nation qu'ils font prisonniére, ne voulurent pas en recevoir deux.

Je ne parlerai point ici du Royaume de Siam, qu'on nous représentait beaucoup plus vaste & plus opulent qu'il n'est; on verra dans le siécle de *Louïs XIV*. le peu qu'il est nécessaire d'en savoir. La Corée, la Cochinchine, le Tunquin, le Laos, Ava, le Pégu,

sont

font des Pays dont on a peu de connaissance ;   Ch.
& dans ce prodigieux nombre d'Isles répan   CXCII.
dues aux extrémités de l'Asie, il n'y a guères
que celle de Java, où les Hollandais ont établi
le centre de leur Domination & de leur Commerce, qui puisse entrer dans le plan de cette
Histoire générale. Il en est ainsi de tous les
Peuples qui occupent le milieu de l'Afrique,
& d'une infinité de Peuplades dans le Nouveau Monde. Je remarquerai seulement, qu'a-
vant le seiziéme siécle plus de la moitié du
Globe ignorait l'usage du pain & du vin ; une
grande partie de l'Amérique & de l'Afrique
Orientale l'ignore encore, & il faut y porter
ces nourritures pour y célébrer les Mystères
de nôtre Religion.

    Les Antropophages sont beaucoup plus rares
qu'on ne le dit, & depuis cinquante ans aucun
de nos Voyageurs n'en a vû. Il y a beaucoup
d'especes d'hommes manifestement différentes
les unes des autres. Plusieurs Nations vivent
encor dans l'état de la pure nature ; & tandis
que nous faisons le tour du Monde, pour
découvrir si leurs terres n'ont rien qui puisse
assouvir nôtre cupidité, ces Peuples ne s'in-
forment pas s'il existe d'autres hommes qu'eux,
& passent leurs jours dans une heureuse indolence, qui serait un malheur pour nous.

    Il reste beaucoup à découvrir pour nôtre
vaine curiosité ; mais si on s'en tient à l'utile,
on n'a que trop découvert.

                                           C.

C. CENT-QUATRE-VINGT-TREIZIEME.

RESUMÉ

DE TOUTE CETTE HISTOIRE.

J'Ai parcouru ce vaste Théâtre des révolutions depuis *Charlemagne*, & même en remontant souvent beaucoup plus haut, jusqu'au tems de *Loüis XIV*. Quel sera le fruit de ce travail ? quel profit tirera-t-on de l'Histoire ? On y a vû les faits & les mœurs. Voyons quel avantage nous produira la connaissance des uns & des autres.

Des faits historiques.

Un Lecteur sage s'apercevra aisément qu'il ne doit croire que les grands événemens qui ont quelque vraisemblance, & regarder en pitié toutes les fables dont le fanatisme, l'esprit romanesque & la crédulité, ont chargé dans tous les tems la scène du Monde.

Constantin triomphe de l'Empereur *Maxence*; mais certainement un *Labarum* ne lui apparait point dans les nuées avec une inscription Grecque.

Clovis souillé d'assassinats se fait Chrétien, & commet des assassinats nouveaux : mais, ni une colombe ne lui apporte une ampoule pour
son

son batême, ni un Ange ne descend du Ciel pour lui donner un étendart.

Un Moine de Clerveaux peut prêcher une Croisade ; mais il faut être imbécille pour écrire que Dieu fit des miracles par la main de ce Moine, pour assurer le succès de cette Croisade qui fut si malheureuse.

Le Roi *Louïs VIII.* peut mourir de phthisie; mais il n'y a qu'un fanatique ignorant qui puisse dire que les embrassemens d'une jeune fille l'auraient guéri, & qu'il mourut martyr de sa chasteté.

Chez toutes les Nations l'Histoire est défigurée par la Fable, jusqu'à ce qu'enfin la Philosophie vienne éclairer les hommes ; & lorsqu'enfin la Philosophie arrive au milieu de ces ténèbres, elle trouve les esprits si aveuglés par des siécles d'erreurs, qu'elle peut à peine les détromper ; elle trouve des cérémonies, des faits, des monumens établis pour constater des mensonges.

Comment, par exemple, un Philosophe aurait-il pû persuader à la populace, dans le Temple de *Jupiter Stator*, que *Jupiter* n'était point descendu du Ciel pour arrêter la fuite des Romains ? Quel Philosophe eût pû nier dans le Temple de *Castor* & de *Pollux*, que ces deux gemeaux avaient combattu à la tête des troupes ? Ne leur aurait-on pas montré l'empreinte des pieds de ces Dieux, conservée sur le marbre ? Les Prêtres de *Jupiter* & de *Pollux* n'auraient-ils pas dit à ce Philosophe, Criminel

Сн.
CXCIII.

nel incrédule, vous êtes obligé d'avouer en voyant la *Colomne Roftrale*, que nous avons gagné une bataille navale, dont cette colomne eft le monument ? Avouez donc que les Dieux font defcendus fur terre pour nous défendre, & ne blafphémez point nos miracles, en préfence des monumens qui les atteftent. C'eft ainfi que raifonnent dans tous les tems la fourberie & l'imbécillité.

Une Princeffe idiote bâtit une Chapelle aux onze mille Vierges; le Deffervant de la Chapelle ne doute pas que les onze mille Vierges n'ayent exifté, & il fait lapider par le peuple le fage qui en doute.

Les monumens ne prouvent les faits que quand ces faits vraifemblables nous font tranfmis par des contemporains éclairés.

Les chroniques du tems de *Philippe Augufte*, & l'Abbaye de la Victoire, font des preuves de la bataille de Bovine. Mais quand vous verrez à Rome le groupe du *Laocoon*, croirez-vous pour cela la fable du cheval de Troye? & quand vous verrez les hideufes ftatues d'un *St. Denis* fur le chemin de Paris, ces monumens de barbarie vous prouveront-ils que *St. Denis* ayant eu le cou coupé, marcha une lieue entiére, portant fa tête entre fes bras?

La plûpart des monumens, quand ils font érigés longtems après l'action, ne prouvent que des erreurs confacrées; il faut même quelquefois fe défier des médailles frapées dans le tems d'un événement. Nous avons vû les Anglais

glais trompés par une fauſſe nouvelle, graver ſur l'exergue d'une médaille, *A l'Amiral Vernon, Vainqueur de Carthagène* ; & à peine cette médaille fut-elle frapée, qu'on apprit que l'Amiral *Vernon* avait levé le ſiége. Si une Nation, dans laquelle il y a tant de Philoſophes, a pû hazarder de tromper ainſi la poſtérité, que devons-nous penſer des peuples & des tems abandonnés à la groſſiére ignorance ?

Croyons les événemens atteſtés par les regiſtres publics, par le conſentement des Auteurs contemporains vivans dans une Capitale, éclairés les uns par les autres & écrivant ſous les yeux des principaux de la Nation. Mais pour tous ces petits faits obſcurs & romaneſques, écrits par des hommes obſcurs dans le fond de quelque Province ignorante & barbare, pour ces contes chargés de circonſtances abſurdes, pour ces prodiges qui deshonorent l'Hiſtoire au lieu de l'embellir, renvoyons-les à *Voraginé* *, au Pére *Cauſſin*, à *Maimbourg*, & à leurs ſemblables.

Des Moeurs.

Il eſt aiſé de remarquer combien les mœurs ont changé dans preſque toute la Terre depuis les inondations des Barbares juſqu'à nos jours. Les Arts qui adouciſſent les eſprits en les éclairant, commencèrent un peu à renaître dès le douziéme ſiécle ; mais les plus lâches

&

* *Voraginé* eſt l'auteur de la *Légende dorée*.

Cн. CXCIII.

& les plus abſurdes ſuperſtitions étouffant ce germe, abrutiſſaient preſque tous les eſprits, & ces ſuperſtitions ſe répandant chez tous les Peuples de l'Europe ignorans & féroces, mêlaient partout le ridicule à la barbarie.

Les Arabes polirent l'Aſie, l'Afrique, & une partie de l'Eſpagne, juſqu'au tems où ils furent ſubjugués par les Turcs, & enfin chaſſés par les Eſpagnols; alors l'ignorance couvrit toutes ces belles parties de la Terre; des mœurs dures & ſombres rendirent le genre-humain farouche de Bagdat juſqu'à Rome.

Les Papes ne furent élus pendant pluſieurs ſiécles que les armes à la main, & les Peuples, les Princes même, étaient ſi imbécilles, qu'un Antipape reconnu par eux était dès ce moment le Vicaire de Dieu, & un homme infaillible. Cet homme infaillible était-il dépoſé, on révérait le caractère de la Divinité dans ſon Succeſſeur; & ces Dieux ſur Terre, tantôt aſſaſſins, tantôt aſſaſſinés, empoiſonneurs & empoiſonnés tour à tour, enrichiſſant leurs bâtards & donnant des decrets contre la fornication, anathématiſant les tournois & faiſant la guerre, excommuniant, dépoſant les Rois, & vendant la rémiſſion des péchés aux peuples, étaient à la fois le ſcandale, l'horreur, & la Divinité de l'Europe Catholique.

Vous avez vû au douziéme & treiziéme ſiécle les Moines devenir Princes ainſi que les Evêques; ces Evêques & ces Moines partout à la tête du Gouvernement féodal. Ils établirent

rent des coutumes ridicules, auſſi groſſiéres que leurs mœurs; le droit excluſif d'entrer dans une Egliſe avec un faucon ſur le poing, le droit de faire battre les eaux des étangs par les cultivateurs pour empêcher les grenouilles d'interrompre le Baron, le Moine, ou le Prélat; le droit de paſſer la prémiére nuit avec les nouvelles mariées dans leurs domaines; le droit de rançonner les Marchands forains, car alors il n'y avait point d'autres Marchands.

Vous avez vû parmi ces barbaries ridicules, les barbaries ſanglantes des guerres de Religion.

La querelle des Pontifes avec les Empereurs & les Rois, commencée dès le tems de *Louis le Faible*, n'a ceſſé entiérement en Allemagne qu'après *Charles-Quint*, en Angleterre que par la conſtance d'*Elizabeth*, en France que par la ſoumiſſion de *Henri IV*.

Une autre ſource qui a fait couler tant de ſang, a été la fureur dogmatique; elle a bouleverſé plus d'un Etat, depuis les maſſacres des Albigeois au treiziéme ſiécle, juſqu'à la petite guerre des Cevennes au commencement du dixhuitiéme. Le ſang a coulé dans les campagnes & ſur les échaffauts, pour des argumens de Théologie, tantôt dans un pays, tantôt dans un autre, pendant cinq cent années preſque ſans interruption; & ce fléau n'a duré ſi longtems que parce qu'on a toûjours négligé la Morale pour le Dogme.

Ch.
CXCIII.

Il faut donc encor une fois avouer qu'en général toute cette Histoire est un ramas de crimes, de folies & de malheurs, parmi lesquels nous avons vû quelques vertus, quelques tems heureux, comme on découvre des habitations répanduës çà & là, dans des déserts sauvages.

De la Servitude.

L'homme, peut-être, qui dans les tems grossiers, qu'on nomme du moyen âge, mérita le plus du Genre-humain, fut le Pape *Alexandre III*. Ce fut lui qui dans un Concile au douziéme siécle abolit autant qu'il le put au servitude. C'est ce même Pape qui triompha dans Venise, par sa sagesse, de la violence de l'Empereur *Fréderic Barberousse*, & qui força *Henri II*. Roi d'Angleterre de demander pardon à Dieu & aux hommes du meurtre de *Thomas Beket*. Il ressuscita les droits des Peuples, & réprima le crime dans les Rois. Nous avons remarqué qu'avant ce tems toute l'Europe, excepté un très-petit nombre de villes, était partagée entre deux sortes d'hommes, les Seigneurs des terres, soit séculiers, soit Ecclésiastiques, & les esclaves. Les hommes de Loi qui assistaient les Chevaliers, les Baillifs, les Maîtres d'hôtel des Fiefs dans leurs Jugemens, n'étaient réellement que des serfs. Si les hommes sont rentrés dans leurs droits, c'est principalement au Pape *Alexandre III*. qu'ils en sont redevables; c'est à lui que tant

de

de villes doivent leur splendeur ; cependant nous avons vû que cette liberté ne s'est pas étendue partout. Elle n'a jamais pénétré en Pologne ; le cultivateur y est encor serf, attaché à la glébe, ainsi qu'en Bohème, en Suabe, & dans plusieurs autres pays de l'Allemagne ; on voit même encor en France dans quelques Provinces éloignées de la capitale, des restes de cet esclavage. Il y a quelques Chapitres, quelques Moines, à qui les biens des paysans appartiennent.

Il n'y a chez les Asiatiques qu'une servitude domestique, & chez les Chrétiens qu'une servitude civile. Le paysan Polonais est serf dans la terre, & non esclave dans la maison de son Seigneur. Nous n'achetons des esclaves domestiques que chez les Négres. On nous reproche ce commerce : un peuple qui trafique de ses enfans est encor plus condamnable que l'acheteur : ce négoce démontre nôtre supériorité ; celui qui se donne un maître était né pour en avoir.

Plusieurs Princes en délivrant les Sujets des Seigneurs, ont voulu réduire en une espèce de servitude les Seigneurs mêmes, & c'est ce qui a causé tant de guerres civiles.

On croirait sur la foi de quelques Dissertateurs qui accommodent tout à leurs idées, que les Républiques furent plus vertueuses, plus heureuses que les Monarchies : mais sans compter les guerres opiniâtres que se firent si long-tems les Vénitiens & les Génois, à qui vendrait ses marchandises chez les Mahométans; quels troubles Venise, Gènes, Florence, Pise n'éprouvèrent-elles pas? Combien de fois Gènes, Florence & Pise ont-elles changé de Maîtres? Si Venise n'en a jamais eu, elle ne doit cet avantage qu'à ses profonds marais appellés *lagunas*.

On peut demander comment, au milieu de tant de secousses, de guerres intestines, de conspirations, de crimes & de folies, il y a eu tant d'hommes qui ayent cultivé les Arts utiles & les Arts agréables en Italie, & ensuite dans les autres États Chrétiens? C'est ce que nous ne voyons point sous la domination des Turcs.

Il faut que nôtre partie de l'Europe ait eu dans ses mœurs & dans son génie quelque chose qui ne se trouve ni dans la Thrace où les Turcs ont établi le siége de leur Empire, ni dans la Tartarie dont ils sortirent autrefois. Trois choses influent sans cesse sur l'esprit des hommes, le climat, le Gouvernement & la Religion. C'est la seule maniére d'expliquer l'énigme de ce Monde.

Des Moeurs Asiatiques comparées aux notres.

On a pû remarquer dans le cours de tant de révolutions, qu'il s'est formé des Peuples presque sauvages, tant en Europe qu'en Asie, dans les contrées autrefois les plus policées. Telle

Telle Iſle de l'Archipel qui floriſſait autrefois, eſt réduite aujourd'hui au ſort des Bourgades de l'Amérique. Le pays où étaient les villes d'Artaxates, de Tigranocertes, de Colcos, ne valent pas à beaucoup près nos Colonies. Il y a dans quelques Iſles, dans quelques forêts, & ſur quelques montagnes au milieu de nôtre Europe, des portions de Peuples qui n'ont nul avantage ſur ceux du Canada, ou des Noirs de l'Afrique. Les Turcs ſont plus policés; mais nous ne connaiſſons aucune ville bâtie par eux : ils ont laiſſé dépérir les plus beaux établiſſemens de l'Antiquité : ils régnent ſur des ruines.

Ch. CXCIII.

Il n'eſt rien dans l'Aſie qui reſſemble à la Nobleſſe d'Europe ; on ne trouve nulle part en Orient un ordre de citoyens diſtingué des autres par des titres héréditaires, par des exemptions & des droits attachés uniquement à la naiſſance. Les Tartares paraiſſent les ſeuls qui ayent dans les races de leurs *Mirzas* quelque faible image de cette inſtitution ; on ne voit ni en Turquie, ni en Perſe, ni aux Indes, ni à la Chine, rien qui donne l'idée de ces Corps de Nobles qui forment une partie eſſentielle de chaque Monarchie Européane. Il faut aller juſqu'au Malabar pour retrouver une apparence de cette conſtitution; encor eſt elle très-différente; c'eſt une Tribu entiére qui eſt toute deſtinée aux armes, qui ne s'allie jamais aux autres Tribus, ou Caſtes, qui ne daigne même avoir avec elles aucun commerce.

L'Au-

Cʜ. CXCIII.   L'Auteur de l'*Esprit des Loix* dit qu'il n'y a point de Républiques en Asie. Cependant cent hordes de Tartares, & des peuplades d'Arabes, forment des Républiques errantes. Il y eut autrefois des Républiques très-florissantes, & supérieures à celles de la Grèce, comme Tyr & Sidon. On n'en trouve plus de pareilles depuis leur chute. Les grands Empires ont tout englouti. Le même Auteur croit en voir une raison dans les vastes plaines de l'Asie. Il prétend que la liberté trouve plus d'asyles dans les montagnes; mais il y a bien autant de pays montueux en Asie qu'en Europe. La Pologne, qui est une République, est un pays de plaine. Venise & la Hollande ne sont point hérissées de montagnes. Les Suisses sont libres à la vérité dans une partie des Alpes; mais leurs voisins sont assujettis de tout tems dans l'autre partie. Il est bien délicat de chercher les raisons physiques des Gouvernemens; mais surtout il ne faut pas chercher la raison de ce qui n'est point.

La plus grande différence entre nous & les Orientaux, est la manière dont nous traitons les femmes. Aucune n'a régné dans l'Orient, si ce n'est une Princesse de Mingrelie dont nous parle *Chardin*, par laquelle il dit qu'il fut volé. Les femmes, qui ne peuvent régner en France, y sont Régentes; elles ont droit à tous les autres Trônes, excepté à celui de l'Empire, & de la Pologne.

Une autre différence qui nait de nos usages
avec

avec les femmes, c'est cette coutume de mettre auprès d'elles des hommes dépouillés de leur virilité ; usage immémorial de l'Asie & de l'Afrique, quelquefois introduit en Europe chez les Empereurs Romains. Nous n'avons pas aujourd'hui dans nôtre Europe Chrétienne trois cent Eunuques pour les Chapelles & pour les Théâtres ; les Serrails des Orientaux en sont remplis.

Ch. CXCIII.

Tout diffère entre eux & nous ; Religion, Police, Gouvernement, mœurs, nourriture, vêtemens, manière d'écrire, de s'exprimer, de penser. La plus grande ressemblance que nous ayons avec eux est cet esprit de guerre, de meurtre, & de destruction qui a toûjours dépeuplé la Terre. Il faut avouer pourtant que cette fureur entre bien moins dans le caractère des Peuples de l'Inde & de la Chine, que dans le nôtre. Nous ne voyons surtout aucune guerre commencée par les Indiens, ni par les Chinois, contre les habitans du Nord : ils valent en cela mieux que nous ; mais leur vertu même, ou plutôt leur douceur, les a perdus ; ils ont été subjugués.

Au milieu de ces saccagemens & de ces destructions que nous observons dans l'espace de neuf cent années, nous voyons un amour de l'ordre qui anime en secret le Genre humain, & qui a prévenu sa ruine totale. C'est un des ressorts de la Nature qui reprend toûjours sa force : c'est lui qui a formé le Code des Nations ; c'est par lui qu'on révére la Loi & les Mini-

Cн. CXCIII.

Ministres de la Loi dans le Tunquin, & dans l'Isle de Formose, comme à Rome. Les enfans respectent leurs péres en tout pays; & le fils en tout pays, quoi qu'on en dise, hérite de son pére. Car si en Turquie le fils n'a point l'héritage d'un Timariot, ni dans l'Inde celui de la terre d'un Omra, c'est que ces fonds n'appartenaient point au pére Ce qui est un bénéfice à vie, n'est en aucun lieu du Monde un héritage. Mais dans la Perse, dans l'Inde, dans toute l'Asie, tout citoyen, & l'étranger même de quelque Religion qu'il soit, excepté au Japon, peut acheter une terre qui n'est point domaine de l'Etat, & la laisser à sa famille. J'apprens par des personnes dignes de foi, qu'un Français vient d'acheter une belle Terre auprès de Damas, & qu'un Anglais vient d'en acheter une auprès de Bengale.

C'est dans notre Europe qu'il y a encor quelques Peuples dont la Loi ne permet pas qu'un étranger achette un champ & un tombeau dans leur territoire. Le barbare droit d'aubaine, par lequel un étranger voit passer le bien de son pére au Fisc Royal, subsiste encor dans tous les Royaumes Chrétiens, à moins qu'on n'y ait dérogé par des conventions particuliéres.

Nous pensons encor que dans tout l'Orient les femmes sont esclaves, parce qu'elles sont attachées à une vie domestique. Si elles étaient esclaves, elles seraient donc dans la mendicité, à la mort de leurs maris; c'est ce qui n'arrive point;

point ; elles ont partout une portion réglée par la Loi, & elles obtiennent cette portion en cas de divorce. D'un bout du Monde à l'autre vous trouvez des Loix établies pour le maintien des familles.

Сн. CXCIII.

Il y a partout un frein imposé au pouvoir arbitraire, par la Loi, par les usages, ou par les mœurs. Le Sultan Turc ne peut ni toucher à la monnoie, ni casser les Janissaires, ni se mêler de l'intérieur des Serrails de ses sujets. L'Empereur Chinois ne promulgue pas un Edit sans la sanction d'un Tribunal. On essuie dans tous les Etats d'horribles violences. Les Grands Visirs & les Itimadoulets exercent le meurtre & la rapine ; mais ils n'y sont pas plus autorisés par les Loix que les Arabes & les Tartares vagabonds ne le sont à piller les Caravanes.

La Religion enseigne la même Morale à tous les Peuples sans aucune exception : les cérémonies Asiatiques sont bizarres, les créances absurdes, mais les préceptes justes. Le Derviche, le Faquir, le Bonze, le Talapoin, disent partout, Soyez équitables & bienfaisans. On reproche au bas peuple de la Chine beaucoup d'infidélités dans le Négoce ; ce qui l'encourage peut-être dans ce vice, c'est qu'il achette de ses Bonzes, pour la plus vile monnoie, l'expiation dont il croit avoir besoin. La Morale qu'on lui inspire est bonne, l'indulgence qu'on lui vend, pernicieuse.

En vain quelques Voyageurs & quelques Mission-

Ch. CXCIII. Missionnaires nous ont représenté les Prêtres d'Orient comme des Prédicateurs de l'iniquité ; c'est calomnier la Nature humaine ; il n'est pas possible qu'il y ait jamais une société religieuse instituée pour inviter au crime.

Si dans presque tous les pays du Monde on a immolé autrefois des victimes humaines, ces cas ont été rares. C'est une barbarie abolie dans l'ancien Monde, elle était encor en usage dans le nouveau. Mais cette superstition détestable n'est point un précepte religieux qui influe sur la société. Qu'on immole des captifs dans un Temple chez les Mexicains, ou qu'on les étrangle chez les Romains dans une prison après les avoir trainés derriére un char au Capitole, cela est fort égal, c'est la suite de la guerre ; & quand la Religion se joint à la guerre, ce mélange est le plus horrible des fléaux. Je dis seulement que jamais on n'a vû aucune Société religieuse, aucun rite institué dans la vue d'encourager les hommes aux vices. On s'est servi dans toute la Terre de la Religion pour faire le mal ; mais elle est partout instituée pour porter au bien ; & si le Doeme apporte le fanatisme & la guerre, la Morale inspire partout la concorde.

On ne se trompe pas moins, quand on croit que la Religion des Musulmans ne s'est établie que par les armes. Les Mahométans ont eu leurs Missionnaires aux Indes & à la Chine ; & la Secte d'*Omar* combat la Secte d'*Ali* par la parole, jusques sur les côtes de Coromandel & de Malabar. Il

Il résulte de ce tableau, que tout ce qui tient intimement à la Nature humaine, se ressemble d'un bout de l'Univers à l'autre ; que tout ce qui peut dépendre de la coutume est différent, & que c'est un hazard s'il se ressemble L'Empire de la coutume est bien plus vaste que celui de la Nature ; il s'étend sur les mœurs, sur tous les usages ; il répand la variété sur la scène de l'Univers ; la Nature y répand l'unité ; elle établit partout un petit nombre de principes invariables : ainsi le fonds est partout le même ; & la culture produit des fruits divers.

Ch. CXCIII.

Puisque la Nature a mis dans le cœur des hommes l'intérêt, l'orgueil & toutes les passions, il n'est pas étonnant que nous ayons vû dans un période d'environ dix siécles, une suite presque continue de crimes & de désastres. Si nous remontons aux tems précédens, ils ne sont pas meilleurs. La coutume a fait que le mal a été opéré partout d'une maniére différente.

Il est aisé de juger, par le tableau que nous avons fait de l'Europe, depuis le tems de *Charlemagne* jusqu'à nos jours, que cette partie du Monde est incomparablement plus peuplée, plus civilisée, plus riche, plus éclairée qu'elle ne l'était alors, & que même elle est beaucoup supérieure à ce qu'était l'Empire Romain, si vous en exceptez l'Italie.

C'est une idée digne seulement des plaisanteries des *Lettres Persanes*, ou de ces nouveaux

Cʜ. CXCIII.

veaux paradoxes, non moins frivoles, quoique débités d'un ton plus férieux, de prétendre que l'Europe foit dépeuplée depuis le tems des anciens Romains.

Que l'on confidére depuis Pétersbourg jufqu'à Madrid, ce nombre prodigieux de villes fuperbes, bâties dans des lieux qui étaient des déferts il y a fix cent ans ; qu'on faffe attention à ces forêts immenfes qui couvraient la Terre des bords du Danube à la Mer Baltique, & jufqu'au milieu de la France ; il eft bien évident que quand il y a beaucoup de terres défrichées, il y a beaucoup d'hommes. L'Agriculture, quoi qu'on en dife, & le Commerce, ont été beaucoup plus en honneur qu'ils ne l'étaient auparavant.

Une des raifons qui ont contribué en général à la population de l'Europe, c'eft que dans les guerres innombrables que toutes ces Provinces ont effuyées, on n'a point tranfporté les Nations vaincues.

Charlemagne dépeupla, à la vérité, les bords du Véfer ; mais c'eft un petit canton qui s'eft rétabli avec le tems. Les Turcs ont tranfporté beaucoup de familles Hongroifes & Dalmatiennes ; auffi ces pays ne font-ils pas auffi peuplés : & la Pologne ne manque d'habitans, que parce que le peuple y eft encor efclave.

Dans quel état floriffant ferait donc l'Europe, fans les guerres continuelles qui la troublent pour de très-légers intérêts, & fouvent pour de petits caprices ? Quel degré de perfection

fection n'aurait pas reçu la culture des terres, & combien les Arts, qui manufacturent ces productions, n'auraient-ils pas répandu encor plus de fecours & d'aifances dans la vie civile, fi on n'avait pas enterré dans les Cloitres ce nombre étonnant d'hommes & de femmes inutiles ! Une humanité nouvelle qu'on a introduite dans le fléau de la guerre, & qui en adoucit les horreurs, a contribué encor à fauver les peuples de la deftruction qui femble les menacer continuellement. C'eft un mal, à la vérité, très-déplorable, que cette multitude de foldats entretenus continuellement par tous les Princes ; mais auffi, comme on l'a déja remarqué, ce mal produit un bien : les peuples ne fe mêlent point de la guerre que font leurs Maîtres ; les citoyens des villes affiégées paffent fouvent d'une domination à une autre, fans qu'il en ait coûté la vie à un feul habitant : ils font feulement le prix de celui qui a eu plus de foldats, de canons & d'argent.

Ch. CXCIII.

Les guerres civiles ont très-longtems défolé l'Allemagne, l'Angleterre, la France ; mais ces malheurs ont été bientôt réparés ; & l'etat floriffant de ces pays prouve que l'induftrie des hommes a été beaucoup plus loin encor que leur fureur. Il n'en eft pas ainfi de la Perfe, par exemple, qui depuis quarante ans eft en proye aux dévaftations ; mais fi elle fe réunit fous un Prince fage, elle reprendra fa confiftance en moins de tems qu'elle ne l'a perdue.

Quand une Nation connait les Arts, quand elle n'eft point fubjuguée & tranfportée par les etrangers, elle fort aifément de fes ruines, & fe retablit toûjours.

Fin du Tome Cinquième.

TABLE

TABLE
DES CHAPITRES
contenus dans ce cinquiéme Volume.

CH. CLXXI. *De la France sous* LOUIS XIII. *jusqu'au Ministère du Cardinal de* Richelieu. *Etats - Généraux tenus en France. Administration malheureuse. Le Maréchal d'*Ancre *assassiné; sa femme condamnée à être brulée. Ministère du Duc de* Luines. *Guerres civiles. Comment le Cardinal de* Richelieu *entra au Conseil.* page 1.

CH. CLXXII. *Du Ministère du Cardinal de* Richelieu. 32.

CH. CLXXIII. *Du Gouvernement & des mœurs de l'Espagne, depuis* PHILIPPE II. *jusqu'à* CHARLES II. 86.

CH. CLXXIV. *Des Allemans sous* RODOLPHE II., MATTHIAS *&* FERDINAND II. *Des malheurs de* Fréderic *Elec-*

DES CHAPITRES. 351

    Electeur Palatin. Des conquêtes de Gustave-Adolphe. *Paix de Weſtphalie &c.*   pag. 100.
Ch. CLXXV. *De l'Angleterre, juſqu'à l'année 1641.*   122.
Ch. CLXXVI. *Des malheurs & de la mort de* Charles I.   138.
Ch. CLXXVII. *De* Cromwell.   161.
Ch. CLXXVIII. *De l'Angleterre ſous* Charles II.   173.
Ch. CLXXIX. *De l'Italie, & principalement de Rome, à la fin du ſeiziéme ſiécle. Du Concile de Trente. De la Réforme du Calendrier, &c.*   192.
Ch. CLXXX. *De* Sixte-Quint.   204.
Ch. CLXXXI. *Des Succeſſeurs de* Sixte-Quint.   213.
Ch. CLXXXII. *Suite de l'Italie au dix-ſeptiéme ſiécle.*   224.
Ch. CLXXXIII. *De la Hollande au dix-ſeptiéme ſiécle.*   231.
Ch. CLXXXIV. *Du Dannemarck, de la Suéde, & de la Pologne, au dix-ſeptiéme ſiécle.*   241.

Table des Chapitres.

Ch. CLXXXV.	De la Pologne au dix-septiéme siécle, & des Sociniens ou Unitaires.	pag. 249.
Ch. CLXXXVI.	De la Russie, aux seiziéme & dix-septiéme siécles.	255.
Ch. CLXXXVII.	De l'Empire Ottoman au dix-septiéme siécle. Siége de Candie. Faux Messie.	265.
Ch. CLXXXVIII.	Progrès des Turcs. Siége de Vienne.	284.
Ch. CLXXXIX.	De la Perse, de ses mœurs, de sa derniére révolution, & de Thamas Kouli-Kan, ou Scha-Nadir.	292.
Ch. CXC.	Du Mogol.	302.
Ch. CXCI.	De la Chine au dix-septiéme siécle, & au commencement du dix-huitiéme.	312.
Ch. CXCII.	Du Japon au dix-septiéme siécle, & de l'extinction de la Religion Chrétienne en ce pays.	324.
Ch. CXCIII.	Resumé de toute cette Histoire.	332.

ADDITION

AU CINQUIEME TOME.

DEpuis l'impreſſion de ce tome on a eu pluſieurs lettres écrites de la main de Henri IV. à Coriſande d'Andouin veuve de Philibert comte de Grammont. Elles ſont toutes ſans date; mais on verra aiſément par les notes dans quel tems elles furent écrites. Il y en a de très intéreſſantes, & le nom de Henri IV. les rend précieuſes.

PREMIERE LETTRE.

IL ne ſe ſauve point de laquais, ou pour le moins fort peu qui ne ſoient dévaliſés, ou les lettres ouvertes. Il eſt arrivé ſept ou huit gentilshommes de ceux qui étaient à l'armée étrangère qui aſſurent comme eſt vrai. (car l'un eſt Mr. de *Monlouet*, frère de *Rambouillet* qui était un des députés pour traiter,) qu'il n'y a pas dix gentilshommes qui ayent promis de ne

H. G. Tom. V.   Z   por-

porter les armes. M. de *Bouillon* n'a point promis : bref, il ne s'eft rien perdu qui ne fe découvre pour de l'argent. Mr. *De Mayenne* a fait un acte de quoi il ne fera guères loué ; il a tué *Sacremore* (lui demandant recompenfe de fes fervices) à coups de poignards : l'on me mande que ne le voulant contenter, il craignit qu'étant mal content, il ne découvrît fes fecrets, qu'il favait tout, même l'entreprife contre la perfonne du roi, de quoi il était chef de l'éxécution. * Dieu les veut vaincre par eux-mêmes, car c'était le plus utile ferviteur qu'ils euffent : il fut enterré qu'il n'était pas encore mort. Sur ce mot vient d'arriver *Morlas*, & un laquais de mon coufin qui ont été dévalifés des lettres, & des habillemens. Mr. de *Turenne* fera ici demain : il a pris autour de Fizac dix-huit forts en trois jours ; je ferai peut-être quelque chofe de meilleur bientôt, s'il plaît à Dieu. Le bruit de ma mort allant à Hay, à Maux, a couru à Paris, & quelques *prêcheurs en leurs fermons la mettaient pour un des bonheurs* que Dieu leur avait envoyé. Adieu, mon ame, je vous baife un million de fois les mains. ce 14. janvier.

II. LET-

---

* Rien n'eft fi curieux que cette anecdote. Ce *Sacremore* était *Birague* de fon nom. Cette avanture prouve que le duc de *Mayenne* était bien plus méchant & plus cruel que tous les hiftoriens ne le dépeignent ; ce qui n'eft pas extraordinaire dans un chef de parti. La lettre eft de 1587.

II. LETTRE. *

POur achever de me peindre, il m'eſt arrivé un des plus extrêmes malheurs que je pouvais craindre, qui eſt la mort ſubite de Mr. le prince; je le plains comme ce qu'il me devait être, non comme ce qu'il m'était: je ſuis à cette heure la ſeule butte où viſent tous les perfides de la meſſe. Ils l'ont empoiſonné les traitres; ſi eſt-ce que Dieu demeurera le maître, & moi par ſa grace l'exécuteur; ce pauvre prince, non de cœur, jeudy ayant couru la bague ſoupa ſe portant bien; à minuit lui prit un vomiſſement qui lui dura juſqu'au matin; tout le vendredy il demeura au lit, le ſoir il ſoupa, & ayant bien dormi, il ſe leva le ſamedi matin, dina debout, & puis joua aux échecs; il ſe leva de ſa chaiſe, ſe mit à ſe promener par ſa chambre, deviſant avec l'un & l'autre: tout d'un coup il dit, Baillez moi ma chaiſe, je ſens une grande fübleſſe; il ne fut pas aſſis qu'il perdit la parole, & ſoudain après il rendit l'ame aſſis. Les marques du poiſon ſortirent ſoudain; il n'eſt pas croyable l'étonnement que cela a porté en ce pays là. Je pars dès l'aube du jour pour y aller pourvoir en diligence. Je me vois bien en chemin d'avoir bien de la peine; priez Dieu hardiment pour

Voyez la lettre ſuivante.

* Mars 1558.

pour moi ; fi j'en échape, il faudra bien que ce soit lui qui me gardait, dont je suis peut-être plus près que je ne pense ; je vous demeurerai fidèle esclave. Bon soir, mon ame, je vous baise un million de fois les mains.

III. LETTRE. *

IL m'arriva hier, l'un à midi, l'autre à soir, deux couriers de St. Jean ; le premier nous dit, comme *Belcastel*, page de madame la princesse, & son valet de chambre, s'en étaient fuis soudain, après avoir cru mort leur maitre, avaient trouvé deux chevaux valant deux cent écus, à une hotellerie du fauxbourg que l'on y tenait il y avait quinze jours ; & avaient chacun une malette pleine d'argent : enquis l'hôte, dit que c'était un nommé *Brillant* † qui lui avait baillé les chevaux, & lui allait dire tous les jours qu'ils fussent bien traités, que s'il baille aux autres chevaux quatre mesures d'avoine, qu'il
leur

* Celle-ci est du mois de mars 1588.
† *Brillant* controleur de la maison du prince de *Condé*, est mal à propos nommé *Brillaud* par les historiens.
‡ Il fut écartelé à St. Jean d'Angeli sans appel par sentence du prévôt, & par cette même sentence la princesse de *Condé* fut condamnée à garder la prison jusqu'après son acouchement Elle acoucha au mois d'août de *Henri de Condé* premier prince du
sang.

leur en baille huit, qu'il payerait aussi le double. Ce ‡ *Brillant* est un homme que Mad. la la princesse a mis dans la maison, & lui faisait tout gouverner. Il fut soudain pris, confesse avoir baillé mille écus au page, & lui avoir achepter ses chevaux par le commandement de sa maitresse pour aller en Italie. Le second confirme, & dit de plus, qu'on avait fait écrire par ce *Brillant* au valet de chambre, qu'on savait être à Poitiers, par où il lui mandait être à deux cent pas de la porte, qu'il voulait parler à lui. L'autre sortit soudain, l'embuscade qui était là le prit, & fut mené à St. Jean. Il n'avait été encore ouï, mais disait-il à ceux qui le menaient, Ah! que madame est méchante! que l'on prenne son tailleur, je dirai tout sans gêner, ce qui fut fait.

Voilà ce qu'on a fait jusqu'à cette heure; je ne me trompe guères en mes jugemens; c'est une dangereuse bête qu'une mauvaise femme. *Tous ces empoisonneurs sont tous papistes*; voilà les instructions de la dame. J'ai découvert un tueur pour moi, * Dieu m'en

sang. Elle appella à la cour des pairs; mais elle resta prisonniére sous la garde de *sainte même* dans Angeli jusqu'en l'année 1696. *Henri IV.* fit supprimer alors les procédures.

* C'est à Nérac qu'on découvrit un assassin Lorrain de nation, envoyé par les prêtres de la ligue. On attenta plus de cinquante fois sur la vie de ce grand & bon prince. *Tantum relligio potuit suadere malorum!*

m'en gardera, & je vous en manderai bientôt davantage. Les gouverneurs & les capitaines de Taillebourg ont envoyé deux soldats, & écrit qu'ils n'ouvriraient leur place qu'à moi, de quoi je suis fort aise. Les ennemis les pressent, & ils sont si empressés à la vérification de ce fait, qu'ils ne leur donnent nul empêchement; ils ne laissent sortir homme vivant de St. Jean que ceux qu'ils m'envoyent. Mr. de *la Trimouille* y est lui vingtiéme seulement. L'on m'écrit que si je tardais beaucoup, il y pourait avoir beaucoup de mal, & grand; celà me fait hater, de façon que je prendrai vingt maîtres & moi, & irai jour & nuit pour être de retour à Ste. Foi à l'assemblée. Mon ame, je me porte assez bien de corps, mais fort affligé de l'esprit; aimez moi, & me le faites paraître, ce me sera une grande consolation; pour moi je ne manquerai point à la fidélité que je vous ai vouée : sur cette vérité, je vous baise un million de fois les mains.

Daymet ce 13. *Mars.*

IV. LETTRE.

J'Arrivai hier soir au lieu de Pons où il m'arriva des nouvelles de St. Jean par où les soupçons croisent du côté que les avis peu juger. Je verrai tout demain; j'apréhende fort la vûe des fidéles serviteurs de la maison,

car

car c'est à la vérité le plus extrême deuil qui se soit jamais vû. Les prêcheurs romains prêchent tout haut dans les villes d'ici à l'entour, qu'il n'y en a plus qu'une à voir, canonisent ce bel acte & celui qui l'a fait, admonestent tout bon catholique de prendre exemple à une si chrétienne entreprise, & vous êtes de cette religion ! Certes, mon cœur, c'est un beau sujet, & nôtre misère pour faire paraitre vôtre piété & vôtre vertu, n'attendez pas à une autre fois à jetter ce froc aux orties; mais je vous dis vrai. Les querelles de Mr. d'*Epernon* avec le maréchal d'*Aumont* & *Grillon*, troublent fort la cour, d'où je saurai tous les jours des nouvelles, & vous les manderai. L'homme de qui vous a parlé *Brisquesière* m'a fait de méchans tours que j'ai sû & avéré depuis deux jours. Je finis là, allant monter à cheval; je te baise, ma chère maitresse, un million de fois les mains. ce 17. Mars.

V. LETTRE.

Dieu sait quel regret ce m'est de partir d'ici sans vous aller baiser les mains; certes, mon cœur, j'en suis au grabat. Vous trouverez étrange (& direz que je me suis point trompé) ce que *Liceran* vous dira. Le diable est déchainé, je suis à plaindre, & est mer-

merveille si je ne succombe sous le faix. Si je n'étais huguenot, je me ferais Turc. Ah les violentes épreuves par où l'on sonde ma cervelle, je ne puis faillir d'être bientôt fol ou habile-homme; cette année sera ma pierre de touche; c'est un mal bien douloureux que le domestique. Toutes les gehennes que peuvent recevoir un esprit sont sans cesse exercées sur le mien, je dis toute ensemble. Plaignez moi, mon ame, & ne portez point vôtre espéce de tourmens, c'est celui que j'apréhende le plus. Je pars vendredi, & vais à Clerac : je retiendrai vôtre précepte de me taire. Croyez que rien qu'un manquement d'amitié ne me peut faire changer de résolution que j'ai d'être éternellement à vous, non toujours esclave, mais bien forçaire. Mon tout, aimez moi; vôtre bonne grace est l'apui de mon esprit au choc de mon affliction; ne me refusez ce soutien. Bon soir, mon ame, je te baise les pieds un million de fois.

De Nérac ce 8. *Mars à minuit.*

VI. LET.

VI. LETTRE.

NE vous manderé jamais que prifes de villes & forts ? En huit jours fe font rendus à moi, faint Méxant & Maillefaye, & efpérez devant la fin de ce mois que vous oyerez parler de moi. * Le roi triomphe, il a fait garoter en prifon le cardinal de *Guife*, puis montre fur la place vingt-quatre heures le préfident de *Neuilly*, & le prévôt des marchands pendu, & le fecretaire de Mr. de *Guife* & trois autres. La roine fa mère lui dit, Mon fils, octroyez moi une requête que je vous veux faire ; felon ce que fera Madame ; c'eft que me don-

* Cette lettre doit être écrite trois ou quatre jours après l'affaffinat du duc de *Guife* ; mais on le trompa fur l'exécution prétendue du préfident *Neuilli* & de la *Chapelle-Marteau*. Henri III. les tint en prifon ; ils méritaient d'être pendus, mais ils ne le furent pas. Il ne faut pas toujours croire ce que les rois écrivent ; ils ont fouvent de mauvaifes nouvelles. Cette erreur fut probablement corrigée dans les lettres qui fuivirent, & que nous n'avons point. Ce *Neuilli* & ce *Marteau* étaient des ligueurs outrés, qui avaient maffacré beaucoup de reformés & de catholiques attachés au roi dans la journée de *St. Bartelemi*. *Rofe* évêque de Senlis, ce ligueur furieux, féduifit la fille du préfident *Neuilli*, & lui fit un enfant. Jamais on ne vit plus de cruautés & de débauches.

donniez Mr. de *Nemours*, & le prince de *Guise*; ils font jeunes, ils vous feront un jour fervice. Je le veux bien, dit-il, Madame, je vous donne les corps & en retiendrai les lettres. Il a envoyé à Lyon pour attraper le Duc de *Mayenne*, l'on ne fait ce qu'il en eft réuffi; l'on fe bat à Orléans, & encor plus près d'ici à Poitiers, d'où je ne ferai demain qu'à fept lieuës. Si le roi le voulait, je les mettrais d'accord; je vous plains s'il fait tel tems où vous êtes qu'ici, car il y a dix jours qu'il ne dégèle point. Je n'attens que l'heure d'ouïr dire que l'on aura envoyé étrangler la roine de *Navarre* : * cela avec la mort de fa mère me ferait bien chanter les cantiques de *Siméon*. C'eft une lettre trop longue pour homme de guerre. Bon foir, mon ame, je te baife un million de fois; aimez moi comme vous en avez fujet : c'eft le premier de l'an, le pauvre *Caramburu* eft borgne, & *Fleurimont* s'en va mourir.

VII. LET-

* C'eft de fa femme dont il parle; elle était liée avec les *Guifes*, & la reine *Catherine* fa mère était alors malade à la mort.

VII. LETTRE.

Mon ame, je vous écris de Blois, * où il y a cinq mois que l'on me condamnait hérétique, & indigne de succéder à la couronne, & j'en suis à cette heure le principal pilier. Voyez les œuvres de Dieu envers ceux qui se sont fiés en lui, car il y avait rien qui eût tant d'aparence de force qu'un arrêt des états; cependant j'en appellais devant celui qui peut tout; (ainsi font bien d'autres :) qui a revu le procès, & cassé les arrêts des hommes, m'a remis en mon droit, & crois que ce sera aux dépends de mes ennemis; tant mieux pour vous; ceux qui se fient en Dieu il les conserve & ne sont jamais confus; voilà à quoi vous devriez songer. Je me porte très bien, Dieu merci, vous jurant avec vérité que je n'aime, ni honore rien au monde comme vous; il n'y a rien qui n'y paraisse, & vous garderai fidélité jusqu'au tombeau. Je m'en vais à Boisjeancy, où je crois que vous oyerez bientôt parler de moi, je n'en doute point: d'une autre façon, je fais état de faire venir ma sœur bientôt, résolvez vous de venir avec elle. Le roi m'a parlé de

* C'est surement sur la fin d'Avril 1589. Il était alors à Blois avec *Henri III.*

de la dame d'Auvergne; je crois que je lui ferai faire un mauvais saut. Bon jour, mon cœur; je te baise un million de fois, ce 18. Mai, celui qui est lié avec vous d'un lien indissoluble.

VIII. LETTRE.

VOus entendrez de ce porteur l'heureux succès que Dieu nous a donné au plus furieux combat * qui se soit donné de cette guerre : il vous dira aussi comme Mrs. de *Longueville*, de *la Noue* & autres ont triomphé près de Paris. Si le roi use de diligence comme j'espère, nous verrons bientôt le clocher nôtre dame de Paris. Je vous écrivis il n'y a que deux jours par *Petit-Jean*. Dieu veuille que cette semaine nous fassions encore quelques choses d'aussi signalé que l'autre. Mon cœur, aimez moi toujours comme vôtre, car je vous aime comme mienne : sur cette vérité je vous baise les mains. Adieu, mon ame.

C'est le 20. Mai de Boisjeancy.

---

* Ce combat est celui du 18. May 1589. où le comte de *Chatillon* défit les ligueurs dans une mêlée très acharnée.

IX. LETTRE.

REnvoyez moi *Briquefiéres*, & il s'en retournera avec tout ce qu'il vous faut, hormis moi. Je fuis très fâché, affligé de la perte de mon petit, qui mourut hier, à vôtre avis ce que ferait d'un légitime! * Il commençait à parler. Je ne fais fi c'eft par acquit que vous m'avez écrit pour Doifil, c'eft pourquoi je fais la réponfe que vous verrez fur vôtre lettre, par celui que je défire qu'il vienne, mandez m'en vôtre volonté. Les ennemis font devant Montégu, où ils feront bien mouillés ; car il n'y a couvert à demi lieue autour. L'affemblée fera achevée dans douze jours. Il m'arriva hier force nouvelles de Blois ; je vous envoie un extrait des plus véritables : tout à cet heure me vient d'arriver un homme de Montegu ; ils ont fait une très belle fortie, & tué force ennemis ; je mande toutes mes troupes, & efpère, fi la dite place peut tenir quinze jours, y faire quelques bons coups. Ce que je vous ai mandé ne vouloir mal à perfonne, eft requis pour vôtre contentement & le mien ; je parle à cette heure à vous-même étant mienne. Mon ame, j'ai un ennui étrange de vous voir. Il y a
ici

---

* C'était un fils qu'il avait eu de *Corifande*.

ici un homme qui porte des lettres à ma sœur du roi d'Ecoffe ; il preffe plus que jamais du mariage ; il s'offre à me venir fervir avec fix mille hommes à fes dépends, * & venir lui-même offrir fon fervice ; il s'en va infailliblement roi d'Angleterre ; préparez ma sœur de loin à lui vouloir du bien, lui remontrant l'état auquel nous fommes, la grandeur de ce prince avec fa vertu ; je ne lui en écris point, ne lui en parlez que comme difcourant, qu'il eft tems de la marier, & qu'il n'y a parti que celui-là, car de nos parents, c'eft pitié. A-dieu, mon cœur, je te baife cent millions de fois ce d^r. Décembre.

* Voila une anecdote bien fingulière, & que tous les hiftoriens ont ignorée : cela veut dire qu'il ferait un jour roi d'Angleterre, parce que la reine *Elizabeth* n'avait point d'enfans. C'était ce même roi qu'*Henri IV.* appela toujours depuis *maître Jaques.* Cette lettre doit être de 1688.

ERRATA.

Tome cinquiéme.

Pag. 128. lig. 5. donna la main, *mettez*, donna les mains.

Pag. 132. lig. 10. un Irlandais, *mettez*, un fanatique nommé *Felton*.

Pag. 184. lig. 27. une idolâtre, *mettez*, une Idolatrie.

Pag. 254. lig. 20. qui a dominé dans l'Eglife, *ajoutez*, à diverfes fois.

Pag. 338. lig. 28. n'étaient réellement que des ferfs, *ajoutez*, d'origine.

Pag. 346. lig. 25. doeme, *mettez*, dogme.

Pag. 348. lig. 26. auffi peuplés, *mettez*, affez peuplés.

www.ingramcontent.com/pod-product-compliance
Lightning Source LLC
Chambersburg PA
CBHW050550170426
43201CB00011B/1640